北方工业大学
法学优势建设学科精品文库

CHUANTONG
FANZUI WANGLUO
YIHUA DE XINGFA
JIESHI XIANDU YANJIU

传统犯罪网络异化的刑法解释限度研究

郭　玮◎著

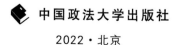
中国政法大学出版社

2022·北京

图书在版编目（ＣＩＰ）数据

传统犯罪网络异化的刑法解释限度研究/郭玮著. —北京：中国政法大学出版社，2022.3
ISBN 978-7-5764-0410-4

Ⅰ.①传…Ⅱ.①郭…Ⅲ.①计算机犯罪－刑法－研究Ⅳ.①D914.04

中国版本图书馆 CIP 数据核字(2022)第 054726 号

出 版 者　　中国政法大学出版社

地　　址　　北京市海淀区西土城路 25 号

邮寄地址　　北京 100088 信箱 8034 分箱　邮编 100088

网　　址　　http://www.cuplpress.com (网络实名：中国政法大学出版社)

电　　话　　010-58908586(编辑部) 58908334(邮购部)

编辑邮箱　　zhengfadch@126.com

承　　印　　固安华明印业有限公司

开　　本　　720mm×960mm　　1/16

印　　张　　13.5

字　　数　　230 千字

版　　次　　2022 年 3 月第 1 版

印　　次　　2022 年 3 月第 1 次印刷

定　　价　　59.00 元

前　言

　　随着我国进入网络时代，社会结构和思维方式都发生了潜移默化的改变。这种改变也反映在对犯罪的惩治及预防中，传统犯罪网络异化趋势明显。对于这种趋势，当前的司法实践激进或保守的声音不断，激烈程度远超传统犯罪，呈现出体系性的争议。为了在人权保障与秩序维护之间保持刑法机能的平衡，我们需要重视传统犯罪网络异化的动向，寻求现行刑法在网络异化型犯罪中的恰当运用，其核心则在于对现行刑法解释限度的把握。当前学界多数是从网络犯罪刑法解释、刑法解释限度等单一角度开展研究，对于传统犯罪网络异化刑法解释限度的综合性研究较少。在网络犯罪立法尚未完善而司法需求一直存在的背景下，深刻认识传统犯罪网络异化趋势，发掘现行刑法的应用潜力，划定传统犯罪网络异化的刑法解释限度具有重大的理论意义和实践意义。本书共分为五章，主要内容如下：

　　第一章为"问题概说：传统犯罪网络异化及其规制困境"。本章对传统犯罪网络异化的概念进行了定义，对其具体表现进行了列举与分析。之后，指出由于传统犯罪网络异化趋势所导致的刑法规制困境。在网络的作用下，影响传统犯罪认定的因素具有了不同于以往的新的表现形式，传统犯罪网络异化具体表现为犯罪主体的网络异化、犯罪对象的网络异化、犯罪行为的网络异化以及定量因素的网络异化。在传统犯罪网络异化趋势的影响下，刑法的适用面临挑战进而陷入困境，这种困境主要体现在刑事司法方面，突出表现为司法结论的争议不断，典型性争议案件迭出。一些司法结论难以得到国民认同甚至超出了国民预测可能性，司法机关之间也经常对同一案件产生迥然不同的意见。传统犯罪网络异化刑法规制困境的原因主要在于思想层面与实践层面。在思想层面，人为地夸大了现实空间与虚拟空间的鸿沟，虚拟空间保护理念欠缺，导致一些虚拟空间中存在的法益没有得到应有的保护。在实践层面，没有针对传统犯罪网络异化的趋势有针对性地进行传统语境与网络语境的转换，解释立场陈旧滞后，解释路径过于直接，导致解释结论欠缺必要的说服力。基于此，有学者提出建立独立的网络犯罪规范体系，企图一劳永逸地解决现行刑法与网络犯罪之间的矛盾，但这种立法成本较高、难度较大，历时漫长，且极易与现行刑法的规则与架构形成根本性冲突，必要性与可行性较差。远水无法解近渴，当前规范司法活动的唯一选择就是推动现行刑法适用的网络化进程，探索适应网络社会的刑法解释路径。在具体方向上，首先，我们应深入分析总结网络社会的运行方式，认知、逻辑与表达的变迁，并将其作为刑法解释的出发点与方向。其次，致力于将刑法解释与语境相结合，具体分析个案中影响解释结论的各种因素，特别是网络刑事政策、网络技术、新发布的指导性案例等。

第二章为"理论现状：对传统犯罪网络异化刑法解释理论的梳理"。本章致力于对刑法解释论的梳理与分析，通过批判地继承现有解释理论，探寻适合网络异化型犯罪的刑法解释限度理论。当前，学界并未专门针对网络异化型犯罪如何解释进行过研讨，而是针对网络犯罪整体开展解释论方面的探讨。较为典型的刑法解释理论主要有客观解释论、主观的客观解释论、扩张解释论、法益解释论、类型化解释论。在网络时代刑法应扮演积极扩张角色这一点上，上述理论基本达成了共识，也力图通过对立法原意的考虑、对法益的谨慎认定、对类型的判断等方式限制刑法的滥用。但上述理论在坚持传统解释论的基础上也停滞于传统解释论，解释路径过于抽象，并未针对网络社会的现实司法需求展开进一步的探索。更深层次的通病在于对文义核心或本质的盲目追寻，而没有看到网络社会中语言与认知的多样性衍变，无助于网络异化型犯罪规制问题的解决。为了改善现状，我们应在扬弃传统解释论的基础上从宏观与微观两个层面实现转变：在宏观层面，实现由传统解释论向网络解释论的转变。具体路径为由形式性、浅层次的刑法解释理论向实质性、深层次的刑法解释理论转变；由中心主义的刑法解释理论向多元主义的刑法解释理论转变。在微观层面，实现由"结果导向"向"路径导向"的转变。具体路径为由扩张解释向灵活解释转变；由目的解释向全面解释转变。只有这样才能充分体现网络社会特质，跳出传统解释论的窠臼，在宏观解释论与微观解释方法层面为传统犯罪网络异化刑法解释限度路径的形成打下基础。

第三章为"问题关键：构建契合网络社会特质的刑法解释限度标准"。为了厘清传统犯罪网络异化刑法解释的限度，本章梳理分析了现有解释限度的理论，如犯罪定型说、法文语义说、国民预测可能性说、实用主义说。这些学说各有千秋，但也分别存在着缺陷，犯罪定型说与法文语义说均局限在规范的文义核心、本质或原型中，与网络社会多元化的语言趋势不符。国民预测可能性说与实用主义说则失之于抽象的解释标准，可操作性不强，与其说是解释限度的标准，不如说是解释结论检验的标准。网络社会具有非中心性、平等互动性与动态性，网络异化型犯罪解释限度的厘定必然要考虑网络社会的特质。此外，单一且抽象的标准无法满足网络异化型犯罪刑法解释限度认定的需求，综合的标准不仅符合刑法学的综合趋势，也符合刑事司法规律。因此，我们应建构综合的刑法解释限度标准，即以法条的可能文义为基础，以多种因素的考量为补充，并在解释过程中将对国民预测可能性的考察贯穿其中。以法条的可能文义为基础侧重于维护文义解释的基础性地位，体现了刑法解释的内部性。网络社会的语言在不断衍变，法条文义的层次性与阈值也在提升，但解释结论不能超出刑法规范的可能文义。这是刑法规范的明确性所决定的，也是避免类推解释的根本性措施。以多种因素的考量为补充侧重于确保刑法解释的全面客观，体现了刑法解释的外部性。根据客观语境选择影响刑法解释的不同因素，延伸了刑法解释的触角，契合变动不安的网络社会。对多种因素的考量并不意味着找寻入罪的理由，更不会沦为目的解释的工具，而是承认刑法的非自足性，试图打破法条主义的桎梏，综合衡量方向各异的作用力，动用最大的理性生成更加客观合理的解释结论。

第四章为"具体方案（上）：以法条的可能文义为基础"。本章涉及传统犯罪网络异化刑法解释限度标准的具体建构。以法条的可能文义为基础具体包括以法条的通常含义为底色、考虑网络隐喻影响下的语义变迁、根据语义范式性的强弱调整位阶三个步骤。语言的相对稳定性与明确性使文义解释成为刑法解释的优先选项，讨论法律条款含义的起点自然是以语言为基础的解释，若法条语言清晰明白，足以排除谬误理解的，除非有更好的理由，否则应根据法条的通常含义作出解释。同时，法条用语也深受时代变迁的影响，在网络环境中，语言的网络隐喻趋势明显，我们应承认并适应语言的网络隐喻趋势。若无法通过法条的通常含义进行刑法解释，则有必要考虑法条用语的网络隐喻含义，并以此赋予刑法用语弹性，加强现行刑法与网络社会的关联。此外，我们还应看到网络社会中语言内涵与公众认知的变动，主动根据语义范式性的强弱消长及时调整语义位阶，使之适应动态的网络社会与刑法适用需求。值得注意的是，罪刑法定原则不能被狭义地理解，更不能动辄将网络社会中的刑法适用定性为对罪刑法定原则的破坏，而要用发展的眼光看待罪刑法定原则。

第五章为"具体方案（下）：以多种因素的考量为补充"。如果说第四章是传统犯罪网络异化刑法解释限度的基础性、内向型探索，本章就是传统犯罪网络异化刑法解释限度的多样性、外向型探索。决定刑法解释结论的不仅仅是刑法规范，还包括规范背后的各种因素，这些因素与刑法规范一起厘定着解释的限度。这些因素的典型代表是法益、刑事政策、网络技术与指导性案例。在法益考量方面，需要从法益本体与侵犯程度两个方面展开，对于完全新型的法益，我们不能贸然运用现行刑法条款对其进行保护，避免混淆立法与司法的界限。对于增添新内容的法益，我们可有条件地划入现行刑法保护范围。法益侵犯程度的判断应考虑网络特质，将网络因素与传统因素相结合，准确评价网络异化型犯罪对法益的侵害。在刑事政策方面，我们要看到正在进行的刑法解释的刑事政策化趋势，将宽严相济刑事政策、网络政策及阶段性社会政策相结合，并以此作为从宽或从严解释的依据。网络犯罪因互联网而起，具有鲜明的技术性，这不可避免地影响到了犯罪的成立，在解释过程中应将技术因素考虑在内。但我们不可走向"唯技术论"的极端，仍应将法律规制作为网络犯罪规制的首选路径。对于技术中立帮助行为，应在考虑明知、主体义务、客观作用等因素的基础上认定可罚性。对于行为人利用重大技术缺陷实施不法行为的，要考察期待可能性的有无及强弱，以及网络社会伦理的独立性，谨慎入罪。指导性案例作为成文法的有效补充，起到了解释法律的示范性作用。通过判断待决案件与指导性案例的相似性，可提炼出开创性的裁判逻辑与规则，进而将其运用到网络异化型犯罪的解释过程中。这种解释路径既有利于提升网络异化型犯罪治理的科学性，也为形成更多兼具开创性与普适性的裁判逻辑与规则打下了基础。

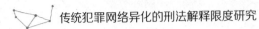

导　论

　　如今，互联网已经深刻重塑了民众的生产与生活，网络行为拥有了越来越多的现实社会意义，网络用户不可能一直停留在虚拟世界与法外之地，其在网络空间的行为亦有了道德和法律评价，须为自己的行为负责。与网络覆盖面剧增、网络普及率扩大相伴随的不只是科技、经济与社会的飞速发展，网络犯罪发案数逐渐递增，新型犯罪层出不穷，案情日益复杂，犯罪实施的门槛也逐渐降低。众多发生在现实社会中的犯罪也转移至网络空间，受到网络的影响，一些犯罪构成要件要素逐渐开始异化，呈现出不同于以往的新的表现形式，这就是传统犯罪网络异化。受到网络影响的传统犯罪异化主要包括犯罪主体的网络异化、犯罪对象的网络异化、行为方式的网络异化、犯罪空间的网络异化与定量因素的网络异化。由于现行刑法规范设立的社会基础与理论基础均异于网络社会，尽管纯粹的网络犯罪占比较低，绝大多数网络犯罪都能在现行刑法中找到"原型"，运用现行刑法对其处理依旧引来了较多的争议，甚至超出国民的预测可能性，刑法机能遭遇了前所未有的挑战。如何实现现行刑法在网络异化型犯罪治理领域的良好运行，是亟待研究的重要课题。

　　为了消除司法的窘境，有必要实现网络时代传统刑法的"更新换代"，使现行刑法能够及时跟进网络技术的发展，消除网络犯罪领域的"真空地带"。然而，现行刑法的虚拟空间法益保护乏力，网络语境与现实语境无法实现顺利转换，导致网络异化型犯罪的刑法规制陷入困境，突出表现为传统犯罪解释论的滞后与刑事司法结论饱受争议。对此，网络犯罪立法的声音持续高涨，不少学者主张扩张网络犯罪的犯罪圈，甚至希望尽可能快的建立独立的网络犯罪规范体系。他们认为传统刑法虽然能通过扩大解释的方法来弥补立法缺位，但此举并非长远之策，且不能很好地迎合当前国家网络空间主权战略以及《网络安全法》的立法宗旨，应重构网络刑法体系。与此相呼应，关于网络犯罪立法的研究较多，现行刑法在网络时代的适用研究则相对较少，传统犯罪网络异化的刑法解释限度的研究则更为少见。笔者认为，完全寄希望于网络犯罪立法甚至希望"毕其功于一役"，不仅无益于当下的刑事司法实践，也是一种不切实际的想法。网络时代与农业时代、工业时代一样，都属于不同的人类历史发展阶段，旧规范、体系与秩序的打破与新规范、体系与秩序的形成都是艰难的，不可能在短期内实现，更不可能通过所谓的立法快速建立，加之网络时代的复杂性、多元性远远超过前两个阶段，刑法天然的滞后性也决定了其无力迅速应对司法困境。其实，网络犯罪作为时代的产物，具有深刻的时代印记和相当程度的独立性，与传统犯罪在构成要件、共犯认定、犯罪形态、刑罚理念等方面存在巨大差异，盲目的立法必然会产生兼容与对接问题。因此，赋予现行刑法在网络时代的新活力无疑具有较大的现实意义，在"多元化"与"路径导向"理念指引下，为传统犯罪网络异化刑法解释限度的厘定探索出一条明确清晰的路径，不但有助于解决当下实务问题，更好地贯彻罪刑法定原则，也可为网络犯罪的渐进式立法打下基础。

传统犯罪网络异化的表述提出较早，尽管从表述上看并不具有较强的新颖性，但随着网络社会逐渐向纵深发展，新问题的出现令人应接不暇，司法实践对理论建构与创新存在着巨大需求。在此背景下，围绕传统犯罪网络异化涌现出一大批研究成果，在创新理论与回应司法方面作出了较大贡献。与此同时，由于网络理念的欠缺，传统犯罪认定模式的惯性，刑法解释基础理论研究不足等原因，当前研究仍存在一些问题：

第一，围绕传统犯罪网络异化刑法解释及其限度的系统性、专门性研究严重不足。在传统犯罪网络异化的研究领域，与宏大叙事的刑法理念、刑法立法、刑法应对以及紧跟热点的个罪、类罪研究相比，基础性研究显得严重不足，这突出体现在对刑法解释论的研究上。当前，对传统犯罪网络异化刑法解释及其限度的系统性、专门性的研究较为少见，主要有欧阳本祺教授发表的论文《论网络时代刑法解释的限度》、刘艳红教授发表的论文《网络犯罪的刑法解释空间向度研究》、陈洪兵教授发表的论文《网络与现实双层社会背景下的刑法解释》、王华伟的博士学位论文《网络时代的刑法解释论立场》等。尽管涉及网络犯罪刑法解释的文献较为丰富，但多为浅层次的论述或为了论述其他问题而仅仅提及网络异化型犯罪的刑法解释，深入而专门的论述不多。当前，传统犯罪网络异化的乱象主要体现在刑事司法过程中，刑法解释是刑事司法的灵魂与核心，刑法解释研究的阙如不利于该领域刑法实践的进步。尽管存在为数众多的热点研究，但研究的零散性、互斥性以及基础理论研究的欠缺，仍未能从根本上解决或缓解刑法理论与刑法实践之间的供需矛盾。

第二，刑法解释论未能紧跟时代实现突破与创新，开创性研究欠缺。虽然当前已进入网络社会，客观世界与思维认知均发生了深刻的改变，但刑法解释研究仍踌躇不前，未能建构与网络社会相契合并有利于网络异化型犯罪治理的刑法解释理论。当前关于网络异化型犯罪解释理论的研究仍停留在主观解释论与客观解释论，形式解释论与实质解释论的争论中，并直接将传统的刑法解释论用于指导网络异化型犯罪的解释，无助于实际问题的解决。主要表现为无视网络社会中语言与认知的多样性衍变，全盘继承与接受"射程理论"，盲目追求所谓的文义核心或本质，不注重对规范外因素的考虑等。

第三，传统犯罪网络异化的刑法解释限度问题没有被当成一个专门的问题进行研究。在刑法解释的研究中，很多学者看到了刑法解释限度在刑法解释研究领域的核心地位，进而产生了一些优秀的研究成果。如龚振军教授的专著《刑法解释限度理论的反思性解读与认定模式探究》、王政勋教授的专著《刑法解释的语言论研究》、刘志远教授发表的论文《刑法解释的限度——合理的扩大解释与类推解释的区分》、蒋熙辉的博士学位论文《刑法解释限度论》，苏永生教授发表的论文《刑法解释的限度到底是什么——由一个司法解释引发的思考》等。网络异化型犯罪是占据网络犯罪大多数的犯罪类型，刑法解释限度是各种刑法解释立场与方法想要厘清的核心议题，传统犯罪网络异化的刑法解释限度自然应当是网络犯罪研究领域的重中之重。令人遗憾的是，当前的成果虽然为传统犯罪网络异化刑法解释限度的研究提供了宝贵的启迪和素材，却几乎没有将网络异化型犯罪与刑法解释限度相结合的尝试，这种状况亟待改观。

第一章

问题概说：传统犯罪网络异化
及其规制困境

进入信息时代以来，互联网对人类社会的运作模式和人们的生活模式产生了深远的影响，极大扩展了人类的活动空间，甚至形成了与现实空间相对应的虚拟网络空间。在我国，互联网也在不断重塑着生产与生活的模式，极大地提高了生产效率与生活便利度。科技是把"双刃剑"，与网络覆盖面剧增、网络普及率扩大相伴随的不只是科技、经济与社会的飞速发展，邪恶的力量也在潜滋暗长。网络犯罪发案数逐渐递增、新型犯罪层出不穷，案情日益复杂，犯罪的实施也变得越来越简单。随着互联网逐渐由单纯的"信息媒介"向"生活平台"过渡，由"虚拟性"向"现实性"过渡，网络从最初的单向度的信息检索工具向多向度的互联互通演进，在人们今日的生活、工作中扮演着极为重要的角色，网络的安全与稳定已关系着整个社会的正常运转。与此同时，网络行为拥有了越来越多的现实社会意义，网络用户不可能永久停留在虚拟世界与法外之地，其在网络空间的行为亦有了道德和法律评价，必须为自己的行为负责。由于上述趋势的强大推力，网络分担了现实社会的大部分职能，形成了与传统社会相对应的体系。众多发生在现实社会中的犯罪也转移至网络空间，犯罪主体、对象、行为方式、危害结果、定量因素等相对于传统犯罪均发生了扭曲与异化，由于传统刑法规范设立的社会基础与理论基础均异于网络社会，很多网络不法行为无法被定性或充满争议，刑法机能遭遇了前所未有的挑战。尽管网络犯罪日益泛滥，但新型犯罪较少，绝大部分都能在传统刑法中找到"原型"，可谓是传统犯罪网络异化。为了改善司法窘境，有必要推动传统刑法与理论及时跟进网络技术的发展，实现网络时代传统刑法与理论的"更新换代"。

第一节 传统犯罪网络异化及其表现

一、传统犯罪网络异化的概念

"异化"（alienation）一词的字面意义来源于希腊文 allotriésis，原意为疏远、陌生化与分离。[1]根据《不列颠百科全书》，异化被定义为："一个人感到与自己的环境、工作、产品或自我本身处于分离或疏远的一种心态。"[2]异化理论在西方神学、政治学、哲学、经济学中得到了广泛运用与反思，并通过黑格尔、马克思等人而发扬光大。黑格尔站在唯心主义的视角认为精神的本质就是异化自身的过程，进而认为异化是分裂自身并与自身相对立的本体性概念。[3]马克思运用历史唯物主义批判地继承了黑格尔的异化理论，不再仅停留在思辨与人性范畴，认为异化的根源在于生产力与生产关系的矛盾运动，即生产关系不适应生产力的发展而反过来成为生产力发展的桎梏，进而阻碍人自身的发展。[4]在对资本主义缺陷与乱象进行全面梳理后，马克思深刻地指出，异化是一种社会怪象，主体通过自身活动会生成异于自身的外在物，进而否定该主体或与主体相对抗。[5]如今，异化已跳出政治学范畴，扩展到经济学、法学、社会学等诸多领域，通常被用于形容事物发展到一定阶段时，事物本体产生不同于自身的异己力量，进而与事物本体相对立甚至控制、支配事物本体的现象。

当前，网络技术的跨越式进步使其在社会各个领域发展过程中扮演着催化剂的角色，一些领域在网络的"催化"作用下被重新形塑，开始出现"网络异化"现象。如在社会学领域，陆宇峰副教授发现由于 Web2.0 技术的进

---

〔1〕 参见张严：《"异化"着的"异化"——现代性视阈中黑格尔与马克思的异化理论研究》，山东人民出版社 2013 年版，第 4 页。

〔2〕 中国大百科全书出版社《不列颠百科全书》国际中文版编辑部编译：《不列颠百科全书》（国际中文版）（第 1 册），中国大百科全书出版社 1999 年版，第 222 页。

〔3〕 参见员俊雅：《马克思异化理论新探》，中央编译出版社 2013 年版，第 79 页。

〔4〕 参见王思鸿：《马克思异化理论的历史生成与当代价值》，中国社会科学出版社 2016 年版，第 23～30 页。

〔5〕 屈炳祥："马克思的异化理论及其当代适用性与科学价值"，载《学习论坛》2016 年第 10 期。

步，中国的网络公共领域的运行已不再局限于政治范畴，转而向传统政治公共领域之外延伸，传统社会的既有规则与秩序受到巨大冲击，社会结构开始全面转型升级。[1]犯罪领域亦不例外，传统犯罪的构成要件要素被外来的网络因素"催化"，产生了不同于传统犯罪自身的新的样态与特质，新的样态与特质甚至逐渐成为一种趋势，而传统样态与特质日渐式微，这种现象对犯罪认定以及刑法适用造成了不同程度的障碍。这说明，"异化"作为一种过程也开始在犯罪领域出现，由此产生了传统犯罪网络异化的现象。学界通常使用"传统犯罪网络异化"的概念来描述上述现象。卢建平教授认为传统犯罪网络异化是指"虚拟网络中的犯罪与现实社会的同种犯罪在构成要件设计、行为的样态、危害结果形式等方面呈现出的差别"[2]。张阳副教授认为，传统犯罪网络异化是指"网络技术使存在于网络空间中的犯罪行为形态变得更加多样，给刑法适用带来障碍"。[3]阎二鹏教授并不赞同"传统犯罪网络异化"的表述而坚持称作"传统犯罪的网络化"。阎教授认为该类犯罪的确在犯罪对象或犯罪行为方面与传统犯罪存在区别，但这种区别并不能认为是构成要件意义上的区别，只是犯罪事实方面的区别。若认为是构成要件意义上的区别，则必然适用不同的罪名，成立不同的犯罪。然而，该类犯罪与传统犯罪均可成立同一种犯罪。因此，"异化"只是解释过程的异化，并非犯罪自身发生了异化。[4]笔者认为，"传统犯罪网络异化"的名称是较为合适的，原因在于：

（1）对该类现象的描述要突出"异"字，不可单纯称作"传统犯罪网络化"。"网络异化"较为形象地描述了在网络的影响下，传统犯罪表现出异于往常的特质。"网络异化"不仅反映出网络对传统犯罪的影响这一过程（化），更反映出这一过程所带来的结果（异），"异化"能够实现动态与静态的统一。而"网络化"则只传达出网络对包括犯罪在内的现实世界的动态塑造，没有反映这种塑造所带来的影响与结果，更没有体现出"网络化"后的犯罪与传统犯罪之间的区别。其实，"传统犯罪网络异化"的重点在于"异"而不在于"化"，"化"作为"异"的原因固然重要，但"传统犯罪网络异化"

---

〔1〕 参见陆宇峰："中国网络公共领域：功能、异化与规制"，载《现代法学》2014年第4期。

〔2〕 卢建平、姜瀛："犯罪'网络异化'与刑法应对模式"，载《人民检察》2014年第3期。

〔3〕 张阳："空间失序与犯罪异化：论虚拟空间的犯罪应对"，载《河南社会科学》2018年第5期。

〔4〕 参见阎二鹏："犯罪的网络异化现象评析及其刑法应对路径"，载《法治研究》2015年第3期。

旨在通过揭示网络对传统犯罪的重塑，反映出传统犯罪异于往常的特质，落脚点及重点在于"异"。如此，才能使人们意识到这个议题的紧迫性与重要性，进而去细致研究"异"的表现、后果以及解决方案。因此，相较于"过程导向"，"传统犯罪网络异化"更应是"结果导向"或"状态导向"的描述。

（2）"异化"只是犯罪自身形态的异化，并非解释的异化。传统犯罪在网络的影响下，构成要件要素、犯罪形态、共同犯罪等方面均发生了改变，甚至动摇了传统的刑法理论。应当指出的是，这种改变属于深层次、实质性的改变，并非形式上的改变，《刑法》[1]中相关的法条与罪名描述依然如旧，但一些法条与罪名的内部构成要素或深层次的理论依据发生了改变。从这个意义上讲，尽管立法毫无变化，"异化"也可以被视为犯罪自身形态的异化。笔者认为，解释是不存在异化之说的，与作为规范范畴的法条不同，解释立场与解释方法均属于理论范畴。规范具有天生的稳定性，所以一旦发生内在的深刻变动，我们就可以用"异化"来描述变动的过程；而理论具有天生的灵活性与变动性，今天的主流理论可能在不远的将来就会被推翻，故用"异化"形容解释在性质上说不通。其实，阎教授所指的"解释过程的异化"实质上是指为了适应传统犯罪网络异化的趋势，解释立场、解释方法与解释过程不得不进行相应的改良甚至根本性的变革，这属于应然层面的设想。异化的过程是一个参照、对比的过程，异化后的犯罪在诸多方面均发生了深刻的改变，与异化前的犯罪形成了鲜明的对比，这是有目共睹的。然而，当前的刑法解释依旧存在传统解释论的惯性，大多倾向于以传统解释论与既有解释方法去解释网络异化型犯罪，所产生的解释结论缺乏逻辑自洽与说服力。所以，尽管在应然层面，解释立场、解释方法与解释过程均需改观，但在实然层面，传统解释的解释立场与解释方法依然牢固地掌控着解释过程。

尽管很多学者都对传统犯罪网络异化作出了自己的定义，具有较大的启发性，但仍存在不足之处，主要在于这些定义过多地强调了网络异化型犯罪的特殊性以及刑法适用的困难，没有紧密围绕"异化"这个起点与核心作出完整的描述。事实上，"传统犯罪网络异化"的提法正是基于"异化"一词发

---

〔1〕　此处的《刑法》特指《中华人民共和国刑法》，为表述方便，全书涉及我国的相关法律，统一省略"中华人民共和国"字样，下不赘述。

展而来，只有充分领会"异化"的内核才可准确全面地理解"传统犯罪网络异化"。"异化"既可以表示过程，又可以表示状态。作为过程的"异化"主要是指事物在外力的"催化"作用下产生了异己的力量，即异化体。作为状态的"异化"主要用于形容异化体与本体的对比、关系及其趋势。

笔者认为，传统犯罪网络异化偏重"异"，即强调"异化"的结果或状态。因此，应主要根据作为状态的"异化"的本质对传统犯罪网络异化下定义。作为状态的"异化"主要包括三个方面的特征：异化体与本体不同（现状）、异化体与本体相排斥（关系）、异化体成为新的本体（趋势）。

首先，异化体与本体不同，这是异化后的现状，经过网络的"催化"作用，网络异化型犯罪在传统犯罪的基础上形成，并与传统犯罪在表现形式上存在不同，具体为犯罪构成要件要素表现形式的不同。受到网络的影响，犯罪构成要件的面貌发生了改变，如不仔细分析，极易将其视为合法行为或其他犯罪。如作为犯罪客观要件要素的犯罪空间由于实现了从现实空间向虚拟空间的转移，包括扰乱社会秩序在内的一些犯罪行为貌似失去了违法性与有责性[1]。又如作为犯罪客观要件要素的犯罪行为，网络工具的运用使此罪与彼罪的界限愈加模糊，网络私服犯罪行为可谓是典型[2]。值得注意的是，网络异化型犯罪与传统犯罪的不同仅体现在表现形式上，既然二者可以适用同一罪名，就说明犯罪构成要件的整体框架、被侵犯的法益与内在本质具有同一性。

其次，异化体与本体相排斥，这是异化后的二者关系。由于异化体具有与本体不同的表现形式，原本很自然地适用于本体的刑法规范与刑法理论受到了异化体的"抵制"或"排斥"，刑法适用出现困难。可以认为，异化体与本体相排斥主要通过异化体与"本体配套设施"相排斥来体现。"本体配套设施"就是指立基于本体所形成的与本体相契合的刑法规范与刑法理论，即传统犯罪的刑法规范与刑法理论。在刑法规范方面，现行刑法在总则理论设计与分则罪名安排上已不能满足网络异化型犯罪的需要，呈现出明显的滞后态势。在刑法理论方面，传统刑法解释理论、传统共犯理论、传统犯罪形态

---

〔1〕 如发生在网络空间里的寻衅滋事行为、聚众扰乱社会秩序行为，编造、故意传播虚假恐怖信息行为，编造、故意传播虚假信息行为。

〔2〕 当前，关于网络私服犯罪行为的罪名一直存在"侵犯著作权罪"与"非法经营罪"之争。

理论等已对网络异化型犯罪力不从心，其中以传统刑法解释理论为代表，这是导致当前刑事裁判结论与刑事司法过程饱受争议的主要原因。

最后，异化体成为新的本体，这是异化所导致的趋势。异化一词产生于充满变革的时代，自然蕴含着预言与指引的意味。马克思正是看到了资本主义生产关系所发生的异化，作出其必然被新的生产关系所取代的预言。可见，异化不仅意味着新力量的产生，新力量与旧力量的对比，更意味着新力量将取代旧力量而成为新常态。随着生产、生活进一步的网络化，传统犯罪网络异化的势必向纵深发展而成为今后犯罪的主要形式。尽管每个罪名的网络异化程度有高低之分，但均处于这一趋势之中。根据最高人民法院于 2019 年 11 月发布的《司法大数据专题报告之网络犯罪特点和趋势》表明，2016 年至 2018 年，全国各级法院一审审结的网络犯罪案件的数量和占比呈逐年上升趋势。网络犯罪案件占比排名前四的罪名分别是"诈骗罪""开设赌场罪""非法制造、买卖、运输、邮寄、储存枪支、弹药、爆炸物罪""盗窃罪"。其中网络型诈骗案件在诈骗案件总量中所占的比例最高，为 31.83%。[1]可以预见，随着网络技术的发展及其适用广度与深度的进一步提升，传统犯罪网络异化的趋势将继续进行，个别罪名甚至会以网络异化型犯罪为主流。

在厘清"异化"的本质与特征后，我们可以尝试对传统犯罪网络异化作出更加完整的定义。笔者认为，传统犯罪网络异化是指：传统犯罪在网络的影响下，犯罪构成要件要素、犯罪形态、共同犯罪等领域呈现出不同于往常的表现形式，并表现出对传统犯罪刑法规范与刑法理论不同程度的排斥。在网络进一步影响下，上述不同于往常的表现形式将成为传统犯罪新的常态表现形式，甚至逐渐取代传统表现形式而成为主流表现形式。

二、传统犯罪网络异化的表现

本书主要意在探索适用于网络异化型犯罪的解释路径，故将主要考察影响刑事司法与犯罪认定的犯罪构成要件要素的网络异化现象。具体而言，犯罪构成要件要素的网络异化主要表现为犯罪主体的网络异化、犯罪对象的网络异化、行为方式的网络异化、犯罪空间的网络异化与定量因素的网络异化。

---

〔1〕 详见"司法大数据专题报告之网络犯罪特点和趋势（2016.1—2018.12）"，载 http://www.court.gov.cn/fabu-xiangqing-202061.html，访问时间：2019 年 12 月 10 日。

（一）犯罪主体的网络异化

犯罪主体一直是犯罪成立的首要要素，民国学者郗朝俊指出："凡一犯罪事实，必有惹起其犯罪者，被受其犯罪者及惹起其犯罪之动作与处罚其行为之法令，苟缺其一，法律上即不成立犯罪。"[1]网络时代中，犯罪主体也是犯罪成立的必需要素，网络技术的介入使得网络犯罪主体从单纯的网络行为人扩张到包括网络参与人与网络服务提供者在内的多种行为主体。传统犯罪中对行为人的认定相对简单，其对危害结果施加的原因力相对容易判断，即便是复杂的共同犯罪人，也有成体系的共同犯罪理论加以应对。但在网络空间中，"网络行为人—网络参与人—网络服务提供者"的犯罪主体体系较为复杂，加之传统共同犯罪理论已无法完全适用于网络空间，导致犯罪主体的网络异化，主要表现为两种情况：

（1）网络参与人在一定条件下成为犯罪主体。现实空间的一些案件中，行为主体一般会被限定为特定的个人，行为人的行为与危害结果存在着较为明确的因果关系，对犯罪主体的认定相对简单。但在网络空间中，除了最初发起实施犯罪行为的人，大量网络参与人的加入使对犯罪主体的认定变得扑朔迷离，网络言论犯罪就是如此。言论自由是我们最为珍视的宪法权利之一，但言论自由的滥用也让我们深受其害，网络则放大了这一危害。网络环境的虚拟以及人与人之间的非直面交往，解除了人们的束缚感，降低了人们的规范意识，言论不法行为大行其道。以网络侮辱犯罪为例，除了网络侮辱的最初发起者，无数网民的涉足使得网络侮辱行为危害性在被无限扩大的同时，也给责任主体的认定带来了困难。网络侮辱的发起者或最先攻击者符合侮辱罪的主体要求，这是毋庸置疑的。然而网络侮辱不同于现实侮辱，不但有最初发起人，还有大量参与人也卷入其中，如跟帖者、煽动者、转发者等。传统侮辱犯罪模式一般为"一对一"模式，即一个行为人对应一个受害人。在网络空间中，由于信息传播速度与辐射效应的不可预知性，侮辱罪既可以表现为"一对一"，更多地表现为"多对一""多对多"，其最终效果甚至远远超出最初发起者的预估。所以，网络传播的迅捷性与参与人的行为相结合，助长了危害结果的蔓延、恶化。由于受到各种限制性条件的制约，传统侮辱

---

[1]　郗朝俊：《刑法原理》，上海商务印书馆1930年版，第123页，转引自陈兴良：《刑法的知识转型（学术史）》（第2版），中国人民大学出版社2017年版，第163页。

罪的主体一般是最初实施侮辱者，但借助了网络技术的传播，最初实施侮辱者对最终危害结果的原因力会被不断削弱，各种参与者的加工、传播行为使侮辱效果进一步升级，造成了最初侮辱者无法预料的后果。如在网络侮辱过程中，有人在始发帖的基础上搜索出被害人更加详细的个人信息并将其曝光在网络上，甚至包括被害人的单位、亲朋好友的信息，以方便网络暴民对被害人及其朋友圈展开"围剿"，通过隐私权的侵犯，加深对被害人人格与名誉权的侵犯，社会危害性骤然增大。又如侮辱始发帖在局域网等传播范围较小的网络平台上传播，但参与人将侮辱内容粘贴到一些影响力较大的网络平台（如天涯论坛、百度贴吧、新浪微博、今日头条等），这些网络平台的传播速度与影响力会远远超过普通的网络平台，这也使侮辱的情节更加严重。同理，网络"水军"、网络"黑社会"的犯罪主体相对于敲诈勒索罪、强迫交易罪、诽谤罪、损害商业信誉、商品声誉罪等罪名的犯罪主体，也发生了较大的变异。总之，大规模的参与行为、犯罪组织结构的新颖性、行为原因力的模糊不定，以及无意思联络的"孤岛"般的行为人，扭曲了传统犯罪主体的本来面目，进而使对犯罪主体的认定陷入混乱。

（2）网络服务供应者有可能成为犯罪主体。网络时代是技术的时代，掌握核心技术并为社会提供基础性网络服务的主体成为一支不可忽视的力量，这种力量的强势介入打破了传统犯罪主体的"一家独大"模式。德国学者希尔根多夫指出，在 web2.0 时代，网络服务供应商拥有一个前所未有的强势地位，因为他们控制着关键的基础设施，但当网络服务供应商明知互联网中已出现了确切的侮辱内容而没有尽到删除义务，就有可能成立不作为犯罪。[1] 这就涉及对网络中立帮助行为的定性。中立帮助行为往往在客观上帮助甚至促进他人实施犯罪，但从表面上看又貌似缺乏罪过而显得中立无害。网络服务提供者经常扮演中立帮助行为人的角色，但技术性决定了网络服务提供者对犯罪结果的发生往往起着比实行行为人更为关键的作用。以传播淫秽物品罪为例，由于网络犯罪门槛的降低，淫秽物品的传播者并不需要掌握高明的网络技术就可以通过网络传播淫秽物品，决定淫秽物品传播的主要因素在于网络服务提供者的技术支持，这种技术支持行为是犯罪成立的关键。鉴于此，

---

〔1〕〔德〕埃里克·希尔根多夫：《德国刑法学：从传统到现代》，江溯等译，北京大学出版社2015年版，第453~454页。

我国通过司法解释[1]规定：若网络服务提供者明知他人传播淫秽电子信息而为其提供互联网接入等网络服务的，直接负责的主管人员和其他直接责任人员将被认定为共犯。这种共犯与普通共犯不同，没有犯意联络，其实是网络环境作用下共犯的变异，也是对网络中立帮助犯处理规则的构建。"明知"的认定关系到网络服务提供者主体地位的确立与否，若对网络服务提供者科以严格的网络内容审查义务，将使其处于犯罪的边缘，不利于网络行业的整体发展，若"明知"的认定标准过于苛刻，又不利于网络行业的规范自律。通过细化网络企业的职责，加强政府对网络企业的监督，或许可以不枉不纵地认定网络企业的刑事责任。"快播案"是此类案件的里程碑，深圳快播公司明知大量淫秽视频在利用快播软件传播扩散，依然无动于衷并无视行政机关的整改要求，这足以认定该公司对淫秽物品的传播具有"明知"，应承担刑事责任。

（二）犯罪对象的网络异化

犯罪对象是犯罪行为所作用的具体人或物，在网络空间中，犯罪对象不是通常意义的人或物，而均被符号化、象征化。犯罪对象网络异化的典型莫过于网络财产犯罪。一般财产犯罪所针对的是实体财物，但网络财产犯罪的犯罪对象则为虚拟财产，如通过木马程序获得被害人的游戏账号与密码，进而盗窃被害人的游戏装备。又如佯称交换游戏装备，但趁被害人没有觉察，公然抢夺其游戏装备等。其他的网络财产犯罪还包括盗窃他人网络平台账号、非法"蹭网"、冒充网络管理员身份实施诈骗等。若要以传统刑法规制虚拟财产侵犯行为，我们必须首先关注财产犯罪网络异化后的表现：

（1）虚拟财产对公私财物价值的异化。网络的虚拟性赋予财产不同程度的虚拟性，如 Q 币、游戏装备，特定网络资源与实体财物相比具有相对丰富性，如 QQ 号、网络平台账号等，稀释了财产的使用价值与交换价值。这些情形都造成网络虚拟财产相对于一般财物的扭曲与变形，影响了传统刑法的适用。对此，在理论界出现了两种声音：一种声音认为，虚拟财产不可直接等同于公私财物，针对虚拟财产的犯罪，应以非法获取计算机信息系统数据罪、

---

[1] 参见 2004 年 9 月发布的《最高人民法院、最高人民检察院关于办理利用互联网、移动通讯终端、声讯台制作、复制、出版、贩卖、传播淫秽电子信息刑事案件具体应用法律若干问题的解释（一）》。

非法侵入计算机信息系统罪等论处。理由是所谓的虚拟财产其实是电子数据或电磁记录，并不是财物。另外，公众对虚拟财产价值的认知不可能如对现金、实物等达成高度一致，若以传统财产罪名规制该类行为，会带来价格认证问题。另一种声音认为，早期刑法同样认为电力不属于公私财产范畴，但随着社会进步，刑法最终将电力认定为公私财产。与此同理，虚拟财产最终会随着认知的提升而被视为公私财产的一种。其实，虚拟财产与普通财物都是劳动与汗水的凝结，二者均具有交换与使用价值，并无本质性差异。虚拟财产估价较棘手，可以逐渐建立完善财产评估标准，不能因此否定其公私财产的本质。实务界的意见也不统一，不同的法官做出了不同的选择。对于窃取网络游戏账号与密码的行为，广州市天河区人民法院认定嫌疑人构成盗窃罪，而徐州市鼓楼区人民法院则认为嫌疑人构成非法获取计算机信息系统数据罪。[1]

（2）新型犯罪对象对公私财物本身的异化。由于出现了新型犯罪对象，财产犯罪中的公私财物本身出现了某种程度的异化，如使用型盗窃中的"蹭网"行为，即在未经他人许可的情况下，擅自破解他人上网账号与密码并使用的行为。"蹭网"在当前已经成为一种较为普遍的现象，网上充斥着提供破解无线路由器密码的软件与教程，由于门槛较低，上手容易，"蹭网"群体较庞大，已经影响到正常的网络秩序与网络资源的独占权利。根据民事法律的规定，网络用户对通过支付对价而获取的网络服务享有专属使用权，未经同意他人无权使用，否则可能涉嫌民事侵权。尽管很大一部分"蹭网"行为不会构成犯罪，但由于"蹭网"而获得的流量资源折合计算而达到数额较大情形的，很可能会构成盗窃罪。"蹭网"行为的犯罪对象为网络流量，这是一种新型的犯罪对象，与以往盗窃罪犯罪对象的主要区别就在于存在的状态。与盗窃实体财物行为不同，"蹭网"行为并不侵犯被害人的财产占有权，与盗窃电力、燃气行为不同，"蹭网"行为并不侵犯被害人全部的财产使用权。网络流量是一种可以共享的资源，行为人根本无须侵犯被害人的财产占有权与使用权，亦能做到与被害人共同使用网络流量。这种新型犯罪对象并非处于以往的非此即彼的异时性状态，而是处于彼此皆有的共时性状态。所以，财物

---

〔1〕 参见"网游大盗倒卖虚拟财产牟利2万元获刑3年"，载《广州日报》2009年10月29日；参见江苏省徐州市鼓楼区人民法院〔2009〕鼓刑初字第150号刑事判决书。

犯罪的对象本身也发生了与以往不同的变异。

除了虚拟财产，网络人身犯罪的对象也逐渐发生异化，这种异化主要体现为犯罪对象人格的虚拟化、网络化。如一般的侮辱或诽谤行为在物理空间中直接作用于真实的人，而网络空间中的侮辱或诽谤行为在虚拟空间中仅作用于一个个符号，这些符号只是真实个人的虚拟身份，并不能简单等同于真实个人，发生在匿名化的网络交际平台中的侮辱诽谤尤为典型，如甲在前台完全匿名的微信群里对乙进行公开诽谤，严重损害了乙在微信群里的人格与名誉，在乙真实身份无泄露的情况下，能否视为对乙本人的诽谤值得探讨。与针对虚拟身份或标志的犯罪相比，针对虚拟人物的犯罪更加难以评价，这使得传统犯罪网络异化深度大大加深，如网络性侵。美国林登实验室开发了一款名为"第二人生"的网络游戏，深受欢迎。然而在2007年，"第二人生"中发生了一起网络强奸案，一名玩家利用黑客程序控制了另一玩家的女性虚拟人物，随后该玩家利用自己操纵的男性虚拟人物强行与女性虚拟人物发生性关系，后女性虚拟人物的玩家报警，比利时警方介入调查。此案例看似令人咋舌，强奸罪是行为人以暴力、胁迫或其他方式，违背妇女意志，强行与妇女性交的行为。一直以来，强奸罪的既遂条件就要求行为人与被害人性器官的物理接触，偏重对物理性结果的考察。但从长远来看，强奸给被害人心理所造成的创伤可能远大于物理性创伤。有学者认为，被强奸妇女身体的脱离掌控感与心灵煎熬，以及被强奸事实的暴露公开所带来的痛苦，远大于强奸行为当时所带来的损害。也就是说，强奸罪给妇女带来的伤害不仅包括暴力行为所造成的物理性伤害，更重要的是对妇女精神的重大创伤。所以，有学者提出要对强奸罪伤害作出"双重界定"，包含物理伤害与精神伤害。[1]对于强奸罪的认定，虽然当前的理论与实践并没有完全发展为单独的精神损害标准，但已开始从单独的物理损害标准向双重损害标准过渡。随着网络虚拟技术的飞速发展，人们很可能在虚拟世界中找到与现实世界一样的感受，强奸罪这一典型的传统犯罪在将来有可能用于规制对网络虚拟人物的强奸。

（三）犯罪行为的网络异化

行为是犯罪的外在表现，也是犯罪的核心概念。行为作为刑法客观主义

---

〔1〕 熊建明：" 基于性学之维的强奸罪法益反思"，载《法治现代化研究》2017年第4期。

的关键要素，排斥主观归罪，有利于落实罪刑法定原则，保证司法公正。因此，行为要素的认定至关重要。网络时代的到来使犯罪分子有机会利用网络实施不法行为，网络使不法行为的方式、特征与性质均发生了不同于以往的变异，给司法认定带来困难。行为的网络异化主要表现为两类情形：

（1）网络异化程度较轻的行为。这类行为通常以网络作为工具实施犯罪，危害结果与传统犯罪无本质区别，但其行为方式与特征在网络的作用下与传统犯罪迥异，且呈现出多样化态势。若该类行为以非网络化的通常方式实施，本不会造成定性困难，但在网络的介入下，则会使定性徘徊在罪与非罪、此罪与彼罪之间，难以决断。这类行为的典型为网络性侵犯罪与网络侵犯著作权犯罪。

以网络性侵犯罪为例，据报道，2015 年至 2017 年间，瑞典男子萨姆斯特伦在网上认识了 26 个女孩和 1 个男孩。他先从这些孩子那里骗来他们的裸照，随后以公布裸照或是杀掉受害者家人的方式威胁、强迫对方通过摄像头进行自慰表演，受害者遍布美国、英国、加拿大。根据瑞典法律，强奸罪不单指狭义的性行为，如果对受害人造成同等伤害也可以视为强奸，萨姆斯特伦因此获刑 10 年，这是瑞典首次将网络性犯罪判定为强奸。[1]我国也发生过多起类似事件，行为人利用网络获取被害人裸照或其他个人隐私，而后为了追求性刺激，进一步提出无理要求，严重损害被害人性心理、性观念与人格尊严。网络的介入使这类性侵案件突破了传统性侵案件必须有物理性接触的要求，犯罪分子不必直面被害人而可以远程作案，这给司法实践带来困难。有观点认为，无论是强奸还是强制猥亵，都应有物理性接触存在，若承认上述行为都属于性侵犯罪，那么究竟何种的胁迫在效果上等同于实际的身体暴力？性侵方式的无限扩大混淆了性侵与性骚扰的界限，也破坏了刑法谦抑。有观点认为，性侵犯罪的方式随着社会的发展而变化，在流氓罪尚存的年代，强行拉妇女手、趁妇女不备摸大腿等方式被普遍认为属于犯罪，而今已不可能作出这样的认定。进入网络时代以来，猥亵犯罪的方式也在发生变化，只要行为人为了满足性欲而强制侵害妇女人格尊严与性权利的，都属于猥亵范畴，猥亵的核心在于"强制性"。网络性侵者通过胁迫的方式追求性刺激，当

---

〔1〕 详见"视频：瑞典大叔因为网络强奸获刑 10 年，变态癖好令人发指"，载 http://v.ifeng.com/video_ 9815947. shtml，访问时间：2018 年 11 月 26 日。

然应认定为强制猥亵罪。事实上，当前司法机关已经办理了多起利用网络猥亵儿童的案件，最高人民检察院也发布了相关的指导性案例。

又如网络侵犯著作权犯罪，该类犯罪网络异化主要表现为复制发行的异化。传统侵犯著作权罪中的复制发行，往往通过有形载体进行，例如，对纸质作品的复印与盗版行为。借助网络的复制发行行为本质上与传统行为无异，都是对特定作品的重复再现，但表现出多样的形式。如复制行为可以表现为BT下载、作品的数字化转换、网络盗贴、非法链接等。如 2015 年 6 月至2016 年 7 月，被告人卢某根以营利为目的，未经著作权人许可，使用关关8.5 破解版采集器，自己编写采集规则，通过服务器内采集器采集的方式，在互联网上非法采集他人拥有著作权的文字作品，并通过其经营的"经典小说网"（www.jdxs.net）向公众传播，并在其网站刊登阿里妈妈广告联盟的收费广告。经上海东方计算机司法鉴定所鉴定，被告人卢某根经营的"经典小说网"上登载的文字作品中有 3451 部与上海玄霆娱乐信息科技有限公司旗下的"起点中文网"拥有独家信息网络传播权的文字作品同名，且两者的相似度大于 70% 的作品有 3353 部。后法院以侵犯著作权罪判处卢某根有期徒刑 3 年缓刑 4 年，并处罚金人民币 5 万元。[1]除了形式的多样化，网络复制发行的主观目的也使侵犯著作权罪的主观方面发生了异化。侵犯著作权罪状规定行为人复制发行具有营利目的，但网络空间中的复制发行可能出于多样化的考虑，如为了提高网站用户数量、节省成本、提升级别等，但仍严重侵犯了他人的著作权。上述案例中，卢某根通过盗贴其他网站文章至"经典小说网"，并在"经典小说网"中植入广告，获取广告费 92 万元，这种方式较为典型。有观点认为要证明卢某根的非法营利目的，必须证明其具有直接故意，即其盗贴行为与营利是手段与目的关系，若仅能证明其营利的间接故意，则不能认定主观罪过。这种观点是不成立的，从推定可知，若没有先前的盗贴行为，行为人所经营的网站将不会有如此高的点击率与关注度，也无法吸纳广告收入。行为人对于通过盗贴的方式侵犯他人著作权进而将获取广告收入这一事实持积极态度，因此行为人主观上实际上是直接故意，即为了营利目的而盗贴。

---

〔1〕 详见江苏省徐州市中级人民法院 ［2017］苏 03 刑初 70 号判决书，载 http://wenshu.court.gov.cn/content/content?DocID=49065f9d-4449-4ba4-a626-a8b000ad66bc&Key Word=%E7%BD%91%E7%BB%9C，访问时间：2018 年 11 月 26 日。

（2）网络异化程度较深的行为。这类行为随着网络技术的发展而产生，通常不会出现在非网络环境中，属于新生事物。对于传统犯罪而言，这类行为的方式虽然较为新颖，但经过适当的刑法解释可以认定其侵害的法益与传统犯罪无异，仍应受到传统刑法规制，典型的如刷单行为与私服行为。

"刷单"行为伴随着网络购物大潮出现，网络商家为了吸引更多顾客，急于提升其商家信用度，由此催生了刷单行为。行为人通过制造虚假交易为网络商家做虚假评价，进而赚取佣金。刷单行为严重扰乱了正常市场秩序，会导致其他网络商家生产经营的重大损失，具有一定的社会危害性。

刷单行为分为正向刷单与反向刷单，正向刷单也叫刷单炒信，"行为人首先设立网站或聊天群组作为从事虚假交易的平台，并通过网站或聊天群组召集网络商家或刷手加入。之后，有炒信需求的商家向行为人缴纳一定费用，在其网站或聊天群组中发布炒信指令，刷手接到指令后开始刷单，并在交易结束后给予商家好评，刷单结束"。[1]刷单炒信行为是电子商务背景下出现的全新行为，定性较难，即便以最接近的罪名将其定罪，依然会发生变异而出现种种争议，这时就需要刑法规范的灵活解释与运用。现有司法判决通常会将刷单炒信行为认定为非法经营罪，如2017年的"刷单炒信第一案"。但也有不同的声音，认为刷单炒信行为本身就是非法的，不属于"经营行为"范畴，非法经营罪中其他三类情形如证券业务等属于正常的"经营行为"，只在没有得到国家相关批准的情况下涉嫌非法经营罪，与刷单炒信行为有本质区别。非法经营罪设立的初衷在于禁止未取得特定资格的单位和个人违法从事经营活动，保护通过特定许可管理形成的市场经营秩序。非法经营罪的重要特点就是要有违反法律、行政法规的非法经营行为，《互联网信息服务管理办法》虽然要求互联网信息服务经营者必须取得互联网信息服务增值电信业务经营许可证，但《互联网信息服务管理办法》仅为国务院令，并不属于法律、行政法规。《网络交易管理办法》虽然明确禁止了刷单炒信行为，但其只是部门规章，并非行政法规。事实上，目前还没有相应的法律或行政法规对刷单炒信行为作出专门规定。可见，刷单炒信作为一种发生在互联网空间的全新行为，相较于之前的"经营行为"存在巨大变异，其行为性质是否合法，以

---

〔1〕　蒋惠岭主编：《网络刑事司法热点问题研究》，人民法院出版社2016年版，第65页。

及是否属于"经营行为"需要我们仔细研讨，慎重入罪。

网络私服也是一种在网络环境中产生的新型犯罪，对网络游戏产业打击沉重。近年来，我国网络游戏产业发展迅猛，据统计，"2008 年我国网络游戏用户规模为 0.67 亿人，2017 年我国网络游戏用户规模增长至 5.83 亿人，增长率达 27.17%。网络游戏产业销售收入也从 2008 年的 185.60 亿元增长至 2017 年的 2036.10 亿元，年增长率达到 30.49%"。[1] 与网络游戏发展相伴随的是网络私服犯罪的日益猖獗，最典型的莫过于侵犯著作权犯罪。有学者搜集了 2005 年至 2013 年 6 月底的 100 个网络著作权犯罪案例，私自开设、运营网络游戏私服的案件数量最多，有 35 件。[2] 网络游戏领域是网络著作权犯罪案件的重灾区，行为人通过此类犯罪可以获得远远高于其他著作权犯罪的利益。然而，对私服行为的刑法规制困难重重。目前普遍的观点认为私服行为属于侵犯著作权犯罪，问题的核心在于私服行为是否属于侵犯著作权罪状中的复制发行。对于复制，根据我国《著作权法》，通常意义的复制是指印刷、复印、拓印、录音、录像、翻录、翻拍等方式将作品制作一份或多份的行为。而私服行为人通过技术手段非法获取网络游戏软件的源程序，并私自架设服务器，在该服务器上运行网络游戏源程序并向公众提供网络游戏服务。

与对文件、音频、视频等传播媒介的拷贝不同，私服行为是对网络游戏软件源程序的拷贝，超出了传统复制行为的方式，是对传统复制行为的异化。更为复杂的是，传统复制的产品与被复制品是一样的，而在网络私服中，行为人或是为了掩盖其侵犯版权的事实，或是单纯为了改进与创新，通常会对所获得的服务器端程序作一定程度的数据修改，这进一步加深了传统复制行为的异化程度，甚至颠覆了人们对"复制"词义的理解。如"湖南网游侵权第一案"中，嫌疑人辩护律师认为，行为人利用电脑技术对游戏程序进行升级和修改，进一步扩大游戏规模，这种行为属于二次开发，不是复制行为。对于网络技术性导致的复制异化，需要由相关领域的专家进行鉴定，进而作出复制与否的结论。对于发行，根据我国《著作权法实施条例》，发行只包括出售和赠与两种方式。这两种方式都要求转移复制品的所有权，如将盗版的

---

〔1〕 "2018 年中国网络游戏行业发展现状及发展趋势分析"，载 http://www.chyxx.com/industry/201804/631654.html，访问时间：2018 年 11 月 27 日。

〔2〕 参见于志强：《网络知识产权犯罪制裁体系研究》，法律出版社 2017 年版，第 93 页。

教科书卖给他人。但网络私服的发行显然与此不同，若仍要求转移复制品的所有权，那么整个计算机系统或服务器将会被转移给买受人，这显然是不可能的。网络私服提供者先向客户发行客户端，在客户取得客户端后，按照流程安装游戏程序，发行过程才算完毕。总之，传统作品发行时，作品与载体是一体的，没有先后顺序，如在出售盗版教材时，教材的内容与书本是一体的。网络作品发行时，作品与载体是分开的，作为载体的客户端首先被客户获取，之后按照程序完成对作品的占有。除了以侵犯著作权罪规制网络私服行为，非法经营罪也被纳入了考虑范围。根据《新闻出版局、国家版权局关于开展对"私服"、"外挂"专项治理的通知》，私服行为属于非法互联网出版活动，因此有观点认为私服行为严重扰乱了正常市场秩序，涉嫌非法经营罪。从本质上讲，私服行为人在未取得文化、工商等部门审查批准的情况下以侵犯他人版权的方式擅自提供网络游戏服务，破坏了国家的特许经营管理秩序。非法经营罪作为"口袋罪"，"其他严重扰乱市场秩序"的情形有一定的解释空间，可以将私服行为囊括进去。因此，私服行为作为新生事物，其新颖性与非典型性使其有可能同时触犯非法经营罪与侵犯著作权罪，如何选择还要结合具体案情展开分析。

（四）犯罪空间的网络异化

我国经历了由农业社会、工业社会向网络社会的转变，其犯罪空间也相应地受到影响而逐渐异化。网络空间作为虚拟空间，在一定程度上也成了犯罪场所，根据犯罪空间网络异化程度的不同分为：

（1）网络异化程度较低的犯罪空间。在一些犯罪情形中，行为人利用网络空间实施犯罪，且犯罪后果溢出网络空间，作用于现实空间。如行为人利用网络侮辱、诽谤他人，虽引起了网络空间中的"骚动"，甚至引发众人对被害人的集体攻击，但其后果不仅包括被害人网络身份与名誉的损害，更跨越网络空间直接作用于现实空间，被害人所遭受的名誉损害与精神损害甚至主要发生在现实空间。与传统犯罪相比，此情形中的犯罪空间具有一定程度的网络异化，犯罪行为与一部分犯罪后果均发生在网络空间，另外的犯罪后果则发生在现实空间。因此，网络空间不光是犯罪空间的一部分，也作为犯罪手段与路径而发挥出工具价值。

（2）网络异化程度较高的犯罪空间。在该种犯罪中，行为人在网络空间中实施犯罪，犯罪场所与犯罪后果未分离，犯罪后果仍停留于网络空间内，并未逾越虚拟与现实的藩篱。该类犯罪出现的原因在于司法机关和公众对网络空间秩序与网络法益的认可，尽管现实社会中的法益并没有受到侵害，抑或是根本无法证明现实社会中的法益受到侵害，仍将破坏网络法益的行为视为犯罪。现在已有司法解释[1]将在网络上散布虚假信息的行为视为寻衅滋事罪中的"造成公共秩序严重混乱"并以该罪处罚。该解释承认了网络空间中也有公共秩序，会因犯罪行为的破坏而"严重混乱"，即便现实社会的秩序丝毫未受破坏，亦不影响寻衅滋事罪的成立。

与第二种情形相比，第一种情形中的犯罪空间虽存在网络异化，但一般不会对犯罪认定造成太大影响。如侮辱或诽谤犯罪中的被害人在现实社会中亦会遭受巨大的名誉损害，侮辱或诽谤行为与危害后果之间的因果关联较为清晰。第二种情形为司法机关制造了些许障碍，犯罪构成要件要素均存在于网络空间的情形与现行刑法保护现实社会的传统做法发生了冲突。最高司法机关不得不通过强制性、引导性的司法解释途径为司法机关处理该类案件提供参考。但寻衅滋事罪作为口袋罪，被直接用于规制纯粹的网络空间犯罪，也引发了诸多争议。在"秦火火案"中，被告人秦某晖在网上围绕"7·23甬温线动车事故"编造并散布虚假信息，引发大量网民对国家机关公信力的质疑。法院认定该行为造成公共秩序严重混乱，构成寻衅滋事罪。[2]法院的解释将虚拟空间归入公共场所范畴，对虚拟空间秩序的破坏便是对公共秩序的破坏。然而，根据通常理解，"公共场所"指人们所能聚集的物理性质的三维空间，如车站、广场、礼堂等，以往的寻衅滋事案件均没有突破"公共场所"的语义范围。网络空间是虚拟性质的空间，仅是人们思想交流的平台，所谓的网络空间秩序混乱其本质是人们思想的碰撞与电磁信息的生成、修改与删除，将其视为公共场所是否会超出语义范围与国民的预测可能性，仍值得深入探讨。与网络型寻衅滋事罪类似的还有编造、故意传播虚假信息罪，故意编造虚假信息并通过网络传播，引发公众围观且造成不良影响的，也通

---

[1] 参见2013年发布的《最高人民法院、最高人民检察院关于办理利用信息网络实施诽谤等刑事案件适用法律若干问题的解释》。

[2] 详见"秦某晖诽谤、寻衅滋事案"，载 https://www.pkulaw.com/pfnl/a25051f3312b07f390201160674c907e0a7a2f21b644a7d9bdfb.html? keyword = %E7%BD%91%E7%BB%9C%20%E5%AF%BB%E8%A1%85%E6%BB%8B%E4%BA%8B，访问时间：2018年4月29日。

常被视为"破坏公共秩序"。在"李某1编造、故意传播虚假信息案"[1]中，李某1在湘潭地区抢险救灾期间，利用在微信朋友圈获取的图片和文字，在"发布信息网"上以李某1的名字发布"二十多名救灾英雄被湘潭市公安局强制抓走"等不实帖文，致使不实帖文在网上流传，引起大量网民浏览。湘潭市雨湖区人民法院认为，网络秩序同样隶属于社会公共秩序范畴，李某1的行为扰乱了正常的网络秩序与社会公共秩序，破坏了政府公信力，其危害性不亚于普通的扰序行为，故将此行为认定为编造、故意传播虚假信息罪。这起案件也引起了公众关注，并引发了激烈的争论。可见，网络空间扰序行为规制的难点源于犯罪场所由现实空间向网络空间的转移，犯罪场所的网络化变迁导致犯罪方式、犯罪后果与公众认知趋向多元化，规范的理解与犯罪的论证更加复杂。

（五）定量因素的网络异化

在我国，犯罪是定性与定量的结合，在认定犯罪时，对罪量的考虑必不可少。传统犯罪网络异化不只是定性因素的异化，也是定量因素的异化。传统刑法的定量标准主要包括数额、数量、情节、后果等，但网络技术使得传统犯罪发生了异化，原有的定量标准难以准确评价异化后的传统犯罪，如数额标准无法评价虚拟财产犯罪，"公共场所秩序严重混乱"无法评价发生在网络空间的寻衅滋事罪等。因此，设置新型定量因素的规范性文件纷纷出台，如《最高人民法院、最高人民检察院、公安部关于办理网络赌博犯罪案件适用法律若干问题的意见》中规定，在赌博犯罪认定中已不限于"赌资""参赌人数""收取回扣介绍费"等定量标准，而是增添了参赌会员账号数、银行账号数量、收取服务费数额、投放广告网站数量、投放广告数量等定量标准。

诽谤罪较为典型，传统诽谤罪的入罪标准是情节严重，对于传统诽谤罪而言，情节严重的判断主要着眼于考察"被害人精神失常、自杀、自残""行为人多次诽谤""引发群体性事件""引发公共秩序混乱""严重损害国家形象"等。进入网络时代以来，网络诽谤的实施有了新的途径，行为方式的异化直接造成犯罪后果的异化，诽谤罪情节严重的判断标准就不应局限于上述

---

[1]　参见"李某1编造、故意传播虚假信息案"，载 https://www.pkulaw.com/pfnl/a25051f3312b07f32b76ffaa1ec48d8d764f19d563f543ddbdfb.html? keyword＝% E7% BD% 91% E7% BB% 9C% 20，访问时间：2018年4月29日。

范围，而应在传统标准的基础上体现网络色彩。有学者指出，网络时代的犯罪在逐步由现实空间向虚拟空间过渡，此时定量标准必须兼顾两个空间，需要让传统刑法能够适用于两个平台之上。因此，对网络诽谤情节严重的考察加上了"实际被点击数""浏览数""转发数"等新型定量标准。由于网络传播的迅捷性与广泛性，诽谤行为的社会危害性主要来自诽谤行为有多"吸睛"，具有多大的影响力，从这个意义上讲，这些新型定量标准甚至起着更为根本与关键的作用，在一定程度上成为认定传统定量标准有无及程度大小的依据。如要考察诽谤行为是否"严重损害国家形象"，需参考诽谤言论传播的速度与范围，即在网络空间造成了多大的影响。要考察诽谤行为是否"引发公共秩序混乱"，需参考诽谤言论的"浏览量""下载量""点击量""回帖数"等。网络诽谤的入罪定量因素虽然已有明确规定，但"浏览量""下载量""点击量""回帖数"等数额标准仍显单薄，这些数额标准虽较为重要，但网络犯罪的特殊性决定其危害性并不主要依靠这些标准体现。"浏览量""下载量""点击量""回帖数"等数额标准只是一个个冷冰冰的数字，诽谤信息被点击、浏览 4000 次与 5000 次对被害人的侵害并无本质区别，无法准确反映特定行为的社会危害性。

网络诽谤犯罪的定量因素需要结合网络特点实现更深层次的异化，表现为以下三项：第一，加害人规模。较为典型的即为"网络水军"，这些群体的组织性与专业性较强，且在事前经过了周密的准备，使加害人群体增加，攻击力量增强。成千上万的"网络水军"在网络空间中肆意诽谤被害人，其危害性远超普通个人所实施诽谤行为的危害性。第二，传播时长。网络的特点就在于其稳定性、动态性与快捷性。稳定性决定了网络信息不会像大字报一样轻易被涂改与删除，即便将传播源头的服务器中的信息删去，也无法应对无数终端服务器里的信息。动态性决定了网络信息随时处于变动之中且有无限变动、扩散的可能，昨日小众平台里的信息，明日就可能传播到大众平台。快捷性使得信息克服了空间距离，实现全球光速传播。正是网络的稳定性、动态性与快捷性，决定了诽谤信息在网络中存在的时间越久，其传播的范围越广阔，影响力越大。第三，传播平台。正如传播时间属于时间维度，传播平台则属于空间维度。虽然网络信息传播的动态性使得诽谤信息极有可能从小众平台传播到大众平台，但仍需付出时间成本。若一开始就在大众热门平台散播诽谤信息，其传播效果明显会比小众平台好得多，故传播平台也应作为影响传播广度与深度的重要因素。实际上，司法机关在办案中也认识到了网络诽谤与传统诽谤的不同，进一步推进了网络诽谤定量因素的异化，将诸多超规范定量因素纳入考察范围。如具有重大影响的"秦火火案"，被告人秦某晖于 2012 年 12 月至 2013 年 8 月间，使用不同的微博账号在网上编造并发布罗援、张海迪等人的虚假事实，引发舆论关注。在该案中，法院考虑到被告人针对多位名人使用热门网络平台"新浪微博"实施诽谤，诽谤言论传播时间长达 8 个月，社会反响极为强烈，给被害人的名誉造成了严重损害，故判其犯诽谤罪。又如"韦某诽谤案"，被告人韦某因对邱某不满，起草诽谤邱某的相关文字及图片，于 2013 年 8 月 20 日至 2013 年 10 月 9 日发布在"网易新闻论坛""凯迪社区""天涯论坛""中华网社区"等热门网络平台上，严重损害了邱某的名誉，法院判韦某犯诽谤罪。[1] 在这两起案件中，除了"浏览次数""转发次数"外，网络平台性质与等级，传播时长等也证明了诽谤言论的社会危害性，被法院纳入考察范围。

第二节　传统犯罪网络异化的刑法规制困境及其原因与出路

互联网作为第三次科技革命的产物与代表，深刻地影响和塑造了整个世界，人类社会的政治、经济、文化与生活模式等发生了巨大变革。与此同时，传统犯罪网络异化的范围之广、程度之深前所未有。以往依据对刑法规范的简单理解就能定性的传统犯罪由于网络异化而变得日趋复杂，进而影响到了刑法的适用。一方面，立基于启蒙时代、成熟于前工业时代的传统刑法面对网络大潮的冲击呈现出体系性的滞后；另一方面，自贝卡里亚以来所遵循的三段论式的法官推理逻辑，对刑法文义的刻板理解，以及对探寻法律精神的警惕，使刑法对花样翻新的网络不法行为越来越力不从心，无法及时应对技术扭曲所带来的犯罪变异，逐渐陷入困境。

----

〔1〕　详见"秦某晖诽谤、寻衅滋事案""韦某等诽谤案"，载 http://www. pkulaw. cn/case/pfnl_ a25051f3312b07f3c28d5b5024d5b1ad76d50370e28538a5bdfb. html？keywords ＝% E7% BD% 91% E7% BB% 9C&match＝Exact&tiao＝1、http://www. pkulaw. cn/case/pfnl_ a25051f3312b07f354b10086778dbc6890c177 1a8a5c0740bdfb. html？keywords＝%E7%BD%91%E7%BB%9C&match＝Exact&tiao＝1，访问时间：2018 年 11 月 29 日。

一、传统犯罪网络异化的刑法规制困境

（一）立法无法满足对传统犯罪网络异化行为惩治的司法需求

与其他部门法一样，刑法具有与生俱来的滞后性，此外，刑法还具有较强的强制性与稳定性。在变幻莫测的网络社会中，刑法规范高度的强制性与稳定性更加凸显了其滞后性，使之落后于网络技术与社会发展。实际上，当前世界多数国家都存在着网络犯罪法律体系薄弱，无法及时应对新型网络犯罪的问题，即现有立法无法满足司法的需求。我国通过《刑法修正案（七）》和《刑法修正案（九）》，修改或增设了一批纯正网络犯罪，这些立法呈现出"亦步亦趋"的事后立法特征，意图弥补 1997 年《刑法》在网络社会中的明显漏洞，却仍未因应网络社会的发展及时修改传统刑法分则罪名或增设新罪名。网络异化型犯罪占据了网络犯罪的绝大多数，理应是网络犯罪立法应当重点考虑的方向，随着网络时代的发展，立法阙如与司法需求之间的矛盾愈加尖锐。从微观层次来看，立法阙如与司法需求之间的矛盾表现为立法机关并未及时回应个罪的网络异化态势，导致一些网络异化型犯罪的司法规制出现了障碍。以知识产权犯罪的网络异化为例，根据《刑法》规定，侵犯著作权罪成立的一个必备条件是"以营利为目的"，在网络环境中，这一前提性规定成为惩治网络知识产权犯罪的障碍。在网络技术的帮助下，行为人可以轻而易举地复制、传播他人的作品，复制与传播成本的极大降低，使不以营利为目的的复制、传播他人作品的行为越来越多。如为了吸引自己网站的访问量，很多网站运营者为网民提供虚拟主机服务，使个人能够在网站上建立主页并发布信息。但一些人为了增加自己主页的访问量，提高知名度，在自己主页上发布盗版软件或其他盗版作品，无偿地提供给网民下载。这种行为虽然不具有营利的目的，但所造成的危害却大大超过传统手段所造成的危害。正是看到了这种趋势，很多国家如美国、法国修订了知识产权法律，取消了"以营利为目的"的前提性条件，以便在网络社会中更好地惩治知识产权犯罪。[1]从宏观层次来看，由于网络技术的迅速发展和广泛应用，相当多的传统犯罪被转移至网络中实施，进而使传统犯罪出现了网络异化，突出

---

〔1〕　参见阴建峰、张勇："挑战与应对：网络知识产权犯罪对传统刑法的影响"，载《法学杂志》2009 年第 7 期。

表现在财产类犯罪、秩序类犯罪、公共安全类犯罪等领域中。而这种大规模的网络异化态势，使立法俨然成为一种不可能完成的任务，也就是说，通过立法的方式不可能满足传统犯罪网络异化的司法需求。以定量因素的网络异化为例，目前虽然最高司法机关通过一系列司法解释新增或修改了个罪罪量的厘定规则，如诽谤罪、淫秽信息犯罪等，但仍不足以应对传统犯罪定量因素网络异化的普遍态势。若要对全部网络异化型犯罪的定量因素进行重设，则要对这些犯罪所涉及的刑法规范及司法解释条文进行大规模的修改完善，这对立法机关的立法效率、立法前瞻性、立法精确性、立法协调性等提出了严峻挑战，不啻一项巨大的工程，并不能在短时期内完成。其实，即便完成某种立法，由于网络技术的迅猛发展，立法效果也不免会大打折扣。有学者在总结网络犯罪立法后指出，某部法律的出台可能会暂时遏制某种类型的网络犯罪，但网络犯罪并不会一直受到遏制，而是会以另一种形式或借助另一种技术存在，这就是"逃离效应"。立法机关显然看到了对网络异化型犯罪普遍立法不具有现实性，早在1997年就通过《刑法》第287条规定，利用计算机实施的盗窃、诈骗等传统犯罪按照相关的罪名论处。2000年出台的《全国人民代表大会常务委员会关于维护互联网安全的决定》则将"计算机"替换成了"网络"，规定利用网络实施犯罪的，依据现有规定处理。这些规定较早地为处理传统犯罪网络异化问题提供了出路，具有一定的前瞻性与宣示性。2015年出台的《刑法修正案（九）》则没有涉及网络异化型犯罪的处理，而是试图建立纯正网络犯罪体系，这在某种程度上体现出立法的重心逐渐向纯正网络犯罪方向转移，可见在现阶段，立法机关并不打算主要通过立法方式处理传统犯罪网络异化的问题。总而言之，从表象上看，现行刑法对传统犯罪网络异化的应对充满漏洞，亟须补充完善。然而，立法无法满足司法需求的根本原因并非立法机关对现状的漠视，而是立法机关在短时期内无法基于立法理性在微观层面事无巨细地满足司法的需求，只能通过发布一些司法解释或规范性文件，原则性地为网络异化型犯罪的处理定下基调，进而分阶段地建立、完善网络犯罪的法律体系。

（二）传统刑法解释理论无法妥当适用于传统犯罪网络异化行为的处理

刑法立法是一项宏大的工程，其成本巨大且短期内无法得到改观，的确对传统犯罪网络异化的刑法规制形成了障碍。但对于所有犯罪而言，立法一经制定即滞后，这种现象是普遍存在的。为了应对立法滞后的现状，当前学界对"动辄立法"的倾向几乎给予了一致的批判，对现行刑法的灵活解释与恰当运用受到鼓励，可见刑事司法与刑法解释在犯罪治理议题中所占的绝对性优势。如果认为立法滞后是造成传统犯罪网络异化规制困境的外部原因，那么因传统刑法解释理论的过度保守而导致刑事司法过程的生硬僵化则是内部原因与根本原因。当前，传统刑法解释理论因过度保守，已无法妥当处理网络异化型犯罪，主要体现在两方面：

（1）"中心化"与"去中心化"的冲突。刑法解释结论不可超出规范用语的可能含义，这决定了文义解释在刑法解释中的重要地位。然而，对于何谓"规范用语的可能含义"，不同的解释立场与解释方法有着不同的主张。传统刑法解释立场与解释方法秉持"射程模式"，以文义核心或本质作为解释的起点，解释结论不得超出射程之外，这属于"中心化"的刑法解释理论。该理论要求，在刑法解释过程中，一定要首先明确规范文义的核心，找出规范的本质或原型，并以此为圆心划出解释的范围。追根溯源，以文义核心或本质作为解释起点的传统解释论，是在传统语言论及语义学的基础上发展而成的。无论是维特根斯坦的"家族相似性理论"、哈特的"开放结构理论"，还是考夫曼的"类型理论"，都预设了"典型原型""核心事实""确定性核心""核心特征"等概念并以之作为讨论的基础。对传统语言论及语义学的盲从，使传统解释论也预设了刑法规范的本质、核心或"原型"，进而以其作为解释的基础。

与此同时，我们不得不注意到网络社会的语言正在逐渐"网络化"的现实。网络社会以互联网为基础而建立，受到互联网结构与理念的影响，网络社会呈现出分散、扁平结构与"去中心化"的逻辑模式，公众作为社会的主体，其思维路径及语言认知必然受到"去中心化"的影响。网络思维及语言"去中心化"的趋势必然与传统语言论、语义学及传统刑法解释论对"中心化"的坚持发生剧烈冲突，后果就是传统刑法解释论不断地受到现实的"拷问"。破坏生产经营罪较为典型，按照传统解释论，该罪中"破坏"的文义核心是"物理性毁坏"，犯罪原型为"对生产经营工具实施物理性毁坏"。然而，当前出现了众多利用互联网破坏、干扰他人正常生产经营，且造成他人重大损失的案例。犯罪方式包括多次恶意购买网店商品，致使网店被降权；

侵入他人网店系统修改商品价格，致使商品被大量抢购；通过内部认证途径删除公司数据信息，致使公司损失巨大；删除公司服务器源代码，致使公司经营陷入瘫痪等。这些犯罪方式既没有通过物理性毁坏的方式，也没有针对生产经营工具，但确实危害到了他人的生产经营秩序与利益，不予惩治则有损实质正义。可见，随着"破坏""其他方法"词义的多元化与"去中心化"，之前所预设的所谓的文义核心及原型逐渐失去了中心地位，以文义核心及原型为圆心厘定解释范围的尝试注定会面临尴尬。周光权教授坚持认为破坏生产经营罪是使用物理有形力毁坏生产资料的侵犯财产罪，若以"软性解释"扩张其适用范围，很可能违背罪刑法定原则，主张通过增设妨碍业务罪弥补立法空白。[1]周光权教授显然看到了破坏生产经营罪在当前的适用困境，但其分析与解决问题的前提仍是传统解释论。正是在传统解释论的影响下，周光权教授认为破坏生产经营罪无法规制当前形形色色破坏生产经营的不法行为，而应诉诸立法。但立法并非应对网络异化型犯罪的根本途径，若动辄立法，则刑法分则的多数条文都要修改或新增。如果为了解决网络异化型破坏生产经营不法行为的适用问题而诉诸立法，那么对于解决网络异化型侵犯著作权、盗窃、诈骗、故意毁坏财物、非法经营、传播淫秽物品、猥亵儿童、开设赌场等不法行为的适用问题是否也需要立法？对于牵一发而动全身的立法，怎样保证刑法体系与刑法理论的连贯性与自洽性，如何控制立法成本与评估立法效果？这些问题是传统解释论者未曾回答的。因此，刑法解释论的"网络化"才是缓解乃至解决"中心化"与"去中心化"冲突的可行之策与根本路径。

（2）"自足性"与"外部性"的矛盾。以刑法解释的立场为标准，传统刑法解释论可分为形式解释论与实质解释论。形式解释论奉规则功利主义为圭臬，追求刑法文本与刑法解释过程的形式契合性，避免从刑法文本之外寻找刑法适用的依据，以此来确保法的确定性与稳定性。形式解释论通过对不法与罪责的形式考量，判断行为是否违反刑法规范并具有可罚性。这种解释立场在司法实践中经常会蜕变为"自足性"的解释立场，陷入法条主义的困境。启蒙运动以来，刑法学家们对形式解释与法条主义抱有狂热的期望，意

---

[1]　参见周光权："刑法软性解释的限制与增设妨害业务罪"，载《中外法学》2019年第4期。

图通过构建概念清晰的刑法体系与"三段论"式的推理，扫除封建刑法的司法擅断与司法神秘主义。然而，法学毕竟无法超脱社会科学的属性而变得如数学计算一般精确，貌似清晰的刑法概念之下掩藏着模糊的内涵与外延，形式解释的背后其实是法官对诸多规范外因素的考量与价值判断。即便每个法官都得出不一样的解释结论，他们也会同时宣称自己遵循了形式解释路径。这种旨在限制法官自由裁量权，维护刑法规范确定性的解释理论终究无法具备"自足性"，反而成了法官肆意解释的"遮羞布"。

随着语义学向语用学转型，绝对化的形式解释论已被多数学者摒弃，实质解释论渐受推崇。实质解释论将刑法解释论的发展引向深入，认为刑法规范之外的因素也可以成为左右解释结论的力量，旨在追求实质正义。实质解释论认为法律规范只是法律解释的主要依据，并非全部或最终的依据。因此，除了法条之外，宪法、一般法律原则、公共政策等均可以成为法律渊源，参与法律论证。[1]相较于形式解释论，实质解释论的特点在于主张法源多元化，注重价值衡量，刑法解释的外部性极大提升。这值得肯定，但并不意味着实质解释论不是"自足性"的理论。实质解释论的主要倡导者张明楷教授认为："尽管某种行为不在刑法用语的核心含义之内，但若具有处罚必要性与合理性，应对刑法用语作扩大解释"；"处罚必要性越高，对与刑法用语核心距离的要求就越缓和，作出扩大解释的可能性就越大"。[2]可见，尽管实质解释论具有相当强的外部性，但仍通过语义核心、本质与原型要求解释结论受其制约。例如，依据对刑事政策与网络技术的综合考虑，解释者作出了某一网络不法行为应入罪的结论，但运用"中心化"的文义解释理念审核，认为该行为处罚必要性较低且不在刑法用语核心含义范围内，故不应认定为犯罪。可以看出，由于传统解释论对"中心化"的偏执及对文义核心的迷信，无论是形式解释论还是实质解释论，都无法摆脱自身"非自足"的宿命，最终仍在狭窄的文义解释中循环。实际上，在传统解释方法体系中，论理解释普遍被认为仅仅是文理解释的补充性路径，若通过文义解释可以得出合理的结论，则不必考虑论理解释。只有在通过文义解释所得出的结论存疑时，才可以进行论理解释，通过论理解释得出的结论最终仍要以文义解释的方法进行考量、

---

〔1〕 参见吴林生："实质法治观与刑法实质解释论"，载《国家检察官学院学报》2015 年第 5 期。

〔2〕 张明楷："实质解释论的再提倡"，载《中国法学》2010 年第 4 期。

评判。[1]

笔者并非否定文义解释的基础性地位和对罪刑法定原则的捍卫作用，而是认为，在文义解释未实现"中心化"向"非中心化"的转变之前，无论通过论理解释得出多么合理的结论，仍会被"中心化"的文义解释轻易否定。从这个意义上讲，形式解释论与实质解释论依旧为"自足性"理论，欠缺真正的外部性考虑。因此，若要解决传统刑法解释论"自足性"与"外部性"的矛盾，除立足于网络的具体语境之外，在将法内、法外可能影响解释结论的各种外部因素纳入考察范围之前，要首先实现刑法解释论由"中心化"向"去中心化"的转变。

（三）司法中对传统犯罪网络异化行为处理的结论饱受争议

传统犯罪网络异化的刑法规制困境还体现在刑事司法方面，主要表现为刑事司法结论往往面临较大的争议。与传统犯罪相比，网络异化型犯罪的刑事司法结论所引起争议的频率与程度迅猛提升，刑法解释的共识愈加难以达成。这种争议表现在两个方面：

（1）不同司法机关之间的争议。在一些案件的处理过程中，由于犯罪构成要件要素实现了网络异化，司法机关内部充满了争议，体现出不同类型、级别或地区司法机关对同一问题存在根本性的分歧。在岳某伟等非法获取计算机信息系统数据案[2]中，岳某伟等人先购得 8.2 万余个游戏账号和密码，然后利用这些账号和密码登录进游戏系统，窃取账号内的游戏金币，进而销售游戏金币牟利。之后，江苏省泗洪县人民检察院以盗窃罪向泗洪县人民法院提起公诉，泗洪县人民法院审理后认定岳某伟等人犯掩饰、隐瞒犯罪所得罪。泗洪县人民检察院对此提出抗诉，江苏省宿迁市人民检察院支持抗诉，但不认同泗洪人民县检察院的定性，认为岳某伟等人构成非法获取计算机信息系统数据罪。最终，江苏省宿迁市中级人民法院支持了宿迁市人民检察院的抗诉意见，将罪名确定为非法获取计算机信息系统数据罪。围绕此案件，泗洪县人民检察院、泗洪县人民法院、宿迁市人民检察院三方在虚拟财产性

---

[1]　参见王政勋：《刑法解释的语言论研究》，商务印书馆 2016 年版，第 194 页。

[2]　详见"岳某伟等人非法获取计算机信息系统数据案"，载 https://www.pkulaw.com/pfnl/a25051f3312b07f36d8ea4779f989976d59872d826f4b0dbbdfb.html？keyword＝％E5％B2％B3％E6％9B％BE％E4％BC％9F，访问时间：2020 年 2 月 10 日。

质方面形成了三种相距甚远的结论。其实，若没有网络异化因素的加入，该案仅仅是一桩普通的盗窃案，根本不可能产生如此大的争议。此外，对于同一类型的案件，不同的法院也往往会作出大相径庭的判决。在游某某帮助信息网络犯罪活动案[1]中，王某成立了厦门豪游网络科技有限公司并以此为平台为诈骗团伙提供服务，游某某尽管明知该情形，依然帮助王某维护网络平台，提供技术服务。浙江省绍兴市越城区人民检察院与人民法院均认定游某某犯诈骗罪，在游某某上诉后，绍兴市中级人民法院则推翻了一审的定性，认定游某某犯帮助信息网络犯罪活动罪。在胡某旺诈骗案[2]中，杨某与王某为实施网络诈骗的胡才旺提供网络技术帮助，其中杨某制作了虚假的银行网站，并擅自修改了银行的网站源代码，王某则提供了实施诈骗所需的网络存储空间和域名。河北省衡水市桃城区人民法院认定杨某与王某犯诈骗罪。在胡某明诈骗案[3]中，胡某明明知他人意图利用钓鱼软件实施网络诈骗，仍将实施网络诈骗所需的平台账号与相关软件等提供给他人。浙江省杭州市中级人民法院认定胡某某构成诈骗罪。从上述案件可以看出，在纯正网络犯罪立法之后，司法机关在处理传统犯罪网络异化案件时，一些司法机关仍坚持传统共犯理论，认为用传统罪名便足以应对此类行为。但也有一些司法机关会倾向于将其认定为纯正网络犯罪，这种认定方式相对简易，使一些纯正网络罪名沦为了"口袋罪"。正是由于传统犯罪网络异化，使得不同类型、级别或地区的司法机关对同一类型案件形成了关于纯正网络犯罪与不纯正网络犯罪、此罪与彼罪的激烈争议。

（2）司法机关与公众之间的争议，这种争议主要表现为司法机关在处理网络异化型犯罪时所作出的结论往往使公众觉得较为"新奇"，甚至超出了国

〔1〕 详见"王某南、王某方等犯诈骗罪二审刑事裁定书"，载 https://www.pkulaw.com/pfnl/a6bdb3332ec0adc49338dabae24802dd8dc6b2d86a520860bdfb.html? keyword =% E8% B1% AA% E6% B8% B8%E7%BD%91%E7%BB%9C%E7%A7%91%E6%8A%80%E6%9C%89%E9%99%90%E5%85%AC% E5%8F%B8，访问时间：2020 年 2 月 10 日。

〔2〕 详见"陈某、梁某诈骗案 河北省衡水市中级人民法院刑事裁定书"，载 https://www.pku-law.com/pfnl/a25051f3312b07f336a1ce1bb31254ff6128e1e31cadae05bdfb.html? keyword =% E8% 83% A1% E6%89%8D%E6%97%BA，访问时间：2020 年 2 月 10 日。

〔3〕 详见"胡某明、曾某滨诈骗二审刑事裁定书"，载 http://wenshu.court.gov.cn/website/wenshu/181107ANFZ0BXSK4/index.html? docId = db3a4aea2b5e4762a3d9a79a0101af49，访问时间：2020 年 2 月 10 日。

民的预测可能性。这种案例较多地发生在危害公共安全或社会秩序类犯罪中，公权力致力于在纷繁复杂的网络时代中维护网络安全，而对国家安全、公共安全与社会秩序的保护则最能体现维护网络安全的初衷。"快播案"较为典型，由于犯罪主体的网络异化给司法机关造成了极大的困难，导致在案件审理过程中，公众几乎一边倒地认为快播公司无罪，在"挺"快播公司的过程中甚至出现了网络暴力，与主流媒体形成了鲜明区别。"快播案"至今在学界仍存在巨大争议，这种争议并非围绕案件的细枝末节展开，而是在定性方面形成了根本性的对立。陈兴良教授、周光权教授等认为快播公司毫无疑问应构成传播淫秽物品牟利罪，陈洪兵教授则认为"快播案"证据不足且适用法律错误，快播公司应无罪。刘艳红教授与周详教授甚至指出，司法机关在"快播案"处理中存在明显的类推思维与入罪倾向，不恰当地扩张了传播淫秽物品牟利罪的适用范围，有违司法正义。[1]在《刑法修正案（九）》增设一系列恐怖主义犯罪后，对于利用网络实施涉恐行为的，个别司法机关具有较强的追诉倾向，甚至将一些普通民众不认为是犯罪的行为认定为恐怖主义犯罪。典型的如"张某宣扬恐怖主义、极端主义案"[2]与"李某非法持有宣扬恐怖主义、极端主义物品案"[3]。在这两起判决中，微信群中的玩笑行为与下载网络暴力视频供自己观看的行为均被认定为犯罪，这在一定程度上超出

---

〔1〕　参见陈兴良："快播案一审判决的刑法教义学评判"，载《中外法学》2017 年第 1 期；周光权："犯罪支配还是义务违反　快播案定罪理由之探究"，载《中外法学》2017 年第 1 期；陈洪兵："网络服务商的刑事责任边界——以'快播案'判决为切入点"，载《武汉大学学报（哲学社会科学版）》2019 年第 2 期；刘艳红："无罪的快播与有罪的思维——'快播案'有罪论之反思与批判"，载《政治与法律》2016 年第 12 期；周详、覃业坤："快播案一审判决的刑法教义学分析——与几位方家的商榷"，载《北京理工大学学报（社会科学版）》2018 年第 3 期。

〔2〕　案情简介：农民工张某在 300 多人的微信群里使用"本·拉登"的头像聊天，一个网友说"看，大人物来了"，于是张某顺着这句话说了句"跟我加入 ISIS"，大家没有任何回应。警方调查后发现，除了微信群里的那句话，张某没有关于恐怖主义的其他言论。最终法院以"宣扬恐怖主义、极端主义罪"判处张某有期徒刑 9 个月，并处罚金 1000 元。详见"农民工微信群发涉恐言论被判刑，律师提醒引以为戒"，载 https://www.sohu.com/a/193690676_176782，访问时间：2020 年 2 月 10 日。

〔3〕　案情简介：李某通过登录境外网站，加入 QQ 群等方式下载宣扬恐怖主义、宗教极端思想的视频 9 部，图片 1 张，并存储于其持有的电脑。视频及图片含有"伊斯兰国"组织以极度血腥残忍的手段危害他人生命，实施暴力活动的内容，属于暴力恐怖宣传品。警方调查得知，李某系某公司库管员，其下载这些暴恐视频和图片就是为了追求刺激，并未向外传播。法院最终以"非法持有宣扬恐怖主义、极端主义物品罪"判处李某有期徒刑 8 个月，并处罚金 1000 元。详见"李某非法持有宣扬恐怖主义、极端主义物品案"，载《人民法治》2017 年第 4 期。

了普通民众的预期，在社会上引起了巨大的争议。尽管论证或释法说理的严重不足也是引起争议的重要原因，其根本原因仍在于犯罪空间的网络异化使司法机关一时无法很好地处理现实空间与虚拟空间的关系，进而引发了虚拟空间中传统犯罪不恰当扩张的连锁反应，使司法判决与民众之间产生隔膜。借助网络实施有违公序良俗活动者一直存在，近年来，网络直播活动流行，在丰富人们精神文化生活，促进经济发展的同时也产生了诸多失范行为。如直播吸毒、直播强奸、直播"造人"、直播换衣服、裸露隐私部位、用低俗语言挑逗未成年人等。对于其中大量模棱两可的失范直播行为，由于对淫秽色情及低俗有害信息的定性模糊，刑事处罚的法律依据不明，使这些失范直播行为成为刑事制裁的灰色地带，使刑法风险更具不确定性与复杂性。[1]可以看出，传统犯罪网络异化程度的加深，信息传播的便捷，公众思想与价值观的多元，部分司法机关的追诉倾向等，共同增强了司法结论争议的激烈程度。随之而来的是社会结构的进一步分化与撕裂，公众的预见性被不同程度地削弱，刑法功能的正常发挥面临巨大挑战。

二、传统犯罪网络异化刑法规制困境的产生原因

(一) 虚拟空间法益保护理念欠缺

当前的互联网技术飞速发展，不仅深刻影响了我们的工作、生活模式，还影响到了当前的刑法立法、司法与理论研究。从目前来看，互联网的汹涌大潮尚没有否定传统刑法在网络犯罪案件中的适用，一些根本的刑法原则与理论仍发挥着不可代替的作用，如罪刑法定原则与犯罪构成理论。与此同时，虚拟空间的独立性以及对虚拟空间的专门保护被普遍忽视，传统的刑法理念、规则被直接用于规制网络犯罪，更加凸显了传统刑法与网络犯罪案件的冲突，无助于解决根本性问题，甚至造成刑法滥用。产生这种局面的重要原因就是互联网理念的滞后，没有跟得上网络时代的发展，这也直接导致了虚拟空间法益保护理念的欠缺，虚拟空间没有受到与现实空间平等的重视与保护。"虚拟"一词在汉语中的意思大致为"假设"或"虚构"，一些人认为"虚拟"即非真实或虚幻，故而对虚拟空间的刑法保护较为漠然，他们认为法学的重

---

〔1〕 参见高铭暄主编：《当代刑法前沿问题研究》，人民法院出版社 2019 年版，第 392 页。

要特点是保守、务实与世俗，它只关心现实社会的问题，排斥异想天开。甚至认为"法不责众""存在即合理"，习惯于虚拟空间出现的各种越轨行为，将虚拟空间视为法外之地。这种观念应得到纠正，美国早在1996年就将网络虚拟空间视为"与真实世界一样需要进行监控"的领域，在德国，宣扬纳粹思想的内容在互联网上无法打开。西方发达国家的经验证明，虚拟空间与现实空间需要得到同样的保护。网络虚拟空间中的活动虽然有匿名性与隐蔽性，看似与现实空间无涉，但网络数据及其生成、修改与删除仍是人类现实空间活动的映射或延伸，虚拟空间中的构成要素是真实的，且对现实空间无时无刻不产生着巨大影响。事实证明，虚拟空间中的犯罪行为往往会爆发出比普通犯罪更大的破坏性。以网络侮辱行为为例，侮辱虽为传统犯罪，但在网络的强大助力下出现了专门的"网络水军"与"代骂"，社会危害性剧增，且大大超出虚拟空间范畴，蔓延至现实社会，严重侵犯被害人名誉与隐私权利。但一直以来，网络侮辱行为被视为"网络语言暴力"的一种，极少被追究刑事责任，即便被追究刑事责任，一般也不会比现实社会中的侮辱行为处罚更重。相反，网络侮辱行为大多被归入道德范畴加以调整，"法不责众"观念的影响以及民事、行政追责的无力，致使被害人的名誉权与隐私权遭到粗暴践踏，甚至导致自残、自杀的惨剧频繁发生。应当认识到，虚拟空间法益不仅有保护的必要，更要结合虚拟空间法益特点构建异于现实空间的刑法理念，用于指导刑事立法与司法。

法益概念的创造旨在限制"刑法工具化"倾向于国家权力的滥用，确保个人的自由发展。随着时代的变迁，特别是进入风险社会以来，法益概念的内涵也不断扩充，法益理论不再单纯作为限制国家权力的工具，而开始逐渐满足人们的心理安全需求，防止犯罪对社会整体造成伤害。与风险社会影响下飞速发展的信息技术相呼应，需要刑法保护的法益渐渐增多，其中不乏诸多新型法益。对此，继针对计算机信息系统犯罪的立法之后，利用网络实施犯罪及网络平台监督管理者的刑事责任也被明确规定，具体表现为《刑法》第285条至287条，这些立法仍远无法满足网络犯罪规制的需要。利用网络实施的犯罪与网络空间中的犯罪占网络犯罪总数的绝大部分，在立法层面，当前《刑法》第287条仅作了原则性与宣言式的规定，表示传统刑法可适用于该类犯罪，《刑法》第287条之一、之二规定了该类犯罪的预备行为和帮助行为。但这些立法重在规制网络平台犯罪，并没有满足规制网络犯罪的绝大部分需求，实现传统刑法与网络时代的对接，而只是宣言式的立法以及风险社会背景下刑法功能的提前介入。加之计算机网络技术的发展速度远远超出了刑法的反应速度与立法范围，这都导致了刑法规范的滞后与一定时间段的无法可依。

与此同时，一些司法机关在面对网络异化型犯罪行为时较为彷徨，不能很好地判断是否将其视为犯罪抑或应视为何种犯罪。从深层次上讲，司法机关无法很好地判断被侵犯的法益是新型法益还是添加进网络元素的传统法益。这也造成了我们在某种程度上没有很好地保护虚拟空间中的法益，尽管大部分法益与传统法益在本质上并无二致。如对于网络虚拟抢劫行为，行为人通常利用自己高超的技术手段迫使他人计算机无法正常运行，进而在他人的注视之下强行将款项划走。传统理论认为抢劫罪保护人身权利与财产权利的双重法益，但虚拟抢劫并没有侵犯到人身权利，这使得抢劫罪无法直接适用于虚拟抢劫行为。如对于网络游戏中的虚拟盗窃行为，行为人登录他人游戏账号与密码将他人游戏装备盗走，虽然游戏装备是被害人通过人民币购买的，但一些司法机关会认为游戏装备是虚拟的东西，属于给人带来欢乐或不快的精神范畴，不属于"公私财物"，且游戏装备的价值具有相对性与不稳定性，无法估价，故不受刑法保护。又如猥亵类犯罪，相当多的人认为猥亵只能发生在现实空间中，而不能通过网络远程猥亵，如强迫被害人拍不雅照片或视频。事实上，随着人们联系与交往的网络化，这类猥亵行为越来越多，如果不将此类行为归入传统的猥亵类罪名中而坐等新设"网络猥亵罪"，则不得不说是法益保护的一大缺憾。虚拟空间法益保护的欠缺从表面上看是由于立法滞后与司法保守，其根本原因则在于传统刑法与网络社会联结的薄弱，网络空间法益保护意识的欠缺，刑法解释过程中网络化思维的阙如，以及语境转换的不通畅。发生在现实空间中的法益侵害行为很容易被定性，但一遇到虚拟空间中的法益侵害行为则无法很好地认定与处理。发生在虚拟空间中的行为是否侵犯了刑法所保护的法益，以及属于何种法益等问题固然具有一定的复杂性，但并非不可解决。立法一产生即滞后，刑法必须要克服滞后性与适用性之间的矛盾，寻求新环境与新背景之下的灵活运用，一些现实空间中刑法所保护的法益也需要在网络空间中给予保护，如对网络抢劫、盗窃与猥亵行为所侵害法益的保护。

（二）现实社会的刑法理论向网络社会的语境转换不畅

有学者曾一针见血地指出，99%的网络犯罪只是网络异化型犯罪，纯正的网络犯罪只占比不到1%。网络异化型犯罪主要包括以网络为犯罪工具的犯罪和发生在网络空间中的犯罪，如网络财产犯罪、网络言论犯罪、色情犯罪、网络恐怖犯罪、网络黑社会犯罪等。这些犯罪虽然在罪名和构成要件上都属于传统犯罪，但构成要件要素被网络扭曲进而发生变异。网络犯罪与现实空间中的犯罪存在很大差异，许多现有的法律规则并不适合网络时代的一切。这并非盲目立法的理由，美国学者迈克尔（Michael）认为，拥有"计算机法"和拥有"马法"一样毫无意义，我们只需要对刑法理论进行重新塑造，以应对互联性日益增强的世界。实际上，每个时代都有自己的技术创新，而经过时间考验的法律规则会适应这些创新所带来的挑战。[1]但在当前的司法实践中，现实语境与网络语境的转换并不顺畅。传统刑法及其理论有着深厚的现实基础，符合现实社会的运行规则与人们的普遍观念，网络社会仍在形成，但网络社会的运行规则与网络伦理尚未完全建立。网络社会的虚拟性、变动性使现实化、定型化的传统刑法及理论无所适从，局限性也逐渐暴露。以网络侮辱行为为例，网络侮辱与现实社会的侮辱都属于侮辱，具有根本上的一致性，但其主体、对象、行为方式、场景与空间均"网络化"了，显著区别于现实侮辱。网络侮辱横跨现实与虚拟，集中折射了传统刑法在网络空间适用的局限与焦虑。现实侮辱"网络异化"之后，面临以下难题：

（1）行为方式的转换。侮辱罪要求以暴力或其他方式公然地实施，在现实社会，"暴力"较为直观，易于理解，如在众目睽睽之下强制扯下他人衣裤，游街等。但在网络空间，由于空间的阻隔与时间的差异，"暴力"似乎难以引发人们的共鸣。"暴力"一词的多义性突出地反映在现实与虚拟中，"网络暴力""语言暴力"等与现实空间中的"暴力"不尽相同。"现实空间中的暴力主要指行为人对被害人实施的有形力，网络空间行为人以发送文字、图片、语音、视频信息等方式实施侮辱，这缺乏认知上的直观感受。"[2]虽然现

---

〔1〕 参见 Michael Edmund O'Neill, "Old Crimes In New Bottles: Sanctioning Cybercrime", *George Mason Law Review*, 237, 2000.

〔2〕 蔡荣："'网络语言暴力'入刑正当性及教义学分析"，载《西南政法大学学报》2018年第2期。

代社会的"暴力"早已超出了有形力的范畴，对精神损害也往往被视为"暴力"。但不可否认，语境对于语言意义的产生、形成，对于语言意义的理解和解释具有至关重要的作用，语言只有在特定语境中才有意义，只有和特定语境结合起来才能理解话语的意义。[1]立基于现实社会刑法中的"暴力"无法直接应用于网络空间，需要转换处理。虽然"其他方式"作为侮辱罪的兜底性规定，可以涵盖其他侮辱形式，但"其他方式"的效果也应与"暴力"相当，加之兜底性规定本身的模糊不定，这更使得网络侮辱行为方式的认定扑朔迷离。

（2）因果关系与危害后果的转换。现实空间的侮辱具有当场性，只要满足情境条件，侮辱行为与侮辱结果同时发生，且具有直接关联。而网络侮辱一旦开启，侮辱效果便不断发酵，其后果呈叠加状态。更何况，由于网络平台的公开性与持续性，不特定人都有机会参与进而发挥作用，这些中间因素可能会抵消或助长侮辱效果，这些都使得网络侮辱因果关系的认定迷雾重重，危害后果也难以认定。纵然累积的因果关系论认为："任何一个对于因果地解释结果所必要的条件都应当认定为原因。"[2]但如何从诸多侮辱行为中筛选出"必要条件"仍不得而知，有自说自话之嫌。

（3）侮辱场域的转换。现实社会中，由于人们理解能力、教育水平、生活习性、性格等方面的差异，对侮辱性质的认定亦存在较大的主观性。而虚拟社会带来了人性的彻底解放，与现实社会相比，在正式性、严肃性等方面更是大打折扣。人们在网络中可以变成另外的自我，说出平时不敢说的话，以不同的方式满足自己的需求。因此，以合法与否判断网络行为显得过于简单。在网络环境中，公众往往会认识到其与现实环境的差异，且有相应的心理预期，在现实环境中可能会引发侮辱效果的言论在网络环境中未必会引发他人的侧目，这些都加大了传统侮辱行为向网络侮辱行为转换的难度。

当前，网络与现实语境的转换问题已经深深困扰了刑事司法，司法机关围绕网络异化型犯罪存在争议，其中的原因既包括不同的司法机关对于网络

---

〔1〕 王政勋：《刑法解释的语言论研究》，商务印书馆 2016 年版，第 57 页。

〔2〕 ［德］乌尔斯·金德霍伊泽尔：《刑法总论教科书》，蔡桂生译，北京大学出版社 2015 年版，第 86 页。

空间的理解不同以及网络空间法益的保护观念不同，也包括语境转换能力的高低之分。有学者梳理统计了 17 件起诉罪名与定罪罪名不同的不纯粹网络犯罪案件，在这些案件中，检察机关起诉罪名与法院判决罪名均不同。以谈某非法经营案为例，谈某伙同他人用跟踪软件跟踪游戏《恶魔的幻影》客户端运行，用反汇编语言将客户端程序反汇编，获得该款游戏的数据结构并最终研发出外挂软件。之后将外挂软件通过网络出售，获利 281 万余元。[1]检察机关认为，谈某通过技术手段破译了并获得了游戏的相关运行数据，在此基础上开发外挂软件以赢利，这种行为应认定为侵犯著作权罪的"复制发行"。而法院则认为，行为人只是突破了游戏的技术保护，进行了一些数据修改，不能定性为"复制"。鉴于行为人未取得互联网经营许可而擅自发行网络出版物，构成非法经营罪。法检的分歧点在于"破解游戏数据并研发外挂程序"的行为是否属于"复制"。本案中不同于直接拷贝原始的计算机软件行为，而是动态跟踪把握游戏软件运行规律，并通过反汇编逆向破解游戏软件数据，进而完成复制行为。可见，对于具备较强网络技术性的行为，由于不同司法机关，不同办案人员语境转换能力的强弱差异，进而得出了截然不同的司法结论。

三、破除传统犯罪网络异化刑法规制困境的出路

（一）远水不解近渴的网络犯罪立法

对于传统犯罪网络异化刑法规制的困境，不少学者为了一劳永逸地解决问题，将目光转向了网络犯罪立法，主张扩张网络犯罪的犯罪圈，甚至希望尽可能快的建立独立的网络犯罪规范体系。相较于刑法解释而言，立法无疑是彻底解决问题的方法，立法作为强大理性的集结，反映现实并适度预测未来趋势，一旦生效会产生巨大的正面效果。与此同时，我们应当反思的是，动辄立法的思路是否会将我们引入"对策法学"的歧途？如果建立独立的网络犯罪规范体系，应当如何处理该规范体系与当前刑法规范尤其是与刑法总则及传统罪名之间的关系？这注定是一项规模过于宏大的工程，况且其必要性尚有待探讨。笔者认为，适度地扩张犯罪圈是必需的，但我们不可过于强

---

〔1〕 参见徐然等：《网络犯罪刑事政策的取舍与重构》，中国检察出版社 2017 年版，第 149~153 页。

调网络犯罪立法，立法进步是一个漫长的过程，当前解决网络犯罪的主要问题仍是立足于传统刑法的司法。原因在于：

（1）立法者的有限理性无法在短期内跟上网络技术的迅猛发展。当前社会已经进入与农业时代、工业时代并立的网络时代，农业时代的立法在向工业时代的立法的过渡中并没有做到非常迅速地建立与当时立法并立的独立体系，而是在艰难适应工业时代的情况下不断完善立法与理论架构，实现了刑法的进化。虽然当前的立法技术已经较为成熟，立法者的理性也达到了历史上最高点，但网络时代很多领域变化的速度与深度远超工业时代，也经常出乎人们的预料范围，更遑论今后的人工智能时代。旧规范、体系与秩序的打破与新规范、体系与秩序的形成是艰难的，不可能在短期内实现，更不可能通过所谓的立法建立起来，那种以当前人类理性否定传统刑法并迅速建立新型网络刑法体系的观点不啻一种幻想，仓促地回应现实很可能达不到预期立法效果，甚至沦为缺乏前瞻性与全局性的"对策性立法"或"回应式立法"。所以，网络犯罪立法最大的难点就在于网络技术发展的速度远远超过了立法的速度，立法机关修改法律时，应当使其具有足够的灵活性以应对这些发展，同时又不会因含糊不清而无法适用。[1]对于立法机关而言，这不啻一种挑战。因此，在科学立法规律的基础上及时觉察社会变迁，阶段性地逐步完善网络时代的刑法才较为可行。

（2）当前网络犯罪立法的效果不理想，前置立法的阙如影响了刑法功能的发挥。如拒不履行信息网络安全管理义务罪中的"信息网络安全管理义务"不明确，缺乏认定"拒不履行义务"的标准。如非法利用信息网络罪中"违法犯罪信息"的范围不明，此罪是否属于实质预备犯。又如帮助信息网络犯罪活动罪中"情节严重"是用于评价单个帮助行为抑或是多个帮助行为等。皮勇教授经统计后指出：从《刑法修正案（九）》生效至 2018 年 5 月，上述三个罪名在全国的判决案件总数仅为 93 件，由于犯罪构成要件边界与司法适用规则不明，加之实际操作困难较大，司法机关在适用时顾虑较多。[2]另外，与网络相关的行政与经济立法滞后，缺乏与刑法的衔接配合，极大地影响了刑

---

〔1〕 See Justin Castillo, Bill Doyle, Susmita Dubey, "Computer Crime", *American Criminal Law Review*, Vol 29, 1992.

〔2〕 参见皮勇："论新型网络犯罪立法及其适用"，载《中国社会科学》2018 年第 10 期。

法效果的发挥，这突出体现在网络服务提供者的责任认定上。与传统"行为人—被害人"的二元参与主体模式不同，网络社会为"行为人—网络服务提供者—被害人"的三元参与主体，网络服务提供者的定位、义务与责任必须厘清，如什么样的网络服务商属于网络服务提供者？网络服务提供者的技术能力、经济能力与管理能力是否与其义务与责任挂钩？如何激励网络服务提供者积极履行无法带来经济效益的义务？如何平衡网络安全与网络发展的关系？当前的行政与经济立法并没有完全解决上述问题，虽然刑法应保护法益，对于危害较大的网络行为应及时打击，但完全跳过前置法回答上述问题仍值得商榷。前置法的阙如也导致网络不法行为缺乏分层，给刑法适用带来了困难，如在网上发布制作或销售管制刀具的违法信息的，若情节严重可入罪。但这种不法行为目前无法适用《治安管理处罚法》加以处罚，故在合法与犯罪之间缺乏过渡，层次感的缺失削弱了罪刑法定原则，易造成刑法滥用。

（3）立法具有成本考虑，寄希望于立法解决网络犯罪问题成本过高。当前并非现实社会与网络社会并立的"双层社会"，工业社会已全面进化成了网络社会，面对传统与现代因素的交织，刑法短时期内不可能迅速更新，否则将得不偿失，故必须灵活解释运用并逐步完善传统刑法。基于法律潜在的成本与效益性，熊秉元教授认为："罪与罚的形式和内容，都和资源的多少有关，正义刻度的高下，要看社会愿意负荷多少的成本"；"网络时代的人际互动异于传统的生活形态，人际相处所需要的游戏规则也逐渐改变，已经由过去的除弊转向今后的兴利"。[1]因此，出于可行性与效益性考虑，刑法及理论的进化完善成本只能分摊在较长的历史阶段。以《刑法》第287条为例，该条立法并没有充分考虑到立法成本与效益，虽然其立法本意在于肯定传统刑法在网络时代的适用，但仍为宣言式立法。即便没有该条立法，利用网络进行的各类犯罪仍可通过刑法解释适用传统罪名。该条立法列举了"诈骗、盗窃、贪污、挪用公款、窃取国家秘密"等情形，但能够利用网络实施的犯罪远不止这5种，列举的方式不仅无法涵盖全部犯罪类型，还会使人对利用网络实施其他犯罪的认定产生误解。因此，刑法第287条所消耗的立法成本不能收到相对应的立法成效，宣示意义大于实际意义。

---

〔1〕　熊秉元：《法的经济解释：法律人的倚天屠龙》，东方出版社2017年版，第90、176、177页。

（二）应探索适应网络社会的刑法解释路径

传统犯罪网络异化形式的多样性，以及系统性网络犯罪立法的非现实性，都使我们将重心定位在刑事司法过程中，这使我们意识到现行刑法在惩治网络犯罪方面所具有的巨大潜力。网络异化型犯罪的规制困境主要源于网络思维的欠缺以及由此产生的网络语境与现实语境转换的障碍，主要体现为刑法解释的重大分歧。一直以来，我们在处理传统犯罪网络异化案件时，所立足的解释理论仍无法跳出传统解释论的窠臼，虽试图实现网络语境与现实语境之间的转换，但常常显得异常生硬而引发诸多争议。法律论证理论认为，法律适用的重点不是决定，而是说服，即通过提出理由、证据、根据来证明自己的观点、主张与判断是正确的。[1]提出过法律论证理论的德国学者阿列克西认为，如果一个法条可以拥有两个不同的解释，法官要么径直判决而不去释法说理，要么会证明自己判决的正确性。[2]当前，司法机关与公众之间存在争议的判决多为强行性判决，这种判决较为机械僵化，甚至超出了国民预测可能性。其原因固然包括法官释法说理的不足，司法论证过程仍未实现从主客观性到主体间性的转变等，但根本性的问题仍在于刑法解释的过于保守，即刑法解释理念与方法已落后于网络社会的发展进程。而刑法解释理念与方法的过于保守又使法官无法进行充分且令人信服的释法说理，更无法实现民众在司法过程中的充分参与，这导致刑法解释方法与刑法解释效果的恶性循环。要想走出困境，除树立网络思维，提升网络社会的适应能力之外，更为直接有效的途径莫过于立足于现行刑法，推动刑法解释论的网络化变革，探索出一条适用于占网络犯罪绝大多数的网络异化型犯罪的刑法解释路径。

若要探索新型的刑法解释路径，则有必要"站在前人的肩膀上"对现有的刑法解释理论展开详细的梳理与分析。在刑法解释理论领域，学界最初将主要的精力用于主观解释论与客观解释论、形式解释论与实质解释论的讨论。应当说，这四类宏观性的解释理论各有侧重及优势，为缓解刑法适用的僵硬

---

〔1〕 参见杨艳霞：《刑法解释的理论与方法：以哈贝马斯的沟通行动理论为视角》，法律出版社2007年版，第57页。

〔2〕 Robert Alexy, the Argument from injustice: A Reply to Legal Postivism. translated by Bonnic Litschewoki Paulson and Stanley L. Paulson, Lundon, Clarendon Press, 2002, p. 14, 转引自姜涛：《刑法解释的基本原理》，法律出版社2019年版，第50页。

与机械作出了重要的理论贡献。究其实质，刑法解释理论所要解决的根本性问题是如何在罪刑法定原则的基础上，通过灵活适用刑法，尽可能地实现秩序维护与人权保障之间的平衡。一言以蔽之，刑法解释理论要解决的根本性问题就是解释限度如何把握。若要恰当把握刑法解释限度，必须慎重选择与运用作为砝码的刑法解释方法，这关系到刑法天平是否倾斜及其程度，稍有不慎将有损于秩序维护或人权保障。可以说，网络异化型犯罪规制困境的深层次原因就在于司法机关之间，司法机关与公众之间对刑法解释限度的不同理解甚至是错误理解，这才是刑法解释出现重大分歧的根本原因。当前，学界对传统犯罪网络异化刑法解释限度的专门性研究较少，主要围绕两个方向开展独立性研究：其一，围绕网络犯罪的刑法解释开展整体性研究，多借助既有理论对刑法解释立场、刑法解释方向等方面展开阐述，一般只得出宣言式、指引式的解释结论，可操作性不强；其二，围绕刑法解释限度理论开展研究，得出的解释限度理论广泛适用于所有犯罪，几乎不存在特异性。尽管其中也不乏理论创新，如有学者提出"主观的客观解释论""类型化解释"等理论，为网络犯罪的刑法解释提供了新思路，但多数主张由于尚未完全摆脱传统解释论的思维定式，难免有隔靴搔痒之感。要想探索适应网络社会的刑法解释路径，为网络异化型犯罪的刑法解释提供兼具科学性与普适性的方法，必须做到以下两点：

（1）深入分析总结网络社会的运行方式，思维、逻辑与表达的变迁，并将其作为刑法解释的出发点与方向。网络社会是不以某个中心为原点所建立的放射性结构的社会，而是呈现出扁平化的状态。在网络社会中，社会资源更加开放，人们之间更加平等，"去中心化"趋势明显，这与传统社会形成了鲜明的对比。社会结构与思想的变革必然在刑法解释中有所反映，在刑事司法实体层面，法官须考虑网络社会背景下语义的变迁，认真反思以往认定解释限度的"射程模式"，通过"去中心化"来还原语言本有的多元性，为灵活解释预留足够的空间。在刑事程序层面，应认识到刑法解释的本意不在于追求唯一的正解，而在于通过充分的论证达成最大限度的共识，即吸收尽可能多的利益方加入刑法解释的过程中来，使解释结论能够最大限度地体现公共的真实意愿。哈贝马斯认为，价值的多元化要求共识通过新的路径产生，新共识的形成并非沿用传统的方式，而是需要交流与协商。[1]

（2）将刑法解释与语境相结合，重视刑法解释的外部性。应具体分析个案中影响解释结论的各种因素，特别是网络刑事政策、网络技术、新发布的指导性案例等。近年来，构成要件的实质性侧面愈加受到重视，法学是一种介于自然科学与纯粹人文科学之间的学科，法学既不像自然科学那样完全由客观事实组成，又不像纯粹人文科学那样完全以理性思辨为主题。法学是事实、规范与价值的融合体，它联结着规范与事实两个领域，价值考量贯穿其中。因此，除规范文本外，诸多微妙且复杂的客观事实也应被纳入解释者的视野范围。刑法解释不只是法的寻找，更是法的确证与公平正义的展现。[2]若忽视刑法解释的外部性，即便严格按照规范语义与逻辑规则进行解释，也未必得出合理的解释结论。在这方面较为典型的案件有"猴戏案"[3]和"杨风申非法制造爆炸物案"[4]。在这两起案件中，一审法官没有看到新野猴戏与烟花制作是"非物质文化遗产"，属于传承至今的地方民俗文化而轻易入罪，并被之后的二审判决所推翻。我们可以看到，由于偏执地固守刑法规范，欠缺全面的事实考察与价值衡量，导致出现了不恰当的解释结论与判决。尽管一些事实从表面上看似乎与案情无关，如"非物质文化遗产"与民俗文化，但忽略了对这些事实的考虑亦会酿成错案。在多元化的网络时代，影响刑法解释的外部因素更加复杂多样，这些微妙的因素相互牵连并产生叠加态的影响。我们需要尽可能地梳理出影响解释结论的各种因素，并将对其的考量纳入解释过程，以尽可能地确保解释结论的全面客观。如在认定网络平台犯罪

〔1〕 参见［德］尤尔根·哈贝马斯：《交往行为理论》（第1卷），曹卫东译，上海人民出版社2004年版，第144页。

〔2〕 参见姜涛：《刑法解释的基本原理》，法律出版社2019年版，第9~10页。

〔3〕 简要案情：2014年7月9日，河南省新野县鲍风山等4名猴戏艺人在黑龙江省牡丹江市街头表演猴戏，被该市森林公安局民警以没带野生动物运输证为由带走，9月23日，经哈尔滨市东京城林区基层法院判决认定，鲍风山等4人犯非法运输珍贵野生动物罪。2015年1月20日，经河南新野县法院宣判，撤销该案一审判决，判决上诉人鲍风山等4人无罪。详见"评论：猴戏案折射非遗保护之痛"，载 http://www. chinanews. com/cul/2015/01-23/7000419. shtml，访问时间：2020年2月10日。

〔4〕 简要案情：2016年2月19日，杨风申在制作古火会所需的烟花时被石家庄赵县警方拘留，2017年4月，杨风申被赵县人民法院一审判决犯非法制造爆炸物罪，判处有期徒刑4年零6个月。杨风申遂向石家庄中级人民法院上诉，2017年12月29日，石家庄市中级人民法院亦判决杨风申犯非法制造爆炸物罪，但免于刑事处罚。详见"非遗传承人杨风申制造烟花案二审宣判 免于刑事处罚"，载 http://www. chinanews. com/sh/2017/12-29/8412278. shtml，访问时间：2020年2月10日。

时，则需要考虑网络平台的义务范围、网络平台技术力量的高低、行业规范及惯例、特定时期的网络政策等。又如在认定网络恐怖主义犯罪时，要将国家反恐政策、行为人一贯表现及动机、网络平台的性质及影响力、网络平台的义务、其他网民的反应等情况纳入刑法解释的考量范围。

第二章

理论现状：对传统犯罪网络异化刑法解释理论的梳理

　　无论是刑法解释立场还是刑法解释方法，这些不同领域理论的着力点均在于如何确保刑法的合理运用，得出最妥当的解释结论。其核心在于处理秩序维护与人权保障的关系，将刑法的张力控制在合理的范围内，即厘定刑法解释的限度。刑法解释限度是刑法解释的核心，刑法解释理论则是刑法解释限度理论的宏观表现、路线指引与思想框架。若要探讨网络异化型犯罪的刑法解释限度，首先应当在宏观层面明确该类犯罪刑法解释理论的内容，在路线上为该类犯罪刑法解释理论找到方向，并且建构该类犯罪刑法解释理论的整体思想框架。现阶段导致传统犯罪网络异化刑法规制困境的主要原因就是当前刑法解释论的过度保守、滞后以及由此导致的饱受争议的刑事司法。因此，对当前网络异化型犯罪领域刑法解释论的分析解读必不可少。借此，我们能够进一步认清当前理论的缺陷，找到网络异化型犯罪刑法解释不尽如人意的根本性原因，进而确定该类犯罪刑法解释的总基调，为刑法解释限度的厘定打下基础。

第一节　传统犯罪网络异化刑法解释理论的梳理

　　当前，传统犯罪网络异化的刑法解释理论主要包括客观解释论、主观的客观解释论、扩张解释论、法益解释论、类型化解释论。其中，客观解释论与主观的客观解释论直接将刑法解释立场或改良后的刑法解释立场用于网络异化型犯罪的解释。扩张解释论预设了刑法解释路径的方向，并以此为导向开展刑法解释。法益解释论看到了传统犯罪与网络异化型犯罪在法益侵害上的一致性，试图以法益作为联结点探索网络异化型犯罪的刑法解释路径。通过找寻并对照传统犯罪与网络异化型犯罪的本质，类型化解释论以类比推理的方式进行解释，与以往的演绎推理方式迥然不同。在网络异化型犯罪的解释领域，上述解释理论具有一定的科学性与创新性，但均存在着根本性的缺陷。

一、客观解释论

客观解释论认为法的安定性与时代发展应得到兼顾，拒绝以所谓的立法原意作为解释圭臬而诉诸时代语境下刑法规范应当包含的意义。在网络犯罪刑法解释领域，也有一批学者主张通过客观解释，实现刑法规范的创新性适用与网络犯罪的灵活规制，其中以张明楷教授、陈洪兵教授与卢勤忠教授为代表。张明楷教授认为，在网络时代，刑法解释不应局限于限制处罚范围，应"强调处罚范围的合理性与妥当性"[1]；陈洪兵教授明确摒弃了主观解释论，主张采客观解释论，认为所谓的"主观的客观解释论"实质上仍是主观解释论。认为在解释中应综合考量法条用语可能的含义、国民预测可能性、处罚必要性、立法目的及同类解释规则，得出入罪与否的解释结论。[2]卢勤忠教授指出，只要解释未超过国民预测可能性，应采客观解释论以适应社会发展需要。形式解释与实质解释并不互斥，而可以并用、并存，实质解释不仅可用于出罪，在很多场合也可用于入罪。但是，扩张解释仍应限定在法律用语含义的射程范围内，否则将属于违反罪刑法定的类推。[3]

二、主观的客观解释论

"主观的客观解释论"最早由刘艳红教授提出。刘艳红教授认为，一方面，为了适应网络时代的发展趋势，在解释网络犯罪时要以客观解释为基础；另一方面，要注意在解释过程中考虑立法者当初的立法意图。即允许客观解

---

〔1〕 张明楷："网络时代的刑法理念——以刑法的谦抑性为中心"，载《人民检察》2014 年第 9 期。

〔2〕 参见陈洪兵："双层社会背景下的刑法解释"，载《法学论坛》2019 年第 2 期。

〔3〕 参见卢勤忠、钟菁："网络公共场所的教义学分析"，载《法学》2018 年第 12 期。

释，但必须从立法本意出发，若超越刑法条文之语言原意，只能作出罪处理。"主观的客观解释论"旨在利用主观解释论的法治基因优势，缓和网络犯罪治理中的过度入罪趋势，维护刑法谦抑。[1]徐彰博士对"主观的客观解释论"表示赞同，认为可利用主观解释对客观解释进行限定，强调解释时应从立法本意出发探索法条文义，实现罪刑法定原则。[2]

三、扩张解释论

由于网络犯罪的严重危害性与犯罪形势的急遽升级，加之语言结构的开放性与语言边缘的模糊性，不少学者主张将扩张解释充分运用于网络犯罪中，保证现行刑法对新型网络犯罪的规制效力，促进刑法自身的进化发展。对于传统犯罪网络异化，"需要进行较大强度的扩张解释，才能用传统罪名体系制裁此类犯罪"；"扩张解释能够使法律在现实社会与网络社会中实现有效贯通，但扩张解释不应超过国民的可预测范围"。阎二鹏教授认为当前的主要趋势是扩张解释，但同时指出，扩张解释与其说是解释方法，不如说是解释结论。阎教授强调应在罪刑法定原则下，通过合理的解释方法得出合目的性的解释结论，警惕超越罪刑法定原则的所谓的扩张解释。[3]叶良芳教授亦主张通过扩张解释将网络异化的传统犯罪司法犯罪化，以适应网络时代的发展，但应坚持罪刑法定原则，将扩张的幅度限制在国民可接受的范围内。[4]

四、法益解释论

法益解释说者认为，虚拟社会与现实社会虽分属两个空间，但虚拟社会是现实社会的镜像或反映，虚拟社会的犯罪与现实社会是相对应的，但能否动用现实社会的刑法规制虚拟社会，则需要寻找虚拟社会与现实社会的关联，

---

〔1〕 参见刘艳红："网络时代刑法客观解释新塑造：'主观的客观解释论'"，载《法律科学（西北政法大学学报）》2017年第3期。

〔2〕 参见徐彰："互联网时代非法集资犯罪治理模式之修正"，载《南通大学学报（社会科学版）》2018年第3期。

〔3〕 参见阎二鹏："犯罪的网络异化现象评析及其刑法应对路径"，载《法治研究》2015年第3期。

〔4〕 参见叶良芳："科技发展、治理挑战与刑法变革"，载《法律科学（西北政法大学学报）》2018年第1期。

即虚拟行为所产生的危害结果是否以侵害现实法益的形式表现出来。刘军教授认为，若要维护刑法谦抑，保障人权，网络犯罪刑法解释的限度必须是"现实的法益侵害或危险"。刘军教授以虚拟财产为例，认为网络服务的用户属于少部分群体，尽管他们承认虚拟财产为刑法保护的财产，但因得不到大多数国民的认同而无法上升到法益的高度，因此虚拟财产不是刑法保护的对象。[1]童春荣博士认为，虽然网络犯罪表现形式新颖，但其法益内容与传统犯罪无差别，应立足于现实世界与网络信息的关联，比对网络犯罪与传统犯罪，寻找网络犯罪在传统犯罪中的原型。[2]

五、类型化解释论

"法律中的类型，是对事物本质的描绘。它不能像概念那样去定义，而只能尽可能地通过一系列构成要素去描述事物的本质所涵盖的生活领域和生活经验；而且，这些构成要素也既无可能存在也无必要预先存在。"[3]可见，类型具有开放性，它以多种形式诠释着事物本质，在一定程度上弥补了人类语言表达的局限。类型化解释论者基于类型的特性，将异化型网络犯罪看作是传统犯罪在网络时代的新类型，通过对传统犯罪本质的把握，衡量着刑法规范与网络不法行为之间的距离。欧阳本祺教授提出"等价性"概念，主张利用"等价性"判断异化型网络不法行为与传统犯罪是否存在本质上的一致性。尽管二者可能在外在表现上差异较大，但若能在构成要件与法益等内在方面相同或近似，二者就具有了"等价性"。[4]郭泽强教授认为，应坚持构成要件类型化思维方式，既坚持刑法谦抑，又允许与时代同步的扩大解释，使犯罪圈适度扩张。[5]米铁男副教授则提出了"等置性"概念，主张衡量具体行为事实与该行为类型的吻合程度，刑法解释应考虑如何建立起网络不法行为

---

[1] 参见刘军、管亚盟："刑法扩张的法教义学反思——兼论网络犯罪刑法解释的边界"，载《法律方法》2016 年第 1 期。

[2] 参见童春荣、赵宇："网络犯罪的刑罚边界——以刑法不得已原则为视角"，载《四川师范大学学报（社会科学版）》2016 年第 1 期。

[3] 周维明：《刑法解释学中的前理解与方法选择——刑事裁判的实践理性保障》，知识产权出版社 2018 年版，第 79 页。

[4] 欧阳本祺："论网络时代刑法解释的限度"，载《中国法学》2017 年第 3 期。

[5] 郭泽强、刘静："窃取网络虚拟财产的入罪化思考——以刑法谦抑观为视角"，载《云南社会科学》2017 年第 2 期。

与刑法罪名之间的等置关系，价值判断在刑法解释中占有重要地位，若网络不法行为与现实不法行为在内涵与价值上具有等置性，则可以适用现行刑法规范。[1]刘仁文教授以"同质解释"概念直接点明了类型化解释的本质，并以破坏生产经营罪为例指出，为了使传统刑法与网络社会相适应，在坚持客观解释立场的基础上，对于刑法规范的兜底条款适用同质解释。[2]

第二节　传统犯罪网络异化的刑法解释理论分析

上述五种观点在"刑法应灵活适用"方面基本达成了共识，这些观点均认为犯罪构成作为形式与实质的结合体，不可避免地会掺入价值判断，应当结合社会发展实际在具体运用中灵活解释。其中，"主观的客观解释论"在坚持以客观解释论为基础的情况下，通过主观解释论对解释结论进行限制，力图确保解释结论不至于偏离立法初衷。"客观解释论"提倡者认为，主观解释论与客观解释论的简单拼凑不必然会带来扬长避短的效果，本质上仍与主观解释论无异。在网络犯罪的解释过程中，在恪守罪刑法定原则，不超过国民预测可能性的前提下，应根据当时的社会发展情势，适时地进行灵活解释，而不应囿于所谓的立法原意。"扩张解释论"则跳出了主客观解释论之争，从对解释立场的关注转向对解释结果的关注。"扩张解释论"看到了现行刑法在网络社会中扩大适用的趋势，强调刑法解释的必要性，试图加强解释力度以适应社会发展。可以看到，对于刑法在网络空间的适用，上述三种观点的开放性与灵活度按顺序递增。"法益解释论"说亦主张刑法的灵活运用，实际上应归于实质解释论，实质解释论认为，法益是犯罪构成要件的核心，也是犯罪认定的起点与指引。[3]"法益解释论"通过把握作为犯罪构成核心概念的法益，衡量传统犯罪与网络犯罪的距离，将形式多样的网络犯罪纳入犯罪圈。"类型化解释论"利用刑法规范的本质，将解释对象与刑法条文进行比对，判断二者是否属于同一类型。该观点提出的目的就在于应对不断衍变的犯罪形

---

[1]　参见米铁男："网络犯罪的形式评价问题研究"，载《东方法学》2017年第5期。

[2]　参见刘仁文："网络时代破坏生产经营的刑法理解"，载《法学杂志》2019年第5期。

[3]　参见［德］汉斯·海因里希·耶塞克、托马斯·魏根特：《德国刑法教科书（总论）》，徐久生译，中国法制出版社2001年版，第314、316页。

式，企图从根本上把握犯罪的本质，进而万变不离其宗地将诸多新型犯罪囊括进刑法规范中。这些观点在网络异化型犯罪的解释中固然扮演着基础性、宏观性角色，也是我们探讨网络异化型犯罪解释路径的理论起点，但这些观点并没有因应网络时代的发展动向，若直接将其用于指导传统犯罪网络异化的刑法解释，则效果并不理想。具体原因在于，上述观点存在着以下缺陷：

一、局限于传统解释论

传统解释论的典型代表为主观解释论与客观解释论，二者的争议由来已久，可追溯至 19 世纪后半叶。在与封建刑法罪刑擅断的斗争中，刑事古典学派提倡理性主义，希望通过明确、稳定的立法保护新兴资产阶级的利益，进而提出了主观解释论。主观解释论认为，在解释过程中应探求和忠实于立法原意，否则将不利于刑法稳定，有违罪刑法定原则。随着社会的发展，人们逐渐认识到人类理性的有限性，尽管立法者拥有强大的理性，但立法一经制定即落后于时代，若要恰当运用刑法，必须紧跟时代发展动向，追寻实质合理性。客观解释论呼之欲出，主张通过灵活解释来揭示刑法文本内在的客观含义，而非着力于探求立法原意。当前，绝对的主观解释论或客观解释论已不多见，多数学者都主张汲取两者的合理之处，规避其内在缺陷，兼顾法律的稳定性与灵活性，避免极端化的解释理论所导致的司法不公。运用逐渐完善的传统解释论指导网络犯罪的刑法解释固然稳妥，但其缺陷也是显而易见的：

（1）从起源与发展历程来看，客观解释论旨在解决解释立场与目的等宏观性问题，属解释立场范畴。尽管可以将其用于网络犯罪等具体个罪的解释，但其主要解决的是解释立场问题，无助于解释限度的具体把握，所得出的解释结论并不尽然具有足够的说服力，甚至会显得生硬。事实上，要建立解释理论与具体案件的关联，单纯凭借宏观解释论是不可行的，这种关联的逻辑比较生硬、粗糙，难以反映解释理论的应用过程以及解释结论的生成依据。我们须在宏观解释论的指导下探求具体的解释方法与路径，进而将其应用到具体案件的解释过程中。实际上，客观解释论并不"客观"，刑法解释本来就有一定程度的创造性，在解释的过程中都会添加进解释者的价值判断，解释结论与解释者的态度、倾向、认知、能力与背景息息相关。所以，对同一情形的解释，即便都遵循客观解释论，均认为不应超出刑法文义的可能范围，也常常出现大相径庭的解释结论。如张明楷教授认为，将公共场所解释为包括网络空间，属于用上位概念代替下位概念，并不是扩大解释，而是类推解释。[1]同样主张客观解释论的卢勤忠教授则认为，将网络空间解释进公共场所，并没有超过"公共场所"一词含义的射程范围，网络场所是现实场所的延伸，二者在本质上是一样的，不能动辄得出类推解释的结论。[2]笔者并非认为所有客观解释论者必须要得出相同或类似的解释结论，这不符合刑事司法规律。而是认为，由于所有宏观性的解释理论均无法排斥解释者个人价值元素的添加，从而使各种解释结论都变得可能。毫无疑问，价值判断是刑法解释的内核与本质，但若直接将客观解释论等宏观性的解释理论奉为网络异化型犯罪解释的圭臬，则会使该类犯罪的解释沦为纯粹的价值判断或无标准的状态，事实上会使刑法解释陷入混乱。

（2）当前客观解释论与主观解释论的融合趋势明显，对二者内涵的扬弃已成为基础性共识，但这对网络犯罪的解释无具体引领作用，甚至使网络犯罪的解释变得无所适从。现在不少学者提出的客观解释论，实质上已去除绝对化成分，吸收了主观解释论的合理成分，成为比较综合、全面的观点。如李立众副教授赞成客观解释论，但同时又认为，对于客观解释论而言，如何证明某一主张体现了立法原意也很重要，因为立法原意是理解刑法条文含义的重要判断资料（非唯一判断资料），搞清楚立法原意对客观解释刑法条文具有一定意义。[3]刘艳红教授提出"主观的客观解释论"，意在兼采客观解释与主观解释之所长，实现实质正义与形式正义的统一。应当说，这种全面综合的观点符合辩证法思想，也在某种程度上避免了刑法解释滑入极端化的深渊。但这种全面综合的解释论可应用于任何犯罪，并没有顾及网络犯罪的特异性，对网络犯罪缺乏具体的指导性。更为关键的是，主观解释论与客观解释论简单相加看似兼顾了二者优势，实则未必达到预想的博采众长的效果。根据"主观的客观解释论"，当客观解释结论有悖于立法原意时，依从立法原意。如此处理的过程与结果与主观解释论有何本质区别？事实上，当前的主

〔1〕 参见张明楷："简评近年来的刑事司法解释"，载《清华法学》2014 年第 1 期。
〔2〕 参见卢勤忠、钟菁："网络公共场所的教义学分析"，载《法学》2018 年第 12 期。
〔3〕 参见李立众："刑法解释的应有观念"，载《国家检察官学院学报》2015 年第 5 期。

观解释论也会适当考虑到社会发展的客观现实，避免因偏执于立法之初的原意而出现明显的缺陷。笔者认为，在解释论的探索中，辩证法的不恰当运用看似做到了"利益均沾"，实际上使解释理论变成了"四不像"，不同理论的硬性拼凑并不一定会带来博采众长而又避其缺陷的效果。

（3）客观解释等传统解释论形成于工业时代，而工业时代与网络时代的社会结构与思想观念差异较大，在传统解释论改造完成或新的刑法解释论形成之前，较难适应当前层出不穷的网络异化型犯罪。在之前刑法解释论的探索中，无论是将"电气"解释为盗窃罪的对象，将"盐酸"解释为"武器"，抑或是将戒指扔进大海的行为解释为"毁坏财物"，均属于现实社会中的常见议题，且历时较长，逐渐为国民所认同。而网络社会形成不久，层出不穷的新型网络犯罪使以文义解释、"射程理论"为根基发展起来的传统解释论陷入困境，解释过程较为僵硬与突兀，不能令人完全信服，尽管相当多的解释结论本身是合理的。如将出售"电视棒"的行为认定为传播淫秽物品牟利罪；将转发未经核实的虚假信息的行为认定为故意传播虚假信息罪；将特定的微信抢红包行为认定为赌博罪；将在网络空间中发表不当言论认定为寻衅滋事罪；将刷单炒信行为认定为破坏生产经营罪等。其原因在于，与农业社会、工业社会相比，网络社会的形成时间较短，社会生活虽已基本实现了网络化，但思想观念依然没有摆脱农业社会与工业社会的惯性思维，没有完全实现网络化转型。当思想观念与价值判断依然停留在过去的年代，在处理新型网络犯罪时就难免力不从心。因此，立基于传统社会而形成的刑法解释论虽试图为网络犯罪扩张解释的正当性背书，但常有生硬的无力感，往往陷入自说自话的怪圈，理论与实践进一步撕裂。

（4）局限于传统解释论的另一严重后果就是沉溺于法律文本及语义的内部分析而忽视了刑法解释的外部性。当前的解释论早已超越萨维尼时代的概念法学或纯粹法学阶段，而逐渐步入诠释法学阶段。诠释法学认为，除稍许数量概念之外，大多数法律概念都是模糊、抽象的，它们之间的界限并不分明，法律的未完成性具有先天性和必然性。法律的适用并非经过逻辑推演即可完成，法律不仅需要依照确定的规则进行解释，解释者所具有的创造性也是不可或缺的。作为网络异化型犯罪解释的大背景，网络社会具有复杂性与多变性，这也决定了解释者不仅要关注哲学化的解释论，更要关注影响甚至左右刑法适用的外部因素，即刑法解释的外部性。系统论大师卢曼认为，法律系统具有封闭性，法律运作不能超出法律系统的边界，但在法律认知运作层面，法律却通过构建法律现实使法律对外部环境开放。此外，法律还通过解释机制与外部环境产生联系，法律参与社会一般交流的语言结构和现实建构，法律仅仅是作为交流而存在的。[1]主观解释论与客观解释论的争议，实质上反映了刑法解释的主导权问题，主观解释论主张以立法时的立法者来决定规范的语义内涵，而客观解释论则主张由法官根据法律适用时的客观环境来决定规范的语义内涵。这种争议只是刑法解释论的一种维度，网络异化型犯罪刑法解释的探索若止步于此，则会使刑法解释论愈加趋向内卷化、封闭化而削弱了解决实际问题的能力，故有必要跳出传统解释论的窠臼，增强刑法解释的外部性。例如，我们在探讨 P2P 案件中网络运营商的刑事责任时，则有必要厘清 P2P 对等网络呈现出分散式还是集中式的内部构造，P2P 对等网络内部构造的不同将直接影响网络运营商在案件中的介入程度进而影响刑事责任的认定。又如，我们在刑法解释中需要对网络产业与经济有较为清晰的认知与判断，只有这样，我们才能在打击网络异化型犯罪以维护短期秩序或者适时保持刑法谦抑以促进网络经济发展之间做出明智的选择，并将这种选择倾向注入刑法解释的过程中。[2]

二、解释路径过于抽象

较传统解释论更进一步，法益解释论使网络异化型犯罪的解释路径更加清晰，但也存在着解释路径抽象，盲目扩张犯罪圈的风险。法益解释论以法益为解释的圭臬，划定了刑法解释的限度即"现实的法益侵害或危险"，相较传统解释论，法益解释论更加具体，也更适合指导司法实践。从本质上讲，法益的确具有刑法解释功能，法益所要保护的内容决定了罪名设置的保护方向，行为的违法性也需要从法益及附着于法益的社会关系着眼进行判断。但从源头分析，毕伦巴姆之所以主张用"法益侵害"取代"权利侵害"，其最

---

〔1〕 See Teubner, "Introduction to Autopoietic Law, in Autopoietic Law", *A New Approach to Law and society*, at 3, G. Teubner ed. 1987, Walter de Gruyter &Co, p. 10, 转引自姜敏：《刑法修正案犯罪化及限制》，中国法制出版社 2015 年版，第 220 页。

〔2〕 参见王华伟："网络时代的刑法解释论立场"，载《中国法律评论》2020 年第 1 期。

初目的并非为了限制刑罚范围，而是为风俗、伦理、宗教等犯罪寻找处罚正当性的出口。法益从来没有形成一个清楚且有明确内涵的概念，表面上限缩刑法适用，实质上企图实现行为调控与社会规制效果，法益其实是刑罚"柔软而正当"扩张过程中的关键因子。[1]罗克辛教授指出："法益建立在很不可靠的基础之上，属于刑法中最不精确地得到说明的基础问题。"[2]劳东燕教授也认为，法益论的意义包括两个维度：一个是犯罪本质所指向的法益，另一个是刑罚目的所指向的法益。古典自由主义语境下的法益主要是从第一个维度来讲的，而当前学界更强调作为刑罚目的的法益，这加深了法益概念的精神化和抽象化。[3]在这种形势下，将模糊抽象的法益作为刑法解释的单一路径，与目的解释论近似，将进一步导致刑法实质化甚至犯罪圈的随意扩张。在网络社会中，各种新型犯罪层出不穷，所侵犯的法益也千差万别，大多数被侵犯的法益可转换成传统罪名所保护的法益，进而丰富传统犯罪的内涵。但仍有相当一部分被侵犯的法益是完全新型的法益，这时法益所具有的与生俱来的扩张天性表露无遗，成为刑法滥用的利器。若强行动用传统罪名加以规制，则明显不当。很多学者已经意识到了这一点，如有学者认为，网络安全法益具有一定的独立性，不同于传统意义上的公共安全或国家安全，而是具有崭新意义的数据安全、信息安全与系统安全。[4]因此，威胁或破坏整体性网络安全的行为不能被传统罪名所涵盖，只能通过立法的方式解决。又有学者指出，网络域名兼具财产价值与人身价值，域名权人对其拥有的权利可被称为域名权。由于网络域名的独特性质，既不能以财产类罪名对其加以保护，又不能纯正计算机类罪名对其加以保护，而只能通过立法增设侵犯域名权罪来实现对域名权这一独特法益的保护。[5]

此外，法益解释论一方面依赖于法益概念，另一方面却罔顾网络法益的

---

[1]　参见许恒达：《法益保护与行为刑法》，元照出版有限公司 2016 年版，第 9~13 页。

[2]　参见［德］克劳斯·罗克辛：《德国刑法学总论》（第 1 卷），王世洲译，法律出版社 2005年版，第 26 页。

[3]　参见梁根林主编：《当代刑法思潮论坛（第二卷）：刑法教义与价值判断》（第 2 卷），北京大学出版社 2016 年版，第 248 页。

[4]　参见陈伟军："大数据时代网络犯罪的刑法应对——兼论人工智能犯罪的规制"，载《法制博览》2020 年第 20 期。

[5]　参见应家赟、叶良芳："侵犯域名行为的保护法益及其刑法规制"，载《浙江学刊》2020 年第 1 期。

独特性，以现实法益的状态为标准判断网络法益的状态，但二者可能根本无从比较。例如，以现实空间中的秩序混乱为标准去衡量网络空间的秩序混乱，可能会得出网络闹事行为并没有侵犯寻衅滋事罪法益的结论。但是，网络空间中的秩序混乱一样值得刑法加以保护，尤其在网络安全已经成为网络发展主基调的今天。网络空间的秩序混乱有其特殊性，主要体现在思想性与间接性，即通过影响网民的思想间接地对社会安全与秩序造成威胁。风险社会下的刑法保护呈现出提前的态势，更为强调危险预防与秩序维护，刑法的触角早已超越物理层面而蔓延至心理层面，人们心理层面的恐慌、混乱也被视为社会秩序的混乱。因此，最高司法机关早在 2013 年就发布司法解释[1]，明确了利用信息网络也可以破坏社会秩序并构成寻衅滋事罪。之后的《刑法修正案（九）》也明确规定在信息网络上编造、故意传播虚假信息，严重扰乱社会秩序的，构成编造、故意传播虚假信息罪。这些立法顺应了网络时代的发展，为"社会秩序"设计了全新的网络化定义。实际上，为了使公众免于恐慌进而引发社会混乱，即便在传统刑法中，引起他人思想与观念的不利变化的行为也会引起刑法的介入，如教唆犯就旨在惩罚引起他人犯意的行为。

三、盲目追寻文义核心或本质

主观解释论与客观解释论均为解释立场的争鸣，这些解释立场为了维护不同的价值观，从不同角度试图探求达至恰当的刑法解释限度的路径。但归根结底，解释论所要解决的重大课题是如何把握刑法解释的限度，即我们在解释刑法规范时，应当给予所谓的立法原意多大程度上的尊重，实质合理性与形式合理性各自应占比几何。扩张解释亦如此，通过将传统犯罪构成要件与网络语境相结合，试图丈量刑法规范的延伸范围与扩张界限，本质上也是在罪刑法定原则的约束下，解决具体情形中的刑法解释限度问题。类型化解释从事物本质出发，运用类比思维模式，将网络不法行为与传统犯罪对照，若网络不法行为在构成要件与侵犯法益等方面与传统犯罪相同，则视为同一类型。类型化判断建立在对解释限度把握的基础之上，对构成要件要素含义的理解关系到解释结论是否属于类推解释，如欧阳本祺教授认为，若将"在

---

〔1〕 详见 2013 年发布的《最高人民法院、最高人民检察院关于办理利用信息网络实施诽谤等刑事案件适用法律若干问题的解释》。

信息网络上"解释为"在公共场所"则逾越了"法条用语的可能含义"，超越了解释限度。

从某种程度上讲，类型化解释较主观解释论、客观解释论与扩张解释更进一步，从概念性考察扩展到类型化判断。但上述解释立场或方法的基础是相同的，表面共性在于对解释限度的把握，深层次共性则在于：均将文义解释作为解释的起点与终点，也将其视为解释限度准确把握的圭臬。认为解释限度在刑法用语含义的射程范围内，若超过此射程，则超越了刑法用语的可能含义，被视为突破罪刑法定原则的类推解释。从逻辑上讲，承认刑法用语的含义射程，也就意味着承认刑法规范核心或本质的存在。但是，在刑法解释过程中盲目探寻所谓的规范核心或本质可能带来尴尬的结果：

（1）规范的文义核心或本质无迹可寻。法律本身具有开放性结构，哈特指出，法律规范具有开放性结构，尽管在一些案件中，法律规范可以顺畅地被适用。但当遇到新问题或疑难问题时，就充斥了各种不确定。[1]"文字性就是自我陌生性"[2]，刑法规范的含义自诞生以来就不断受到客观事实的塑造而逐渐变形、扭曲，并不存稳固不变的刑法规范，因此规范中心也处于频繁的变动与更迭之中，导致所谓的核心可能并不存在。在以规范核心为基础而构建的原型中，鲜明地体现了这种变动："差的样本会随着时间的推进——世界的变化和认知的改变——会由边缘向中心迁移，原来处于中心的典型原型也可能失去其'原型'的地位。如损毁财物罪中物理毁损行为的中心地位逐渐衰落，效用毁损行为则逐渐中心化并成为原型范畴。"[3]同时，刑法解释不可避免地受到时代背景的制约与个体化认知的影响，对于什么叫作核心，恐怕很难形成统一的结论。如在工业社会，若将寻衅滋事的核心文义理解成对现实社会秩序的破坏当无异议，但在网络社会，不同的人对寻衅滋事核心文义的理解恐怕大相径庭，"对包括网络空间在内的整个社会秩序或社会安宁的破坏"也成了寻衅滋事所谓的核心文义，那么我们到底应当以哪种"核心文义"为圆点划出解释的界限？因此，试图找到刑法规范的文义核心并以此厘

---

〔1〕　参见［英］H. L. A. 哈特：《法律的概念》，许家馨、李冠宜译，法律出版社 2006 年版，第123 页。

〔2〕　［德］汉斯-格奥尔格·伽达默尔：《真理与方法——哲学诠释学的基本特征》，洪汉鼎译，商务印书馆 2010 年版，第 549 页。

〔3〕　王政勋：《刑法解释的语言论研究》，商务印书馆 2016 年版，第 120 页。

定刑法解释限度在很多情况下是行不通的。

（2）规范的文义核心或本质不具备应有的稳定性。一些学者一方面承认规范文义核心的存在，主张将规范文义核心与事实的本质相比对；另一方面也承认规范文义核心受到诸多社会事实的影响而异化，主张刑法规范适应社会事实的发展，通过对客观事实模式多样性的考察，主动扩展文义核心的内涵以与之相适应。这种观点看似主动适应社会发展，将新行为、新现象纳入构成要件范围，在一定程度上弥补了文义解释的短板，丰富了规范文义核心或本质的内涵。但其缺陷在于：对频繁变动的核心或本质是否仍应视为"核心"或"本质"缺乏必要的反省。对此，有学者指出，"事物本质"与"类型"包含着人为的构造因素，法官通过在自认为合理的空间内提炼出"事物本质"，并以此为依据推导出"类型"。[1]笔者认为，真正的"核心"与"本质"都是客观、稳定的，不能人为构造而只能归纳、总结与发现。所谓的"本质"无非是法官为了避免"法条主义"出现，扩大规范适用而人为构建出来的使规范适用正当化的托词。即便我们可以将"本质"作为规范适用于待证事实的理由，也需要经过一系列的论证才能成立，而不是建立规范与事实之间的直接而仓促的联系。从"本质"一词的本意来看，是指"被设定为与其他所有事物相关且又使一事物区别于其他所有事物的东西"[2]；"事物本质属性具有唯一、绝对和不变性"[3]。在法律领域，"本质"应当是相对稳定的宏观层面的概念，如法律本质、阶级本质、犯罪本质。从规则文本中提炼出的"本质"在某种程度上更像是特征抑或特质，这种"本质"具有无限复制性，实际上在主张刑法规范文义核心的同时，又因应社会发展提出若干个"核心"，陷入自相矛盾的境地。德国学者考夫曼在思考规范与事实之间的关系问题时，认为"事物的本质"是一个能使理念或者说规范与事实在当中取得一致的第三者，或当为与存在之间的调和者。可以看出，考夫曼实际上也并没有将本质视为稳定体，而是突出本质的工具性作用，通过将本质视为包含事实要素与规范要素的综合体，使之成为联结规范与事实的中介。另

---

〔1〕　参见许浩："刑法解释的基本立场—对实用主义法律解释观的论证"，载《东方法学》2008年第6期。

〔2〕　刘叶涛、张家龙："现代本质主义的逻辑基础与哲学意蕴"，载《哲学研究》2012年第2期。

〔3〕　吴迪、鲍禄："论哈特反本质主义法哲学及其中国语境"，载《广西社会科学》2014年第3期。

外，对于"事物的本质"究竟是什么，为什么会成为规范与事实的连接点，考夫曼没有给出有力的答案。[1]因此，在文义解释过程中以本质作为规范与事实等置或同质的准据时，为了迎合事实的变化，"本质"不可避免地要经常自我形塑，以同时铆合规范与事实双方，这难免会使这个准据时刻处于上下浮动的状态中，这时若仍将该准据称为"本质"，难免名不副实。此外，若一味地变更本质的内涵适应变动不安的客观事实，也会无限扩大刑法规范的适用，有滥用实质解释，破坏刑法稳定的危险。以经典的盐酸案为例，若以盐酸与武器在均能给受害人造成严重伤害方面具有同质性为由将盐酸纳入"武器"范畴，那么行为人将被害人的头往墙上撞，是否能将墙视为"武器"？这显然比较荒谬，因为这违背了人们的普遍认知与自然语感。

第三节　传统犯罪网络异化刑法解释理论的应然走向

通过对网络异化型犯罪现有解释理论的梳理与分析，笔者认为，由于网络犯罪较为新颖，且出现时间不长等原因，现有解释理论没能跟得上时代的发展而略显粗糙。如果说局限于传统解释论与解释方法抽象单一是现有理论缺陷的表象，那么盲目追寻核心文义、本质以及建立在核心文义与本质基础之上的所谓"原型"则是现有理论缺陷的深层次原因。造成解释理论与网络犯罪实践巨大裂痕的，并不仅仅是现有解释理论没有充分实现网络化转型，更是现有解释理论对文义解释一直以来想当然的误读。虽然相当多的学者都认为网络异化型犯罪应采扩大解释，只有这样才能使刑法永葆生命力。但社会公众之所以对网络异化型犯罪的规制充满焦虑，其根本原因在于担心国家借打击网络犯罪之名肆意扩张公权力，导致刑法不合理的扩张适用，进而对公民的预测可能性与安全感的维持，以及对社会经济的平稳发展造成伤害。可见，当前学界对于网络异化型犯罪刑法解释的研究不够充分，基本是在刑法解释一般理论研究的基础上原地踏步，并未专门涉猎传统犯罪网络异化领域。为了改善现状，笔者认为应当做到两个转向：在宏观理念层面，要实现由传统解释论向网络解释论的转变；在微观操作层面，要实现由"结果导向"

---

〔1〕　参见陈辉：《解释作为法律的结构及其对法治的影响》，中国政法大学出版社 2018 年版，第304、311 页。

向"路径导向"的转变。

一、由传统解释论向网络解释论转变

我们已经可以看到,"互联网所蕴含的巨大变革力量,超越了以往任何时期的历史变革,也超越了以往既有的知识谱系和认知基础。传统的社会学、政治学、法学、心理学等学科的学理基础正在经受底层的挑战,在多样性、异质性、复杂性的世界中,日益显示出无法解释新物种、新世界、新时代的种种困顿与苍白"[1]。法律和法学属于社会的上层建筑,社会的变革必然引起刑法理论与实践的改变,传统刑法解释论的不足在汹涌的网络犯罪面前暴露无遗,如沉迷于宏大叙事,解决具体问题的能力欠缺;视野受限,对刑法解释的外部性关注不足;过度依赖抽象的概念;预设存在核心文义和原型等。解决这些问题的关键就在于直面网络社会的现实,构建网络化的刑法解释理论,具体分为:

(一)由形式性、浅层次的刑法解释理论向实质性、深层次的刑法解释理论转变

这里所说的形式性的刑法解释并非形式解释论,而是指作为传统刑法解释论主要特征的三段论式的形式逻辑以及涵摄过程。在这种解释过程中,作为大前提的刑法规范通常被认为是封闭而周全的,刑法解释只是通过演绎推理将刑法规范适用于具体的个案。这种解释路径将刑法解释的出路很大程度上寄托在作为理性象征的刑法规范上面,对法官及司法过程有着天生的不信任,也通常不会检验解释结论的效果。[2]在形式性刑法解释理论的影响下,对于疑难案件,通常只能作出生硬机械的"三段论"式解释,甚至寄希望于立法的完善。这种解释模式不能很好地适应充满风险的网络社会,更不能实现刑法的自我演进。浅层次则是指当前网络犯罪的刑法解释理论往往大而化之,一些学者以为通过主观解释论与客观解释论,形式解释论与实质解释论的讨论便能找到应对网络犯罪的解释路径。然而,传统解释理论更多扮演的是一种宏观性、基础性的角色,可以为具体类型犯罪的刑法解释提供宏观性、基础性的指导,属于立场范畴,并非路径。鉴于此,我们需要将网络犯罪的

---

〔1〕 朱巍:《论互联网的精神——创新、法治与反思》,中国政法大学出版社 2018 年版,第 3~4 页。
〔2〕 参见劳东燕:"能动司法与功能主义的刑法解释论",载《法学家》2016 年第 6 期。

解释理论向实质性与深层次引导。这里的实质性除包括对处罚必要性与合理性的考察之外，还包括了法官解释的能动性。实质性肯定了刑法解释的价值判断与利益衡量，着力使法官充分发挥能动性，更加注重刑法规范的实质含义而非形式含义。加强刑法解释的实质性并不意味着忽视刑法解释的形式逻辑，更不意味着对罪刑法定及其明确性原则的背离，而是以实质逻辑作为形式逻辑的内涵或后盾，强调实质逻辑对形式逻辑的决定性作用。实质性的刑法解释其实是司法积极主义的体现，司法积极主义要求法官积极回应社会现实，在解释法律的时候避免因固守文义或遵循先例而导致恶法效果的出现，力图实现良法善治。在纷繁复杂的网络社会，法官在面对疑难案件时不应放弃积极释法的努力，要避免机械理解与适用刑法，应在刑法文义可能的范围内积极推进司法犯罪化，使现行刑法发挥出最大的价值。深层次是指对网络犯罪刑法解释论的探索应以实用性与实效性为标准，尽量使网络犯罪领域的解释理论更加细化与深化，避免空泛的讨论。宏观性的刑法解释理论固然有着巨大的价值，是具体领域解释理论建构的基础与起点，但仅限于宏观领域，具体领域的刑法解释理论应以实用主义为指引，得出操作性较强的结论。应当说，无论是客观解释论与主观解释论，还是实质解释论与形式解释论，在当前均不能摆脱实用主义的影响，绝对化的解释理论在当前已很少有人提倡。但这并不能否定上述理论作为宏观性的解释立场或理念的地位，从宏观性的意义上讲，直接将这些理论应用于网络犯罪的刑法解释中又损害了实用主义本身。一些类罪解释的探索可资借鉴，如在探讨金融犯罪的刑法解释时，王志祥教授提出金融犯罪的解释要与经济发展同步，重点考察二次违法性、关注其他部门法的动向，以金融知识为基础等。[1]又如在探讨恐怖主义犯罪的刑法解释时，李梁副教授主张确立开放式的司法认定方式，将反恐行政法与民间法规范作为犯罪认定的主要依据。[2]

（二）由中心主义的刑法解释理论向多元主义的刑法解释理论转变

传统的刑法解释理论普遍认为：解释主体为司法机关，解释对象为刑法文本，解释范围应以核心语义为中心向四周扩散。然而，当前的趋势是"去中心化"的网络结构带动了"去中心化"的思想趋势，传统语义的大树逐渐

---

[1] 参见王志祥、晋涛："论金融犯罪的解释"，载《铁道警察学院学报》2017年第3期。

[2] 参见李梁："我国恐怖主义犯罪立法的特点及其司法展开"，载《法学杂志》2019年第12期。

生发出更多的枝叶，原有的枝叶甚至被新生的枝叶所遮蔽，公众在司法中也扮演着愈加重要的作用，这种趋势必然体现在刑法解释理论的转变上。笔者认为，网络时代刑法解释理论探讨的焦点应集中在多元解释主体、多元解释对象与多元文义上。

（1）刑法解释的主体应多元化。当前的刑法解释依然延续着"主客体"的认知与论证模式，无论是"法律客观精神"的探寻模式，还是"立法原意"的追溯模式，均发生在能动的法官与刑法条文之间。然而，论证的过程天然地排斥第三方在解释过程中的参与，导致创造性解释难以出现，且愈加无法适应网络社会形势。童德华教授对此指出，当前刑法解释机制的特征在于法官垄断解释权，但随着社会发展，人们逐渐认识到单凭法官的理性不可能保证裁决的客观性并实现规范目的，故单向度的刑法解释结论已不再取得公众的信任。[1]当前的政治模式正在逐渐由"民主"向"良政"转变，"良政"模式否认形式化、象征性的民主，其深层意蕴在于推动政治过程与决定由刻板、模式化、流程化的形式民主向灵活、多元共存、有效参与的实质民主转变。法律与政治相伴而生，演绎式论证与古典式罪刑法定已形成对司法的束缚，越来越多的学者意识到恰当的司法决定无法通过力学原理与"概念计算"得出，刑法最终归结于价值判断。鉴于价值判断的多变性，为了确保裁判结论的正当性，必须有合理的程序安排，而合理程序安排的前提条件就是保证多元相关主体能够有效参与解释进程中来。

（2）刑法解释的对象应多元化。传统刑法解释论主要围绕法律文本开展讨论，主观解释论认为法律文本的背后隐藏着立法原意，故需要通过解释方法将立法原意找出并以其指导司法实践。客观解释论不承认立法原意的存在，认为法律随着社会发展而发展，解释者应不断赋予法律文本以新的时代含义，这样才能实现法律的意义与目的。在传统解释论看来，刑法解释的对象只有刑法文本，即便需要考虑诸多主客观因素，但这些因素只是间接影响我们对刑法文本的理解，并不会动摇刑法文本作为刑法解释唯一对象的地位，刑法解释对象的单一化导致自身较为封闭且过度注重形式逻辑，是形式主义刑法解释理论产生的重要原因。解释与其说是一门科学，不如说是一门艺术；与

---

〔1〕 参见童德华："从刑法解释到刑法论证"，载《暨南学报（哲学社会科学版）》2012年第1期。

其说是一种理论，不如说是一种实践。解释者应当以开放的态度进行解释，考虑所有相关的因素与可能性。[1]根据单一的因素或原因去解释法律是不可能的，无论是文化、历史、心理还是社会与经济，都在密切地左右甚至决定立法与司法。[2]

事实上，在网络犯罪的刑法解释领域，已有不少学者主张多角度、全方位地展开解释。如欧阳本祺教授主张从内部限度与外部限度两个方向厘清网络犯罪刑法解释的限度。其中外部限度则包括准则、市场与技术等各类因素。[3]王华伟博士则看到了网络犯罪刑法解释受到外部网络环境、网络社会发展趋势、网络经济与信息产业等因素的制约和影响，认为并不是只有规范与事实才能决定是否动用刑法与刑罚。[4]考虑到互联网特质及其对犯罪产生的影响，网络犯罪的刑法解释须打破"解释对象单一化"的现状，将刑法文本外影响解释结论的主客观因素考虑在内，使之能够对解释结论产生直接影响。对于网络异化型犯罪而言，影响解释结论的刑法文本外因素主要包括网络技术和刑事政策。通常情况下，网络技术对犯罪的实施至关重要，但有时也会披上貌似中立的"面纱"，故我们需要考察网络技术的本质、功能以及在犯罪实施过程中所扮演的真实角色。对网络技术考察的结果会影响到对嫌疑人主观罪过的认定以及客观行为的影响，进而对其刑事责任的认定起到关键性作用。由于网络犯罪与国家的互联网政策、基本刑事政策、阶段性刑事政策、网络产业政策等关系密切，对刑事政策的考察也必不可少。随着网络的普及，知识产权犯罪大肆泛滥，但司法机关往往对一些新型犯罪束手无策。以侵犯著作权行为为例，民法与行政法领域的立法在不断完善，而刑法中侵犯著作权罪的立法完善却显得滞后。一直以来，考虑到自身特殊国情，我国在产权保护方面一直秉持"适度保护"政策。随着网络侵犯著作权行为的巨大危害性与迅速扩张性日益显现，"适度保护"政策逐渐向"同等保护"政策倾斜。这种政策的转变突出反映在司法解释领域，为了适应网络异化趋势，最高司法机关已通过司法解释丰富了犯罪对象及犯罪行为的种类，使侵犯信息网络传

---

[1]　See Mordechai Kremnitzer, "Interpretation in Criminal Law", *Israel Law Review*, vol21, 1986.

[2]　参见［美］E. 博登海默：《法理学：法律哲学与法律方法》，邓正来译，中国政法大学出版社1999年版，第199页。

[3]　参见欧阳本祺："论网络时代刑法解释的限度"，载《中国法学》2017年第3期。

[4]　参见王华伟："网络时代的刑法解释论立场"，载《中国法律评论》2020年第1期。

播权的行为以及多种类的牟利行为被纳入犯罪圈。但与纷繁复杂的新型犯罪相比，司法解释的出台仍不能够完全缓解司法的需求，这就要求我们主动将对刑事政策的考虑纳入刑法解释过程中。电子数据库是各种数据、作品等多种材料的集合体，在大数据社会中，数据信息就是社会运转的"石油"。电子数据库有助于人们更好地收集、利用与维护信息。我国《著作权法》第 14 条规定了汇编作品，电子数据库可归类其中。但在侵犯著作权罪中，电子数据库没有明确被规定为犯罪对象，司法机关完全可以依据"同等保护"的刑事政策将电子数据库解释进"其他作品"中，这既顺应了时代发展，也没有超出刑法文义的可能范围与国民预测可能性。

（3）刑法规范的文义应多元化。刑法规范文义的多元化主要指放弃寻找规范本质与文义核心的企图，转而从不同层次探讨刑法规范的文义，特别是要充分考察规范文义的网络隐喻义。在万物互联且中心分散的网络时代，"射程理论"限定文义范围的功能受到越来越多的挑战。如"公共场所"指的是提供给公众用于满足工作、学习、文化、社交、娱乐、交通等生活需求所使用的公用建筑物、场所及其设施的总称。依据"射程理论"，寻衅滋事罪中的"公共场所"的范围亦应限制在上述范围内，其文义核心为公用建筑物、场所及其设施。网络空间作为虚拟空间，当然不可以被视为"公共场所"，单纯扰乱网络空间秩序的，不可能触犯寻衅滋事罪。这种理解是与当前的司法解释相矛盾的，也不利于规范网络秩序。要打破解释困境，必须赋予"公共场所"多层次的含义，对于具备部分公共功能，能够满足公共需求，体现公共意愿的空间，不管是现实空间还是虚拟空间，都可以被视为"公共场所"。这种解释也符合"双层社会"理论的旨趣，尽管笔者不赞同"当前社会分为现实社会与网络社会"的观点，坚持认为社会形态只有一种，当前的社会就是网络社会。但从概念、理解与诠释的角度，"双层社会"理论又拥有独特的价值，能够使解释者自觉地意识到同一用语在网络语境下可能会有不同甚至相距甚远的含义，进而解除规范本质与文义核心的束缚，探索一部刑法典适用于"双层社会"的解释途径。现实社会与网络社会具有不同的属性，需要进行语言的转换，因此需要对罪状中的关键词进行扩张解释甚至再解释，使法律在现实社会与网络空间中实现有效贯通。

二、由"结果导向"向"路径导向"转变

通过回顾当前的网络犯罪刑法解释理论，我们可以发现，有些理论预先设计应然的解释结论，为网络犯罪的刑法解释定下基调，进而按照预设好的解释结论进行有目的且富有针对性的解释过程，这些均属于"结果导向"的解释理论或主张。具体而言，在解释立场层面，"结果导向"的解释理论为扩张解释论；在解释方法层面，"结果导向"的解释理论为目的解释。笔者认为，在网络异化型犯罪的刑法解释领域，"结果导向"的刑法解释理论存在诸多弊端，须向"路径导向"的刑法解释理论转变，这种转变应主要体现在两个方面：

（一）由扩张解释向灵活解释转变

当前，相当多的学者意识到借助网络工具，传统犯罪会爆发出惊人的破坏力，进而主张严厉惩治网络犯罪，在适用传统罪名的时候作扩张解释，扩张解释论俨然成为网络异化型犯罪解释领域较有影响力的主张。如有学者认为，我国刑法应对网络犯罪的方式不是立法，而是解释刑法条文，扩张解释为主要的方式。[1]欧阳本祺教授对此动向表达了担忧，指出过度的扩张解释极易为了解决问题而动辄突破罪刑法定原则。[2]刘宪权教授亦认为不可"一刀切"的从严从重打击网络犯罪，而应针对不同类型的网络犯罪采取不同的规制策略。[3]张明楷教授也提出刑法解释应实现妥当的处罚的观点。[4]审慎的解释是必要的，单纯的扩张解释并不可取。在风险社会背景下，维护社会秩序与公众的安全感至关重要，灵活运用现行刑法规制新型网络犯罪也势在必行，但这些因素并不必然得出扩张解释的结论。除刑法谦抑与罪刑法定原则的考虑外，扩张解释论最主要的弊端在于"结果导向"，即在刑法解释之中甚至之前就预设好了刑法解释的立场，并以自我拟定的解释立场指导解释过程。可以看到，"结果导向"的解释理论日益风行且为多名学者所提倡，桑本

---

〔1〕　参见陈伟军："大数据时代网络犯罪的刑法应对——兼论人工智能犯罪的规制"，载《法制博览》2020年第20期。

〔2〕　参见欧阳本祺："论网络时代刑法解释的限度"，载《中国法学》2017年第3期。

〔3〕　参见刘宪权："网络犯罪的刑法应对新理念"，载《政治与法律》2016年第9期。

〔4〕　参见张明楷："网络时代的刑法理念——以刑法的谦抑性为中心"，载《人民检察》2014年第9期。

谦教授认为，与我们通常的认知不同，"解释结果"的产生先于解释方法，解释之前即预设好的"解释结果"引导着解释方法的选择与运用，对解释过程起到决定性作用。[1]劳东燕教授提出"前瞻性分析法"，主张发挥刑法解释的立法功能或法律续造功能，对解释结论所可能产生的后果进行预判，进而形成合理的价值判断与解释规则。[2]笔者并不赞同"结果导向"的解释理论。

（1）从逻辑上讲，由于人类理性的有限性，解释者在解释之前或解释过程中并不能很好地预测解释结论将要引发什么样的结果，在瞬息万变的网络中更是如此。实际上，价值多元与结果预见是一对基本矛盾，在网络社会中，各种变量层出不穷且不断叠加、发酵，引发诸多意想不到的结果，我们对网络犯罪的认知跟不上网络技术的发展而亟待深化。在这种情境下，"结果导向"的扩张解释论对网络异化型犯罪的解释所起的作用可能是灾难性的。退一步讲，即便我们能够预见到解释结论所产生的法律结果，但充满变量的社会结果又如何能够预见？而良好的社会结果不正是"结果导向"的解释理论所极力追求的实质合理性吗？因此，我们不能看到某行为侵犯了利益，造成了损害就将其解释为犯罪，真正需要考虑的是解释的过程、程序以及思维的路径。[3]

（2）对于结果的预见与选择实际上依然是一种价值判断，需要司法机关进行衡量并做出选择。但问题在于，结果应由谁来决定？结果应当是什么样的？我们需要解释结论所达到的结果或效果到底应当侧重于哪一方面？在这个问题上，"结果导向"的解释理论只是含混地认为解释结论所产生的结果应当是合理与可接受的，但这个模糊的标准极难拿捏。从这个意义上，自诩与传统解释理论不同的"结果导向"的解释理论，实际上仍不免陷入自说自话的困境。对此，"结果导向"的解释理论想极力证明对结果的考察不仅是价值判断与利益衡量的过程，也是以客观判断制约主观意志以使其具有合理性的过程。[4]所谓的"客观判断"看似是解释者对社会现实的筛选、认知与分

---

〔1〕 参见桑本谦："法律解释的困境"，载《法学研究》2004年第5期。

〔2〕 参见劳东燕："能动司法与功能主义的刑法解释论"，载《法学家》2016年第6期。

〔3〕 参见石聚航："利益法学立场下刑法目的解释的适用"，载《法学论坛》2017年第2期。

〔4〕 参见姜涛：《刑法解释的基本原理》，法律出版社2019年版，第74页。

析，实际上这些筛选、认知与分析又何尝不听命于解释者的主观意志？如在将游戏币解释进"财物"的过程中，我们会重点考察游戏币所具有的商品属性，如游戏币的交换价值、使用价值、大众认知、功能效用等客观现实，而一般不会去考虑游戏币的开发过程、游戏币的营业额、游戏圈外人的认知等。因此，以客观判断制约主观意志是无法实现的。

（3）"结果导向"的解释理论根本无法承担保障解释结论合理性的重任，且极易成为政治与权力的附庸，并不能体现出相较于其他解释理论的优势。"结果导向"的解释理论企图使解释过程和方向看起来更客观，但由于解释结论的提前预设，解释过程和方向都是按照既定的程序进行的，充其量只是证成解释结论正当性与合理性的手段，这就决定了解释结论的正当性与合理性是大打折扣的。加之对能动司法、司法立法性或司法续造的过度推崇，"结果导向"的解释理论很容易沦为政治与权力的附庸，成为刑法滥用的工具。在网络犯罪解释领域，若以"扩大解释"为主，就等于预设并默认了刑法之网的延伸，一些无法被传统刑法规制的行为极易为刑法之网所覆盖，这也与事实不符。如在大数据案件中，数据安全法益作为全新的法益类型，无法为传统刑法罪名所涵盖。

因此，与预设结果相比，铺设路径是更为稳妥且灵活的刑法解释立场，尤其适合变动不安的网络犯罪。我们不会想当然地认为网络异化型不法行为均须刑法规制，也不需要"扩大解释"的预断，而是需要摒弃"结果导向"的解释立场，以灵活解释替代扩大解释。多元的网络社会足以打破一切预设结果的幻想，对科学解释路径的规划远比预设缥缈不定的解释结论更加可靠，灵活的解释与全面的考虑则是达致妥当解释结论的不二路径。灵活的解释意味着网络不法行为不一定会被刑法所规制，解释结论受到诸多制约因素的影响而需要全面考虑，具体指以刑法规范文义为基础，综合考虑被侵犯的法益、刑事政策、技术、指导性案例等因素，在不超出刑法规范的可能文义和国民预测可能性的情况下得出解释结论。

（二）由目的解释向全面解释转变

不可否认，目的解释在刑法解释方法体系中占据着至关重要的地位，目的解释的重要地位源于其对文义解释等其他解释方法的补充以及对形式主义法学的纠正。通过目的解释，有助于缓解司法裁判唯一性与解释方法多元性的矛盾，进而做出灵活的价值选择，实现个案正义。很多学者将目的解释视为"压轴性"的解释方法，认为当其他解释方法与目的解释相冲突时，以目的解释的结论为准。如陈兴良教授在考察解释方法的位阶关系时，将目的解释结论视为终局的解释结论。[1]甚至有学者将目的解释称为"最重要的刑法解释方法"[2]或"解释方法之冠"[3]。目的解释往往伴随着对解释结果及其影响的预判与考察，解释者在衡量各种利益的基础上，为了谋求某种结果会选取特定的目的，进而采用目的解释证成自己预设好的解释结论。从这个意义上讲，目的解释方法是实现预定解释结论的手段，目的解释属于"结果导向"的解释理论。

笔者认为，在网络社会中，对目的解释功能不恰当的拔高会带来诸多危害。首先，目的解释易被"结果导向"解释理论所利用，二者的结合为司法肆意披上了合法合理的外衣。二者均是解释者主观选择的产物，自然不免体现解释者的主观任意性，而双重主观任意性产物的结合将带来更大的危害。为了达到特定的效果，解释者预设特定的解释结论，进而选择能够产生该解释结论的目的解释方法，目的解释方法的运用，又进一步证成了特定解释结论的妥当性。这种论证貌似缜密，实则具有较强的循环性与封闭性，体现了解释者的个人意志。诸多网络不法行为给社会和个人带来了较大危害，立法的阙如并未阻挡司法的步伐，网络时代的刑事司法甚至更具有扩张性。若采"结果导向"的解释理论并以目的解释为其背书，则使司法过程更显得合法合理，尽管很多时候并非如此，这将使网络犯罪刑法解释的境遇进一步恶化。其次，目的的指向不明确。刑法目的是目的解释的指引，但目的的不可捉摸是学界批判目的解释论的主要理由。刑法目的应由何人决定？刑法目的决定的过程是怎样的？刑法目的的内容到底是什么？这些始终是人们在接受目的解释之前需要厘清的问题。目的指向的不明，使目的解释难以成为自足性的解释方法，更无法承担终局解释的任务。在这种情况下，将目的解释与"结果导向"的解释理论相结合，无疑是危险的。网络时代的价值多元，各种新旧利益的错综交叉，都使目的的指向更加复杂与纠结，目的解释的缺陷在网

---

[1] 参见陈兴良主编：《刑法方法论研究》，清华大学出版社2006年版，第187页。
[2] 姜涛：《刑法解释的基本原理》，法律出版社2019年版，第91页。
[3] 苏彩霞："刑法解释方法的位阶与运用"，载《中国法学》2008年第5期。

络时代被进一步放大。

针对目的解释的上述缺陷，一些学者提出了解决方案。何萍教授主张将后果考察纳入解释过程，通过客观标准来约束解释者的主观意志。[1] 劳东燕教授认为应当以文义解释、体系解释、历史解释等其他解释方法制约目的解释的适用，并对目的本身进行控制。此外，合宪性审查也是规制目的解释的利器。[2] 石聚航博士不赞同劳东燕教授的教义学与合宪性二元规制机制，提倡交互性解释，使目的解释能够经受多方面的质疑，形成重叠性共识。[3]

上述观点能够使目的解释方法去除一定成分的主观倾向，实践主体间性的解释路径。但是，后果考察属于"结果导向"性的解释理论，自然应予摒弃。其他解释方法、对宪法的理解等，均是以对其他文本的解读来定位目的，仍不免沦为纯粹的价值研判，且考察范围并不广泛。交互性解释为刑法解释的程序性建构，属于主体间性的刑法解释，较为可行，但脱离了实体法的讨论范畴。笔者认为，为了将目的解释对网络犯罪刑法解释产生的负面影响降到最小，应完成刑法解释方法的革新，使刑法解释方法从"结果导向"回归到"路径导向"。具体而言，网络犯罪应实现从目的解释向全面解释的转向，即将刑法解释的关注点从目的设定、结果预测及二者的循环论证转移到对影响案件各种因素的开放式考察。如果说目的解释是基于刑法文本的形而上的抽象方法，那么全面解释就是对案件相关因素进行考察的兼具客观性与操作性的具体路径。

诚然，任何解释立场与解释方法均无法摆脱价值判断的阴影，解释路径的铺设也奠基于解释立场与解释方法之上，但这不等于我们可以将解释的路径完全诉诸价值判断。对于司法实践而言，纯粹的价值判断等于无任何判断。尽管刑事司法的过程就是价值判断的过程，但我们依然需要设计一条尽可能兼顾客观与全面的解释路径，并以此来代替专注于纯粹价值判断的解释理论的构造。这可谓是刑法解释在操作性层面对价值判断的妥协，而这种妥协是必要的。值得指出的是，客观全面的解释路径并不排斥目的解释方法的运用，

---

〔1〕　参见何萍、张金钢："刑法目的解释的教义学展开"，载《法学论坛》2019 年第 1 期。

〔2〕　参见劳东燕："刑法中目的解释的方法论反思"，载《政法论坛（中国政法大学学报）》2014 年第 3 期。

〔3〕　参见石聚航："谁之目的，何种解释？——反思刑法目的解释"，载《现代法学》2015 年第 6 期。

所反对的只是提前预设出特定的结果与目的并进行循环论证的企图。在解释过程中，解释者需要尽最大的注意义务考虑到与案件相关的诸多因素，对不同因素的考虑与分析不可避免地会生成不同的目的或倾向，这些不同的目的或倾向可比作不同方向发散的力。在具体案件的语境中，一部分力相互叠加成为合力，另一部分力相互排斥进而互相抵消削减，在各种力的综合作用下，最终得出解释结论。通过预设好的解释路径，我们得出的解释结论只需要满足国民的预测可能性与规范的可能文义即可。

虽然解释的过程需要解释者全程参与并掌控，加入了解释者的意志，且有可能出现显失公平的解释结论，但这不能归咎路径的错误，因为价值判断本就不如数学计算般的精确，社会科学领域根本不存在一个机械的公式可以得出令所有人都信服的结论。对于显失公平的解释结论，可以通过合宪性审查或诉讼救济等措施进行补救。这种解释路径最大的优势就在于确保影响解释结论的诸多因素均被考虑到且直接影响解释结论的作出。相较于"结果导向"的解释理论，"路径导向"的解释理论杜绝了解释者肆意将自己的意志注入解释结果与解释方法的企图，减少了解释者个人倾向或偏见所带来的司法不公，将解释主体、解释对象、解释过程、解释结论等众多要素暴露在公众目光之下。这使公众清楚明白地看到解释逻辑的环节与过程，必然会打破"结果导向"解释理论所带来的司法神秘主义，使解释结论更加令人信服，而这正是网络时代的刑法解释结论所极度欠缺的。

第三章

问题关键：构建契合网络社会特质的刑法解释限度标准

对于传统犯罪网络异化刑法解释理论的应然走向，在宏观理念层面，要实现由传统解释论向网络解释论的转变；在微观操作层面，要实现由"结果导向"向"路径导向"的转变。概括地说，我们需要的是"路径导向"的网络解释论。根据上一章对"路径导向"以及"网络解释论"的具体阐述，我们可以将传统犯罪网络异化的刑法解释理念提炼为三点，分别是："去中心化""解释的外部性""具体且可操作的路径"。作为传统犯罪网络异化刑法解释理论在解释限度领域内的体现，传统犯罪网络异化刑法解释限度标准的建构也应契合上述三点理念而不可与之相悖。具体而言，在构建契合网络社会特质的刑法解释限度标准时，首先，梳理分析现有的刑法解释限度标准，并考察其是否符合上述三点理念；其次，归纳网络社会的特质，衡量其与上述三点理念的契合度，从社会学的层面佐证上述三点理念的科学性；最后，立基于网络社会特质与传统犯罪网络异化的刑法解释理念，建构符合刑法理论发展趋势与刑事司法实践的刑法解释限度标准。

第一节　刑法解释限度主要理论述评

对于网络异化型犯罪，无论何种解释理论，其解决的根本问题均在于确立解释的限度，即在恪守罪刑法定原则的基础上，规范的文义应发散到何种程度，如何才能在解释结论合法性的基础上最大限度地实现合理性。理论需要传承与创新，我们首先需要梳理、分析当前的刑法解释限度理论，并探讨当前的刑法解释限度理论在网络异化型犯罪解释限度厘定中的可行性。当前的刑法解释限度理论大体上分为规范文义层面与价值层面两个方向，规范文义层面上的理论主要包括犯罪定型说与法文语义说，价值层面上的理论则主要包括国民预测可能性说与实用主义说。

一、犯罪定型说

（一）犯罪定型说简介

犯罪定型说认为，不可超越法条预想的犯罪定型的范围进行类推，而没有超越犯罪定型范围的正常的扩张解释则是被允许的。即类推解释与扩张解释的区别就在于是否处于法的犯罪定型的范围内。[1]犯罪定型说立基于罪刑法定原则，以构成要件为框架刻画出犯罪的定型，并制止逾越罪刑法定原则的任何解释。如现实中存在各式各样的寻衅滋事的行为，诸如无故殴打他人、随意辱骂他人、任意毁损他人财物、起哄闹事等，刑法将其概括为一个定型行为——无端滋事且扰乱社会秩序，这就是寻衅滋事罪的构成要件。因此，在对该罪进行解释时，定型的事实范围——无端滋事且扰乱社会秩序的行为就是刑法解释的限度。犯罪定型说站在规范的立场，强调形式的明确性，意图根据构成要件提出客观、稳定、明确的刑法解释限度标准。龚振军副教授则认为犯罪定型说失之于过度的形式性，即以形式来判断定型的内容，过于警惕合理的扩张解释。构成要件兼具封闭性与开放性特征，在定型本身范围内进行合理解释，并不会使解释结论延伸至定型之外。因此，犯罪定型应从注重形式合理性向注重实质合理性过渡，犯罪定型属于实质类型，应当进行实质判断。[2]

（二）犯罪定型说评价

大冢仁认为，构成要件实际上就是违法行为的类型化。对于犯罪定型说，无论我们从形式上还是从实质上对犯罪定型进行把握，其实都运用了类型化的思维方式。龚振军副教授将类型与本质相结合，更直接地指出：在刑法解

---

〔1〕 参见［日］关哲夫："论禁止类推解释与刑法解释的界限"，王充译，载陈兴良主编：《刑事法评论》（第20卷），北京大学出版社2007年版，第367页。

〔2〕 参见龚振军：《刑法解释限度理论的反思性解读与认定模式探究》，法律出版社2016年版，第109~110、104页。

释过程中，概念并不是解释的重点，类型才是解释的重点……德国刑法从类型与本质的层面对"武器"下了定义，认为"武器"属于一种给受害人造成极其严重伤害方法的类型，'盐酸'被解释进'武器'的类型范畴从本质上说是正当的。[1] 拉伦茨也指出，若一般概念及其逻辑体系不足以掌握某种现象及其多种表现形式时，类型化思考方式会被首先想到。[2] 然而，类型化思维不足取，其存在着不可避免的缺陷，若片面依赖犯罪构成要件的类型划分，无法为解释提供清晰的路径。原因在于：

（1）在刑法解释中，规范的类型性最终要还原为本质性，属价值导向的判断。类型化思维强调从事物本质出发进行论证，分别从事实本质与规范本质两个向度相向而行，企图达到事实与规范的契合，实现形式合理性与实质合理性的统一。在这一过程中，关键点在于从规范与事实二者中分别抽象出本质，抽取本质的方式与路径直接关系到抽取的"本质"是否为真的本质。既然离不开价值判断，在提取二者本质的过程中就有很大的回旋余地。加之规范的构成要件要素繁多，应以哪些因素为基准界定规范的本质，值得商榷。待证事实也纷繁复杂，新型犯罪层出不穷，事实的本质亦较难把握。对于一名法官而言，若倾向于将某待证事实认定为犯罪，就会抽象出二者相同或相似的本质。若不倾向于将某待证事实认定为犯罪，就会循着另一条思路，分别抽象出二者的不同本质。如对于反向炒信的行为，既可以认为该行为与破坏生产经营罪的本质一样，都使他人的生产经营遭受损失。也可以认为反向炒信的本质是直接破坏他人正常的生产经营秩序，而破坏生产经营罪的本质是通过破坏他人的生产工具而间接破坏他人正常的生产经营秩序。又如对于纠集三人以上进行私密的淫乱活动，既可以认为该行为与聚众淫乱罪的本质一样，都是聚集多人进行淫乱活动，破坏国家对社会风尚的管理秩序的行为。也可以认为私密淫乱活动的本质是道德败坏的行为，应受到道德谴责或行政处罚，而聚众淫乱罪的本质是对公众的性心理与社会风气造成伤害的行为。

可见，意图通过抽象出规范与事实的本质，实现二者的有效对接，与其说是一种独立的限度解释路径，不如说是实质解释的另一种表现形式，这也

---

〔1〕　参见龚振军：《刑法解释限度理论的反思性解读与认定模式探究》，法律出版社 2016 年版，第 117~118 页。

〔2〕　参见［德］卡尔·拉伦茨：《法学方法论》，陈爱娥译，商务印书馆 2003 年版，第 337 页。

与犯罪定型说属于"实质类型"相吻合。对此，龚振军副教授提出以"价值设定"来把握犯罪定型的本质内涵，笔者认为这依然属价值判断领域，该领域天生的概括性、模糊性与多变性，使其极不稳定。将对犯罪定型本质内涵的把握立基于"活跃的地壳"上，所建立的理论大厦必然无法稳固。所以，一方面，犯罪定型说宣称以定型的客观性和确定性来限制司法权，保障人权；另一方面又不仅仅停留在对"定型"的形式解释层面，而着力于从本质出发进行实质性解释。这种理念看似兼顾了刑法的灵活性与稳定性，实则易失之于绝对化。另外，事物的本质往往是隐蔽且难以掌握的，即便找到了所谓的"本质"，其在解释中的应用极为有限，因为所谓的"本质"也极有可能导致循环解释的出现。人们提出事物本质的概念，企图用其缓和事实与价值、实然与应然的对立，进而建立某种联系。殊不知，事物本质这一概念本身就来源于二元对立的框架，自然也存在自说自话之嫌。[1]

（2）犯罪定型说中的类型化思维有生成类推解释结论的风险。类型化思维通过厘定犯罪构成要件与待证事实的本质与类型，将二者相匹配。从本质上说，这是一种开放的思维方式，虽然法律规范属概念范畴，但在面对形形色色的不法行为时，可以基于一定的实质性考量，实现概念与类型的转换，进而将不法行为囊括进规范中。而类推思维以事物的本性和类型为支撑，与类型思维极为相似，这也使类型思维容易滑向类推解释的深渊。对此，邓子滨研究员指出，我国学界一般会刻意回避类型思维与类推解释的关系，以免有支持类推之嫌，然而此类研究极为必要。在他看来，类型思维的定罪过程只有在有利于被告的情况下才是可接受的。[2]此观点虽较为绝对，但仍表达了对类型思维的担忧，这种担忧并非毫无根据。类推解释是指"对于刑法没有明文规定的危害行为，通过类比推理将其适用于最相类似的刑法条文的解释方法"；"类推解释完全超越了法条字面的可能含义"[3]。从广义上讲，类型化思维在刑法解释论中的运用包括了两种情形：一是分别抽象出规范与待证事实的本质，进而决定是否适用刑法规范；二是分别抽象出"同类"案件

---

〔1〕 参见王彬："法律适用的诠释学模式及其反思"，载《中南大学学报（社会科学版）》2011年第6期。

〔2〕 参见邓子滨：《中国实质刑法观批判》（第2版），法律出版社2017年版，第19~20页。

〔3〕 刘延和：《刑法解释与适用研究》，法律出版社2016年版，第77页。

的本质两种情形，进而决定是否"同案同判"。第一种情形正是犯罪定型说所推崇的思维方式与逻辑路径；第二种情形也受到一些学者的认同，由于这两种情形在本质上都是类型化思维，且都对解释论产生了一定程度的负面影响，故笔者将其放在一起讨论。

龚振军副教授是第一种情形的推崇者，他以长期通奸行为是否可被解释为破坏军婚罪的同居行为为例，论证了分别抽象出规范与事实本质的可行性，类型化思维的开放性与重要性。龚振军副教授一方面承认长期通奸行为与同居行为分属两种不同的类型，通奸为私密性行为，而同居相对更进一步，除性行为外，还意味着以夫妻名义长期共同生活。通奸为道德范畴，只是侵犯了配偶或他人配偶的性权利，而同居已侵犯到我国的婚姻制度。另一方面，龚振军副教授又认为，类型与封闭的概念不同，类型具有有限开放性。通奸具有与同居等质的法益侵害性，因此，通奸尽管在表面上没有侵犯到我国的婚姻制度，但已实质地侵害了我国的婚姻制度，将其解释入罪具有正当性基础。[1]

笔者认为，这种解释混淆概念，通奸行为的存在不等于同居行为的存在，将通奸行为认定为同居有类推解释之嫌。"通奸"一词的词义是指有配偶的男性或女性与他人发生性关系的行为。通奸行为的重点是"性关系"，违背的是夫妻双方的互相忠实义务。在破坏军婚罪中，"同居"仅指婚外同居，根据我国《婚姻法》相关司法解释[2]的规定，"同居"的重点在于"持续、稳定的共同居住"，尽管也当然地包含了性行为。同居行为不仅违背了夫妻双方的互相忠实义务，更侵犯了婚姻制度。可见，"同居"一词无论从词义层面还是从侵犯的社会关系层面，都比"通奸"要更广，根本不能将"通奸"简单地视为"同居"。龚振军副教授仅以通奸行为具有严重的法益侵害性就将其视为犯罪，这种类推解释的做法实际上变相地创设了新的立法。通奸行为固然侵犯了配偶的婚姻权益，但完全可以通过民事法律调整，刑法具有最后手段性，不宜轻易介入道德与家庭领域。当今世界上，仅有一些伊斯兰国家尚保有通

---

〔1〕 参见龚振军：《刑法解释限度理论的反思性解读与认定模式探究》，法律出版社 2016 年版，第 125～126 页。

〔2〕 《最高人民法院关于适用〈中华人民共和国婚姻法〉若干问题的解释（一）》第 2 条将"同居"界定为"有配偶者与婚外异性，不以夫妻名义，持续、稳定地共同居住的行为"。

奸罪。

此外，这种解释方法在形式解释与实质解释不一致时，以实质解释为准。这种过度倚重实质判断的做法，不仅与犯罪定型说的初衷相违背，更容易成为类推解释的掩护。犯罪定型说提出之时即站在规范的立场上，倾向于行为无价值，旨在使犯罪定型成为一种抽象、一般与形式的定型。而改造化的犯罪定型说以目的论为导向，考察不法行为对法益侵犯的程度，以此决定是否将该不法行为的本质设定为与规范本质相同。这是受多种因素制约与影响的实质判断路径，所得出的往往是创造性的解释结论，如将通奸行为纳入破坏军婚罪的规制范围。创造性解释注重发挥法官能动性，主张解释结论的实质合理性，但很容易超出法条文义的可能范围，超出国民预测可能性，沦为类推解释。同时，这种类推解释由于犯罪定型说的掩饰，而显得较为隐蔽。法国学者达维德深刻地指出：尽管解释者事实上是至高无上的，但解释者似乎更倾向于矮化自己在解释中的作用与地位，进而极力使他人认为自己只是规范的实施者。[1]可见，创造性的过度发挥，使合理性压制了合法性，削弱了法治国的根基，使类推解释大行其道，法官绝对不应凌驾于立法之上，以实质合理的名义破坏刑法的规范性。

杜宇教授探讨了类型化思维的第二类情形，运用类型化思维范畴下的类比推理方式，试图寻找到典型案例与系争案件的共同本质，进而按图索骥地作同等处理。在逻辑路径上显著区别于归纳推理和演绎推理，类比推理是通过认定两个不同对象的相同部分，推论出它们其他部分也相同，进而将二者画上等号。如利用动物攻击人与指使六岁儿童犯罪一样，动物主人和指使人均只成立正犯，而非教唆犯。笔者认为，类比推理与类型思维都是从特殊到特殊，有助于灵活适用法律。但在目的论的影响下，类比推理或类型思维容易偏离罪刑法定的轨道，沦为类推解释。杜宇教授认为，类型归属性的判断，既可能遵循语言文义，也可能脱离语言文义。在价值观点面前，语义范围不是有约束力的标准，而处于次要地位。杜宇教授以系争案件与典型案例之间的类比为例，主张在案件之间展开类比推理：①找出系争案件的 X、Y、H 等特征；②找出典型案例的 X、Y、Z 等特征；③观察典型案例会被赋予怎样的

---

[1] 参见［法］勒内·达维德：《当代主要法律体系》，漆竹生译，上海译文出版社1984年版，第110、117页。

法律效果；④将系争案件与典型案例进行比较，发现一些典型案例为何会被如此处理的原则；⑤因为系争案件与典型案例在这一原则上有共同之处，故系争案件也应得到相同的处理。[1] 对杜宇教授的观点，笔者有如下疑问：

（1）如果一味地强调价值判断的重要性，而将条文语义置于一旁，那么罪刑法定原则及其所派生的明确性原则应如何实现？在解释过程中，尽管不存在绝对的标准与客观，但相对的客观与理解的标准仍不可或缺，否则成文法的意义将不复存在。文义解释在当前的适用虽然存在明显缺陷，如文义中心化等，但文义解释本身依然是维护刑法稳定性与客观性的不二选择，也是当前运用人类理性约束公权力的最好选择。正如法谚所云："文字之解释为先"；"文字之意义，为法律之精神"；"万事莫先于正文"；"文义如非不明确，即应坚守"[2]。若不恰当地矮化文义解释及规范语义在刑法解释中的功能，不受刑法条文约束的"天马行空"式的解释结论极有可能出现。

（2）进行类比推理是想做到"同案同判"，但对"同案同判"在刑法解释中的可行性缺乏论证。"同案同判"理念来源于适用刑法人人平等原则，对于相同或基本相似的两个案件，民众的公平直觉无法容忍出现轻重不一的现象。倘若频频出现"同案异判"现象，法律的安定性与可预期性就会大打折扣，民众将无所适从，司法公信力也会下降。从法官的角度看，"同案同判"也有利于减轻法官的释法说理压力，减少案件执行的阻力，甚至在一定程度上有助于遏制司法腐败。基于此考虑，最高司法机关不断出台指导性案例，意图通过典型案例规范法官判案。但是，在刑法适用及解释层面，如何理解"同案同判"以及如何认定"同案"至关重要。如将"同案"理解为两个"完全相同的案件"，正如世界上不存在完全相同的两片树叶一样，亦不存在完全相同的两个案件。一些具有很多共同特征的案件若深究下去就会发现，其实只是形式上的相同，并非实质上的相同。如均为盗窃 1 万元现金的案件，在犯罪动机、犯罪手段、犯罪后果、被害人等方面也许存在着显著的区别。如果将其理解为"同类案件"，二者存在的差异相对于"完全相同的案件"将会更大，盲目追求"同判"的结果在逻辑上更无法成立。实质上，通过类比推理实现"同案同判"的根本缺陷在于参照系即典型案例选择的随意性。

---

[1] 参见杜宇："基于类型思维的刑法解释的实践功能"，载《中外法学》2016 年第 5 期。
[2] 孔祥俊：《法律解释方法与判解研究》，人民法院出版社 2004 年版，第 325~326 页。

当前，除最高司法机关有权发布指导性案例外，任何机构或个人均无权发布，法官只能以指导性案例为前提进行类比推理，而不能随意认定"典型案例"，否则将破坏法治统一。在这个意义上，类型化思维适用的范围是极为有限的，借助"同案同判"厘清刑法解释的限度并不具有可行性。

（3）应当采取何种路径，选择的案件特征才能上升为案件本质，进而成为联结典型案例与系争案件的中介？具体上述范例中，为什么X、Y两个特征成为案件本质，而H、Z两个特征不能成为案件本质？假如寻找的X与Y并非案件的主要特征，而是次要特征，这种不具有最强代表性的特征能否成为案件本质？对这些问题的回答，关系到解释结论是否合法合理，即将系争案件与典型案例作出同等处理是否恰当。然而，类型化思维并没有仔细描述中间的联结过程，而以结果为导向诉诸模糊的价值判断，这与第一种情形的缺陷如出一辙。赵某华非法持有枪支案可谓是这一解释路径的典型案例，根据《枪支致伤力的法庭科学鉴定判据》（GA/7 7/8-2007）规定，若枪的枪口比动能超过1.8焦耳/平方厘米，就被认定为"枪支"。根据《枪支管理法》第46条规定，枪支具有动力特征、发射工具特征、发射物特征、性能特征。根据非法持有枪支罪所保护的法益，可知上述四个特征中"性能特征"最为重要，该特征关系到枪支能否对人体造成较大杀伤力，若足以致人死亡或严重伤残，就有较大可能被认定为枪支。经鉴定，赵春华的枪支为"能正常发射以压缩气体为动力的枪支"，但涉案枪支仅满足了动力特征与发射工具特征。由于涉案枪支的子弹为塑料弹，不符合发射物特征。涉案枪支的动能比尽管达到了1.8焦耳/平方厘米，但这种杀伤力根本不能对人造成较大的杀伤，只能对人体的薄弱部位如眼睛造成损伤，实质上与玩具枪无异，故不具备性能特征。司法机关并未看到涉案枪支的这两个主要特征，而径直以次要特征为依据机械地将涉案枪支与"枪支"划为一类，进而作出一审判决。可见，类型化思维固然灵活，但在案件特征的把握与本质的提取中，易受到外来因素的影响将次要特征上升为案件本质，导致解释结论的不公正。

二、法文语义说

（一）法文语义说简介

法文语义说由以日本学者木村龟二为代表的学者们提出，指刑法解释的限度应限定在法条语言可能的含义范围内。法条语言可能含义的范围是相当广泛的，作为解释对象的语言的含义有时虽然不是字面或明确的含义，只要其符合语义核心内涵，也可视为包含在法条语言可能含义的范围内。法文语义说被我国学界广为推崇，法文语义被认为是刑法解释限度，刑法解释应在法条语义的"最大射程"范围内，即法条语言可能的含义范围内，否则将沦为类推。借助法条语言划定解释限度的法文语义说与文义解释具有天然的联系。学者王泽鉴指出，法律概念往往具有多层文义，分为核心文义与边缘文义，我们可以将解释的射程扩张到边缘文义，但不能超出法律概念的可能文义。[1]学者黄茂荣进一步明确指出文义解释通过对文义最大回旋余地的把握，能够划定法律解释的限度。[2]当回归到更根本的层次上，我们会发现文字、词语等形式主义要素得益于其相对确定性、稳定性与可预测性，是人们交流与理解的前提，因此在法律形成与发展过程中起到了至关重要的作用，并且仍占据重要地位。文义解释是诸多解释方法中的首要方法，法文语义说也普遍得到认可，成为坚守成文法主义与罪刑法定原则，框定法律文本及解释结论的利器。法文语义说正是借助文义要素，试图建立一个相对客观、易于把握的解释限度规则。

（二）法文语义说评价

与犯罪定型说相比，法文语义说的接受范围明显更加广泛，深受古典刑法哲学影响，出于对罪刑法定原则的贯彻及刑法过度实质化的警惕，很多学者都认为法文语义可以为刑法解释限度划定范围。固然，刑法规范是刑法解释的起点，成文法时代以来，对法律文本及规范文义的恪守成为限制国家公权力的利器而备受推崇。与之相伴随的，是对罪刑法定原则形式侧面的偏爱，形式合理性也被视为应优于实质合理性，故刑法解释的限度应紧紧围绕法文语义，即解释结论必须在文义"射程"范围之内。随着社会的进步与罪刑法定原则的深入人心，人们发现过度的形式法治反而有碍于社会公正的实现，若执着于形式法治，那么诸多新型犯罪都得不到应有的惩治，如刷单炒信行为、滥用网络爬虫行为、恶意注册网络账号行为等。立法固然能缓一时之急，

---

〔1〕　参见王泽鉴：《法律思维与民法实例：请求权基础理论体系》，中国政法大学出版社 2001 年版，第 220 页。

〔2〕　参见黄茂荣：《法学方法与现代民法》，中国政法大学出版社 2001 年版，第 276 页。

但终归要面临适用与解释的考验，法文语义说将解释限度限制在"文义射程"之内，但忽视了一个根本性的问题：既然以文义核心或"原型"为原点划出"文义射程"的范围，那么什么是文义核心或"原型"？如何寻找文义核心或"原型"以及如何表述它们？若文义核心或"原型"无法找寻，还能否进行刑法解释？具体而言，法文语义说的缺陷主要表现在如下方面：

（1）其所立基的核心文义或"原型"不可把握及缺乏稳定性。前文已述，在刑法解释过程中盲目探求所谓的文义核心或"原型"并不可取，因为所谓的文义核心或"原型"可能并不存在，即便能够找到，文义核心或"原型"也不具备应有的稳定性。作为文义解释在解释限度议题上的具体方法论，法文语义说也承认了核心文义或"原型"的存在，要求法官以核心文义或"原型"为圆心发散，将解释结论限制在"最大射程"之内。可是，法文语义说也没有解决最基本的问题，那就是什么是核心文义或"原型"，以及应该怎么表述它们。以故意毁坏财物罪为例，对"毁坏"的理解，我们经历了"物理性破坏—使用价值的破坏—财产性利益的破坏"等阶段，如果将上述三者都视为相应阶段"毁坏"的核心文义或"原型"，那么我们就会发现"毁坏"的核心文义或"原型"被稀释而变得越来越抽象模糊。

依此逻辑，在破坏生产经营罪中，随着时代的演进，反向炒信等行为也被视为是破坏生产经营的行为，那么该罪中"破坏"的核心文义或"原型"也可被总结为"财产性利益的破坏"。那么，故意毁坏财物罪与破坏生产经营罪在核心文义或"原型"上的区别在哪里？两罪是否还存在本质性区别？这时，看似跟随时代发展而不断调整自身核心文义或"原型"的法文语义说就陷入了自相矛盾的境地。另外，趋向概括与模糊的所谓核心文义或"原型"的指导意义逐渐被大幅削弱，当核心文义或"原型"的涵盖范围愈加扩张，就明显与以文义解释本身限制刑法扩张的企图发生剧烈冲突，结果便是核心文义或"原型"渐渐丧失了法文语义说所标榜的价值。如著名的"盐酸案"中，若将"武器"的核心文义解释为"可以带来危险，致人伤亡的物品"，那么不只是盐酸，相当多的物品均可被涵盖，如砖头、教鞭、烟灰缸、笔记本电脑等。那么，刑法罪状中规定"武器"还有什么意义呢？

（2）解释对象单一，在文字的旋涡里打转。法律文本是法律意义的载体，也是法律适用的根基，这一点无可置疑。但若仅此就将其视为解释的对象未免显得过于单一，有自说自话之嫌。在法学史上，"实践面向的法教义学出现的原因主要在于以罗马法预设为真理作为前提的科学面向的法教义学并不能适应社会发展的现实，在此概念基础上的法律科学的坚持与演绎必然导致科学与生活的疏离"[1]。法文语义说围绕法条语言展开解释，要求不能超出文义"射程"，对概念的过度依赖，使解释对象单一，在文字的范畴内打转，其结果就是形式面纱下的实质解释在发挥主导性作用。关键性问题其实在于法文语义说采取了一种静态的文本标准，而不是动态意义上解释标准，这种相对保守的解释路径反而使解释限度模糊不定。或许有人认为，语言具有最起码的稳定性与明确性，按照法文语义说，"妇女"绝对不能被解释为男子，"醉驾"也绝对不能被解释为毒驾，可见法文语义说能为解释限度划出大致的范围。刑法条文中的确存在事实性概念，但亦存在着很多规范性概念，这些规范性概念呈现出更加多元化的意义，需要我们向语词之外探寻解释的根据。如果我们将解释的根据仅仅局限于法文语义，那么无论得出什么样的解释结论，都可以将其原因与根据归结于"在法文语义范围内"。因此，法文语义说在刑法解释限度方面的作用是值得质疑的，即"在文字的范畴内打转"，趋向于循环解释。

总之，法文语义说不是一种自足性的解释方法，必须向外为语词生存空间的扩展寻找根据。正如张志铭教授所指出的，法律解释并非很多人想象中的枯燥无味的形式问题，而是包含着对法律价值的分析与判断。法律解释的争议，往往反映了理性思考的人们在价值侧重或权衡问题上的争议。[2]

三、国民预测可能性说

（一）国民预测可能性说简介

日本学者西原春夫、福田平、大谷实等人倡导国民预测可能性说，认为刑法解释的限度应以一般国民预测可能性的范围为界，不应当允许超越一般国民预测可能性范围的解释结论。大谷实指出：为了保证裁判结论的合理性，扩张解释在一定条件下是被允许的，但如果解释的内容脱离了一般国民可能预

---

[1]　陈辉：《解释作为法律的结构及其对法治的影响》，中国政法大学出版社 2018 年版，第 75 页。
[2]　参见张志铭：《法律解释操作分析》，中国政法大学出版社 1999 年版，第 193 页。

测的范围的话，这样的扩张解释就不能允许。[1]国民预测可能性具体表现在：若一个人认为 A 行为应按照 C 罪名进行处罚，则会顺理成章地认为 B 行为也应按照 C 罪名进行处罚。这样的话，我们可以称这个人是具有国民预测可能性的。[2]人类语言有口语与书面语的区分，前者为国民广为熟知，而后者因其规范性而需要专门的解读才能被深刻理解。但规范性的法律条文与口语具有较大的重合，即便缺乏法律钻研经历，亦能大致领会法律条文所传达的鼓励与禁止，积极评价与消极评价的区分，如绝对不会将强奸罪罪状中的"妇女"理解为男性，也不会将私家车划入抢劫罪罪状中"公共交通工具"的范畴内。因此，国民预测可能性说着重强调了法的可预期性与稳定性，刑法通过相对明确的法律条文，为国民划定了罪与非罪的大致界限，使国民不至于面对法律无所适从，也限制了掌权者的权力滥用。应当说，社会的变迁与发展越剧烈，刑法条文与新型案件之间的裂痕越大，国民预测可能性标准就越受到重视。这是由刑法自身的预防功能所决定的，也被司法民主理念所不断强化。

（二）国民预测可能性说评价

国民预测可能性说的提出，体现了刑法解释限度的把握由语言学判断向规范意识判断过渡，由形式性判断向价值判断过渡。国民预测可能性实际上是"法""理""情"的融合，这一方面需要法官具备丰富的历练经验，另一方面也对解释过程的民主性提出了要求。正如舒国滢教授所指出的，法或法律体系不能仅因其形式而具有强制性、权威性与有效性，还必须具有"可接受性"。"可接受性"除需要形式上的理由论证外，还需要规范承受者之间达成共识。法律本身应当天然地具备可接受性，中国古代法律思想强调"国法"必须符合"天理"与"人情"，西方人也认为实在法必须符合"永恒不变的正义观念"。[3]与此同时，国民预测可能性说也有无法逾越的缺陷，这决定了国民预测可能性只能作为判断刑法解释结论有无超出必要限度的检验标准，而非达致刑法解释合理限度的路径。这些缺陷主要体现在：

---

〔1〕 参见［日］大谷实：《刑法讲义总论》（新版第 2 版），黎宏译，中国人民大学出版社 2008年版，第 57~58 页。

〔2〕 参见陈志军："论刑法扩张解释的根据与限度"，载《政治与法律》2005 年第 6 期。

〔3〕 参见舒国滢：《法哲学沉思录》，北京大学出版社 2010 年版，第 219~220 页。

（1）国民日常思维不等于法律思维。普通国民的日常思维是自发形成的，具有先天的质朴性、经验性与习惯性，具有非规范性。而法律具有专业性与技术性，其规范性较强。法言法语虽来自于日常用语，但其内涵与外延均有所变动，与日常用语相比已有很大区别。因此，立基于日常用语基础上的日常思维与立基于法言法语基础上的法律思维之间出现了断裂，普通国民所理解的规范未必是规范的本意。国民日常思维还经常伴随着朴素的道德观、正义观与情理观，这在一定程度上与要求最低道德的刑法发生了冲突，更遑论道德观、正义观与情理观均具有较强的不稳定性，经常随着时代变迁发生变化。"大学生掏鸟窝案"是这一冲突的集中反映，在该案中，大学生仅仅因为掏鸟窝而被判处 10 年半的有期徒刑，这一判决刺激着人们的正义直觉，很多人认为这只是一次普通的"掏鸟窝"行为，量刑过重了。这一冲突来源于生活中的"鸟"与专业领域的"燕隼"的极大差异，尽管民众知道国家有保护珍稀动物的立法，但很多人根本不会想到这么容易入罪，更不会想到会有如此之重的刑罚。所以在刑法适用时，国民的日常思维难免与刑法思维产生冲突，即普通国民对某一行为入罪根本没有预测可能性。另外，法言法语作为法律思维与法律活动的起点，需要人们运用多种解释方法进行解读，并非仅仅停留在字面意思上。对于法官而言更是如此，看似成文且明确的规范与清晰的事实，实际上绝不可能通过简单的"三段论"模式得出令人满意的结果，而是需要复杂的论证过程。庞德曾指出："在实现正义的问题上，法律传统与社会科学都不具备独立的充分性。如果不通过司法经验主义，或者不通过与过去的相关材料相协调，法律原则将全部沦为空谈。"[1]而普通国民一般没有经历系统性的司法训练，无法利用多种解释手段与技术进行解释。在对解释规则与技术一无所知的情况下，很容易将法官的解释视为"不合理"或"不合民意"，这也加大了普通国民与法律的裂痕。

（2）国民预测可能性因过于抽象，在一定程度上其实是法官在自身经验累积的基础上所形成的"法官预测可能性"。国民预测可能性说最为关键的问题在于没有给出认定国民预测可能性的具体路径，因其过于模糊，实际上成为法官依据常识与经验，对国民预测可能性的把握或解读。也就是说，国民

---

〔1〕 ［美］罗斯科·庞德：《法的新路径》，李立丰译，北京大学出版社 2016 年版，第 126~127 页。

对于法律的理解、认知与预测，全都是基于法官本人或司法机关整体而作出的判断。这一现状来源于对一般国民认知水平把握的困难。通说认为，应当以"一般人标准"或"平均人标准"来判断国民预测可能性。马荣春教授提出以"常识、常理、常情"（"三常标准"）来判断国民预测可能性，原因在于"三常标准"与通说相比更具贯彻性，具有相对的合理性与确定性。[1]笔者认为，即便是相对确定的"三常标准"亦不足取，该标准与通说均为模糊性概念，充其量只是用语的不同，无法从根本上改变作为社会科学的刑法的价值性与抽象性。法律解释过程中充分的沟通与协调或许能够缓解刑法价值性与抽象性所带来的弊端。其实，从根本上，语言就是人们思想传递的方式，研究语言表达时，应将其作为表达者与接受者之间沟通过程中的一部分。相应地，法律思维具有沟通性，它建基并落实于法律领域中不同参与者之间持续的沟通之中，正是这种循环与沟通，构成和维护着法律系统。[2]当前的法律理论过于强调规范表达者与规范接受者的其中一方，而忽略了法律体系自身的动态性与沟通性。具体到国民预测可能性的判断上来，我们不能偏重规范表达者与规范接受者其中一方，即我们不能过度倚重法官的智慧与作用，也不能想当然地将自己视为民众认知水平的代表，进而以所谓的"一般人标准"或"三常标准"来认定民众的预测可能性。相对可行的进路是，尊重语言与司法过程的交流性与沟通性，为刑法解释结论的作出搭建多元化的沟通平台，使司法系统真正成为开放、多元、动态的系统，而非封闭、一元、静止的系统。

四、实用主义说

（一）实用主义说简介

美国大法官霍姆斯认为，尽管在司法过程中，逻辑往往发挥着重要作用，但其在司法过程中的地位仍不如经验，逻辑主要的功能仅在于它满足了人们对法律的形式性与确定性的渴求，其背后则是更为关键的法条冲突与价值权

---

〔1〕　参见马荣春："刑法的可能性：预测可能性"，载《法律科学（西北政法大学学报）》2013年第1期。

〔2〕　参见［比］马克·范·胡克：《法律的沟通之维》，孙国东译，法律出版社2008年版，第172页、第267页。

衡。卡多佐也认为，制定法是支离破碎且考虑不周的，法官为了解释法律与秩序的含义，必须重视那些被忽略的因素，纠正那些不确定性，通过"科学的自由寻找"使审判结果与正义相和谐。[1]受到现实主义法学影响，我国有学者提出了实用主义解释论，主张通过实用主义的解释路径，达致科学的解释结论。如许浩法官认为，无论是对立法原意与法律客观意思的探求，还是对形式解释与实质解释的选择，都不足以准确把握好刑法解释的限度。上述理论只是可供选择的手段，尽管有时候会选择形式主义的解释策略，但只要解释结论足够好，完全可以突破立法文字。我们不能对法官的能动作用视而不见，而应承认法官有解释刑法的权力。[2]吴丙新教授以"梁丽案"为契机，提出了实用主义刑法观。他指出，若法官机械适用法律，即便造成了糟糕的后果，法官依然可以理直气壮地宣称自己是在忠于法律。对于兼顾刑法适用政治效果、社会效果与法律效果的实用主义刑法观而言，由于暴露于公众视野下，刑罚权的扩张反而或受到极大限制。[3]相较国民预测可能性说，实用主义说对价值判断依赖的程度明显更深。实际上，实用主义说将刑法限度的厘定寄托在包括刑法文本在内的诸多不确定的工具身上，既包括立法原意，也包括能动经验；既包括刑法文本，也包括法外因素。

（二）实用主义说评价

实用主义说以现实主义法学为理论根基，现实主义法学是在批判概念法学的过程中产生的，概念法学强调法律的自足性，注重形式逻辑，否定法官的能动作用与价值判断。现实主义法学认为概念法学脱离实际，是形式主义与教条主义的方法，不能适应社会的发展。现实主义法学是经验性的，反形式化的，相较于封闭固定的体系、规律以及抽象的表述，更倾向于将目光投向最终的事物、成果、结局、事实。[4]应当说，现实主义法学具有巨大的历史意义，对我国当前的法治建设也提供了诸多借鉴，如避免司法过程的僵化

---

〔1〕　参见〔美〕本杰明·卡多佐：《司法过程的性质》，苏力译，商务印书馆1998年版，第5页。

〔2〕　参见许浩："刑法解释的基本立场——对实用主义法律解释观的论证"，载《东方法学》2008年第6期。

〔3〕　参见吴丙新："能动的刑法解释与实用主义刑法观——重温'梁丽案'"，载《山东大学学报（哲学社会科学版）》2013年第1期。

〔4〕　参见〔美〕罗伯特·S.萨默斯：《美国实用工具主义法学》，柯华庆译，中国法制出版社2010年版，第17页。

与机械，实现司法过程的开放性与司法结论的合理性，推动专业型法官队伍的建设等。但不可否认，西方现实主义法学产生的背景与我国当下的语境相差甚远，故其功用也要辨正地看待。现实主义法学出现于 20 世纪初，西方国家正处于由自由资本主义向垄断资本主义的过渡阶段，垄断资产阶级愈加壮大，相应的呼声也反映到法律领域。垄断资产阶级要求着手司法改革，扩大法官的自由裁量权，通过利益衡量等灵活的司法过程充分反映垄断资产阶级的利益。由此，欧洲掀起了"自由法学运动"，其主要诉求便是法官在司法过程中不应受到立法的约束，而应根据正义原则自由创造法律。[1]

我国与西方国家的法治进程存在巨大差异，不能盲目照搬现实主义法学模式，以实用主义的视角解释法律。理由如下：

（1）我国法治的根基相对薄弱，尚未经历形式主义法治阶段，当前法治的主旋律依然是罪刑法定原则主导下的司法克制主义。在我国刑法发展的历史进程中，法官的实质性思维一直占据主流地位。法官断案时普遍将"天理""人情"与"国法"相融合，旨在实现"衡情度理""原情论罪"。通过将"民意"与"情理"置于"国法"之上，偏重实现案件的社会效果，树立公平权威的"青天"形象。在断案过程中，法官享有较大的自由裁量权，通常会将法律目的置于首位，为了目的需要可以超出文字的约束，以抽象的规定作为断案依据。[2]这种实质性思维与现实主义法学模式较为相似，但现实主义法学的诉求是打破过于机械与僵化的概念法学的影响，使法治国原则更为丰满，即建立在形式理性与形式思维均发展到一定程度的基础之上。而我国不存在形式主义法治传统，当前的法治仍处于起步阶段，伦理道德观念与人治思维在很大程度上仍削弱着人们的法治观念。在这种语境下，盲目采用实用主义的解释方法是非常危险的，甚至会动摇来之不易的罪刑法定原则。

（2）现实主义法学影响下的实用主义说以批判与解构意义为主，缺乏建构性安排。实用主义说是单方向的理论，仅批判了过度形式化的法律解释，强调了法律的实用性与技术性，但对法律的实用性与技术性背后的"法官造法"缺乏应有的警惕。事实上，机械与形式化的法律解释固然应被否定，法官能动性的充分发挥也值得赞赏，但实用主义说的最大缺陷也在于此：在批

---

〔1〕 参见付池斌：《现实主义法学》，法律出版社 2005 年版，第 20 页、第 22 页。

〔2〕 参见孙笑侠：《司法的特性》，法律出版社 2016 年版，第 74~76 页。

判与解构的同时，并没有指明一条切实可行的明确路径，而是将刑法解释过程神秘化、抽象化。霍姆斯轻视规范性依据，主张法官主要依据对利益与价值的衡量来判案，但这种主张只能使司法裁判变成利益集团的代言。尽管过度的形式主义存在诸多不足，但霍姆斯又没有给出利益选择与价值衡量的明确路径，这种模式只会让裁判沦为一种暴力。[1]在没有对各种外在因素进行分析排序与综合考量时，极易出现以道德、利益、政策等含混的大概念为借口作出不公正的解释结论，成为单个法官偏好的展示。在风险社会中，有学者认为网络安全与秩序安全已成为刑法保护的优先价值，故刑法应提前介入防控危险，实现预防的早期化。[2]然而，正是在这种预防目的的引导下，刑法解释过度偏好网络安全与秩序，动辄将利用网络实施的不法行为认定为犯罪，这种解释过程事实上掩盖了预防目的之外其他要素功能的正常发挥，导致危险犯的滥用。在现实主义法学发源地之一的美国，自"9·11"事件以来，其就发展出了一套以反恐为名义，实则造成政府滥权，人权遭受侵害的"反恐法"系统。这套系统很快就逾越了"战争必要范围"，从多方面侵犯平民的人权，如侵犯网络隐私权等。我国也存在相应判例，如以打击目的为导向，过度解释宣扬恐怖主义、极端主义罪中的"宣扬"，将在网络平台中调侃打趣的非正式言论纳入打击范围。[3]

第二节 综合的刑法解释限度标准之提倡

上述四种学说历时较长且具有较大的影响力，但对于网络异化型犯罪刑法解释限度的厘定而言，并非合适的指导理论。刑法解释限度理论是刑法解释理论的核心，需要在宏观理念层面及微观操作层面与所属的刑法解释理论保持一致。前文已述，传统犯罪网络异化的刑法解释理论须符合三点理念，分别是："去中心化""解释的外部性""具体且可操作的路径"。与此三点相对照，上述四种学说均不符合要求。犯罪定型说倡导类型思维，通过类型与

---

〔1〕 参见马聪：《霍姆斯现实主义法学思想研究》，人民出版社 2009 年版，第 94~95 页。

〔2〕 参见孙道萃："网络直播刑事风险的制裁逻辑"，载《暨南学报（哲学社会科学版）》2017年第 11 期。

〔3〕 详见"农民工微信群发涉恐言论被判刑，律师提醒引以为戒"，载 http://www.sohu.com/a/193498517_122593，访问时间：2019 年 11 月 9 日。

本质的联系实现事实与规范的契合。法文语义说承认"射程理论"与"核心文义"。这两种学说均属于"中心化"的解释理论，这不仅不符合语言的多元性与逻辑性，更不符合网络社会的基本理念。国民预测可能性说既属于"结果导向"的解释理论，又属于抽象且浅层次的解释理论，与其说是通往妥当解释结论的路径，不如说是检验解释结论是否妥当的标准。因此，国民预测可能性说无法铺设具体且实用的解释路径，只能作为贯穿于解释全过程的检验标准。实用主义说过于灵活，解构性过强而建构性不足，尽管缓解了解释过程的机械与僵硬，仍不足以指导网络异化型犯罪解释限度标准的厘定。归根结底，该四种学说尽管存在本体性的缺陷，但不被采纳的根本原因在于无法适应网络社会对解释理论的要求，尚未实现"网络化"转型。笔者认为，传统犯罪网络异化刑法解释限度的标准需依照"去中心化""解释的外部性""具体且可操作的路径"的理念重新构建。

"网络化"刑法解释理论构建的事实性前提在于，深入分析总结网络社会的社会结构与运行方式，思维、逻辑与表达的变迁，并将其作为刑法解释理论建构的出发点与方向。因此，我们要对当前的网络社会有更为准确的认知。对于人们生产生活逐渐"网络化"的状态，有学者将其称之为"双层社会"。如于冲副教授以"楼上楼下"为例，将人类社会比作两层楼房，分别是现实社会与虚拟社会。人类最初只生活在现实社会那层楼，后来借助网络科技，人类的生活领域开始向虚拟社会那层楼拓展。逐渐地，在现实社会层可以做的事情几乎都能够在虚拟社会完成，发生在现实社会的犯罪也开始在虚拟社会出现。因此，人类社会逐渐进入了现实社会与网络社会并存的"双层社会"。[1]

笔者不赞同"双层社会"的说法，当前并非存在着两个社会，而是现实社会在网络技术的影响下，各个领域呈现出"网络化"的状态，这种状态可称之为网络社会。也就是说，网络社会并非一个独立的社会，而是现实社会在互联网的形塑作用下所呈现出来的新的社会形态。事实上，网络已逐渐由"虚拟性"向"现实性"过渡，现实与虚拟的界限越来越模糊，并不存在截然并立的两个社会。如果说工业社会是在蒸汽机、内燃机为代表的自然科学

---

〔1〕 参见于冲：《网络刑法的体系构建》，中国法制出版社 2016 年版，第 24 页。

与大机器的作用下诞生的，那么网络社会就是在信息技术的进步与广泛应用的作用下诞生的，无论是工业社会还是网络社会，都只是人类社会发展的特定阶段。网络社会既包括现实空间，又包括虚拟空间，现实与虚拟的区分只存在于空间维度，不能上升到整体的社会层面。事实上，即便是认同"双层社会"概念的学者也承认："网络行为已不再是单纯的虚拟行为，被赋予越来越多的社会意义……网络空间与现实空间正逐步走向交叉融合。"这就说明，网络技术的应用使虚拟空间与现实空间逐步合二为一，很多时候已很难分辨是虚拟还是现实。这种社会在数量上是唯一的，在形态上是综合的，不能因为其形态的综合性而对其数量有所误判。因此，我们的研究背景只能是网络社会，并非"双层社会"。

一、网络社会的特征

网络社会是一个处于持续演化中的复杂系统，网络技术的发展不断冲击着传统社会因子，引发了社会组织形式、思维方式、互动方式、生活方式的重构。作为这种冲击的表象，网络技术特质在社会生活中得到充分体现，集中体现为以下特征：

（一）网络社会具有非中心性

网络作为"后工业时代"的发展成果，不断瓦解着传统的社会结构和生活方式。网络实质上是一张没有控制中心与界限，由相互独立又彼此协同的节点相互沟通编织而成的弹性的网状的复杂系统。碎片化与开放性是互联网的精髓所在，也是互联网建构新的社会结构的根本动力。传统的社会结构模式呈金字塔状，成员有着固定的角色和地位，塔尖作为中心，发挥着统领和控制作用。网络空间通过对传统物理空间的压缩与取代，重塑了网络时代的社会结构，它强化了个体意识，弱化了对纵向等级与集体的认同，隔断了个人与地方性社会背景的联系，人们逐渐倾向于以多元化、去中心化、平面化的方式开展生活与沟通，社会组织也逐渐地呈现出"集权化到分权化，等级化到扁平化的转变"[1]。得益于网络的建构性，网络社会逐渐成形，其"非中心性"日益明显，即网络社会不存在一个节点和主体，所有的节点和主体

---

〔1〕　黄少华、翟本瑞：《网络社会学：学科定位与议题》，中国社会科学出版社 2006 年版，第 187 页。

都是围绕本节点或主体展开的，网络社会的主体是对等的，不存在一个能够统领或驾驭其他网络主体的主体，更不可能对网络系统整体进行控制。[1]网络社会的"非中心性"突出体现在话语权的演变中，传统社会基于地位、身份、教育水平、资历等形成的话语权垄断逐渐被多元化、原子化的网络传媒所消解，自媒体的广泛运用更是加快了信息传播速度，扩展了个人的认知范围与发声渠道，网络节点之间互动频繁又互不约束，权威性与中心性被不断削弱。任何网络言论都有可能引发轩然大波，传统社会行政式的言论控制与权威解读渐显无力。与此同时，人们对文本的解读以及语言的逻辑路径开始发生变化，线性思维式微，网络化逻辑日益风行。立基于印刷术的线性文本，一般体现为相对孤立的文献，这培养出我们有序的逻辑模式，体现为一种从头到尾、有始有终、次序分明的线性思维路径。而网络空间不存在组织所有信息的核心、孤立文本的含义、内容的主次之分，线性的逻辑方式被极大地削弱，如超文本以无限链接的路径极大地便利了文本间的视野跳跃，其思维模式是跳跃的、开放的。在网络空间中，各种不同的解释均有存在的可能，不同的解释之间没有等级或位阶之分，更不可能存在使其他解释都相形见绌的终局性解释。[2]

（二）网络社会具有平等互动性

随着社会生活网络化程度的日益加深，网民数量与比例急遽攀升，"与传统社会中的交往不同，网民在网络空间中是以去中心化的方式联结和组织起来的，这彻底改变了传统社会从中心向边缘的信息传播模式与人际互动模式。在网络空间，即便身处最底层的人也能与其他人一样获得同等表达意见的机会"[3]。之前由于信息流通不畅，公民参与社会事务受到重重阻碍，互联网技术的发展为公民提供了多种参与介质，如网上论坛、微博等，国家法律则为公民参与提供了制度保障。在网络时代，公民的观点或意见能够得到更充分的表达，可以就政策或事件提出自己的观点或质疑。这均归功于网络技术的创造与应用，网络技术改变并优化了以往的信息传播与交流模式，深刻影

---

〔1〕 何哲："网络社会的基本特性及其公共治理策略"，载《甘肃行政学院学报》2014年第3期。

〔2〕 参见黄少华、翟本瑞：《网络社会学：学科定位与议题》，中国社会科学出版社2006年版，第226~230页。

〔3〕 黄少华：《网络社会学的基本议题》，浙江大学出版社2013年版，第22页。

响了舆论生态。非中心性且开放的网络空间，虚拟的身份，自由的表达权利，一起造就了平等主体间的充分互动，使公众畅所欲言，在网络空间中实现了思想的碰撞、吸收与交换。相较于现实社会，网络空间中的互动更加平等和自由，纵然网络带来了一些副产品，如网络色情、网络犯罪、隐私权侵犯、知识产权侵犯等，但网络自身的流动性、无限扩展性与非中心性仍使其铸就的难以在现实社会中普遍实现的平等自由价值得到珍视。正如互联网先驱约翰·佩里·巴洛和托德·拉平对网络社会特征所作的归纳：网络社会是充满自由、自治和共识的社会，不存在混乱、政府和特权。[1]更重要的是，产生于网络空间的平等互动性已开始跨出网络空间，通过对人们思想观念与行为规范的巨大影响，深刻地重塑了现实世界。人们逐渐认识到"平等与对话，作用的双方、构成的要素彼此之间是相互尊重且平等的，不应存在主次、先后、强弱之分"[2]，自治、参与、互动、协商等理念日益深入人心。平等互动性突出表现在人们对司法实践的参与中，借助网络平台的传播效应，热点案件频频暴露于公众视野，公权力的行使受到相应的监督。据人民网舆情数据中心的统计显示，"昆山反杀案"发生仅四天，全网就发布了相关新闻资讯3430篇，报刊新闻102篇，微信文章4177篇，APP文章5194篇。[3]民众的有效参与促使司法机关对案件作出了恰当的定性，也使得尘封已久的正当防卫制度重新焕发活力。紧接着，"涞源反杀案""赵宇案"均突破性地作出了正当防卫的认定，最高司法机关也通过发布正当防卫指导性案例，明确了正当防卫的界限。可以说，互联网打破了"原先的信息封闭和非对称平衡，满足了大众对自由讨论和表达的需求，促使官方机构的运作更加透明和公开，平衡了公民与社会权威之间的权力关系，促进社会权力结构的重构和理性公民社会的进一步形成"[4]。

---

〔1〕　参见［美］劳伦斯·莱斯格：《代码》，李旭、姜丽楼、王文英译，中信出版社2004年版，第4页。

〔2〕　黄河："马克思主义哲学视阈下的互联网思维及其运用"，载《上海师范大学学报（哲学社会科学版）》2018年第3期。

〔3〕　"人民网梳理昆山反杀案舆情脉络：争议正当防卫，更需依法办案"，载 https://www.thepaper.cn/newsDetail_ forward_ 2397346，访问时间：2019年3月19日。

〔4〕　丁方舟：《中国网络行动十年：动因、过程与影响》，中国广播影视出版社2016年版，第169~170页。

（三）网络社会具有动态性

网络技术的特质决定了，网络空间中的全部个体均有重新构造与组合的能力，这也使得网络社会中的个人与组织均处于动态变化之中。因此，网络社会并非封闭、单一、静止的社会形态，而是在网络因素的作用下不断演变的动态系统，网络以其巨大的重构能力，使社会不断变化与流动。在动态性的网络社会中，今天仍占据优势地位的某一事物，明天可能将很快过时，网络主体处于一种分散、碎裂与不确定的状态，时刻面临着被异化甚至消解的命运。网络爬虫可谓典型，网络爬虫能够有效地节省人力物力，实现快速、精确、便捷的信息检索与收集。尤其是在大数据时代，网络爬虫更是备受青睐，被广泛应用于金融、新闻、法律、环保等诸多领域，为人们带来了较高的效益。与此同时，爬虫的泛滥导致被爬网站拥堵甚至瘫痪，部分爬虫使用者违反 Robots 协议，强行爬取网站信息，给他人带来巨大损失。甚至有人将爬虫用于违法犯罪，如强行爬取他人不为人知的经营信息或技术信息而构成侵犯商业秘密罪，又如采用暴力破解的方式强行爬取网站数据，可能构成非法侵入计算机信息系统罪或非法获取计算机信息系统数据罪。网络爬虫的使用已充满争议，相关的规制立法也在逐步完善中。如今，网络化逻辑在逐步取代传统线性逻辑，网络书写行为与超文本的广泛运用培育了跳跃、开放的思维模式。对某一事物，人们推崇创造性的解读，倡导用多元视角看待问题，尊重差异与多样性。

二、应构建综合的刑法解释限度标准

网络社会整体的非中心性、平等互动性与动态性等特质，必然会对处于其中的各项活动产生深远影响，刑法解释活动亦不例外。网络社会特质进一步印证了"去中心化""解释的外部性""具体且可操作的路径"的传统犯罪网络异化刑法解释限度理念的妥当性。

（一）综合的刑法解释限度标准概述

传统犯罪网络异化刑法解释限度理念是网络社会特质在刑法解释领域的集中体现与延伸，具体包括三个方面：

（1）非中心性不仅是互联网结构与网络空间的特征，更是网络社会发展及网络逻辑与思维的发展趋势。反映在刑法解释中，非中心性要求我们主动面对并承认规范文义的多样性，对文义解释进行网络化解读，摒弃以语义核心、本质或原型为圆心的"射程"模式。在承认刑法解释以法条可能文义为基础的前提下，对待证事实进行范式性解读，因应社会形势的变迁适当变更各种范式的位阶。在传统犯罪网络异化刑法解释限度理念层面，"去中心化"和"解释的外部性"是网络社会"非中心性"的体现与延伸。"去中心化"中包含了刑法语义的"去中心化"，"解释的外部性"旨在通过对规范外因素的考察，打破刑法规范在刑法解释中的垄断地位。这些都是网络社会非中心性在刑法解释理论中的映射。

（2）动态性特质要求我们摒弃单一、静态视角，主动用全面发展的眼光看待并把握影响解释结论的各种因素，在科学评价各种因素对解释结论所发挥的影响的基础上，予以综合考虑。如网络犯罪刑事政策的衍变、网络技术的正负影响、网络犯罪指导性典型案例所产生的标杆作用等。在不同类型的网络犯罪案件中，各种影响性因素所发挥的作用可能随着时间的推移与背景的变迁而变得大小不一，对当时语境的考察至关重要。此外，随着刑法规范语义的多元化，范式性较弱的语义接连让位于范式性较强的语义，语义的范式性位阶在不停变动，这体现了文义解释的多元性与动态性。因此，在传统犯罪网络异化刑法解释限度理念层面，"解释的外部性"是网络社会动态性的体现与延伸，体现了及时把握规范外因素的动向，全面考察相关规范外因素的精神。

（3）平等互动性符合我国司法民主化的一贯趋势，网络社会的司法过程尤其需要平等互动，通过健全制度性措施尊重民众的真实意愿，使解释结论符合民意与国民预测可能性，实现司法的社会效果。司法裁判并非单个人或单独机关的自我说服，法律结论的正确性与合理性要通过法律结论的可接受性体现出来，在价值多元、认识不一的网络社会更是如此。立足于主体间性理论的解释过程商谈化与法庭审理实质化应继续推进，相关诉讼制度的设计应进一步改良以保证解释结论符合民意。在传统犯罪网络异化刑法解释限度理念层面，"去中心化"包含了解释主体的多元化，是网络社会平等互动性的体现与延伸。

可见，网络社会特质与传统犯罪网络异化的刑法解释限度理念相对应。若要契合网络社会特质与发展趋势，我们需要依照传统犯罪网络异化的刑法解释限度理念建构具体的刑法解释限度标准。笔者认为，我们应当构建以多元主义为旨归，以路径为导向的"综合的刑法解释限度标准"。

其具体内容为：以法条的可能文义为基础，以多种因素的考量为补充，以国民预测可能性的考虑为贯穿解释全过程的红线。

"以法条的可能文义为基础"是指我们在解释网络异化型犯罪时，依然要坚持文义解释的基础性地位，解释结论不可超出法条文义的可能范围，否则将有损刑法的稳定性与明确性。在考察法条的可能文义时，我们应遵循一定的路径，即"考察法条通常含义—考察法条的网络隐喻义—依照语义范式性的强弱及时调整位阶"。该路径具有顺序性与层次性，为由浅入深的渐变过程，只有在上一环节无法成立的情况下才能继续往下推进。若依据法条通常含义得出的解释结论明显不妥当或超出国民的预测可能性，我们将考察刑法规范用语在网络语境下的新型含义即网络隐喻义，若依然无法得出妥当结论，则考虑网络社会背景下刑法规范的语义范式性强弱的变迁，以范式性相对较强的语义为标准得出解释结论。这时的解释结论仅仅是运用文义解释方法的结果，属于基础性、阶段性的解释结论，最终的解释结论仍需建立在对规范外因素考察的基础上。"以法条的可能文义为基础"在规范内层面体现了网络社会刑法解释应当具备的理念，对规范网络隐喻义的考虑以及对语义范式性强弱的衡量体现了"去中心化"与"解释的外部性"。渐变、有序且明确的解释路径则体现了"具体且可操作的路径"的要求。

"以多种因素的考量为补充"指在规范可能文义的基础之上，还要考虑规范背后的多样化因素。即法官必须在坚持规范文义底线，尊重规范价值的基础上关注社会的发展与变迁，综合考虑影响解释结论的各个方面，如法益的侵犯程度、网络犯罪刑事政策、网络技术、指导性案例等因素。另外，"以多种因素的考量为补充"也是对"以法条的可能文义为基础"的制约。由于规范网络隐喻义与范式类型的多样性与灵活性，必须借助规范外因素尽可能地限制规范语义的扩张，对规范外因素的全面、客观考虑能够使解释结论更加接近社会背景与案件事实，避免因语义的多元性而偏离社会背景与案件事实太远，不至于出现"公平愈是屈从于规则的逻辑，官方法律与群众的正义感之间的差距也就愈大"[1]的怪象。

---

〔1〕 ［美］昂格尔：《现代社会中的法律》，吴玉章、周汉华译，中国政法大学出版社1994年版，第191页。

此外，国民预测可能性的考虑应贯穿解释的全过程，涵盖"以法条的可能文义为基础"与"以多种因素的考量为补充"两个阶段，通过国民预测可能性的考虑，检验每一个环节结论的科学性与妥当性。为了确保国民预测可能性，一方面要依赖于法官的成熟经验与清醒认知，以及其对"民意"的精准把控；另一方面可通过提升刑法解释的民主化水平来实现，如讲求"商谈理性"，推动"以审判为中心"的审判模式变革等。应当说，对国民预测可能性的把握应更多地诉诸刑事诉讼程序的改良，进而使案件相关方均能够充分地参与诉讼过程，使解释结论体现他们的意志，良好的诉讼程序安排甚至是法官具备"成熟经验与清醒认识"的前提条件。为此，我们可不断完善现有的诉讼参与制度，如"陪审制度""司法听证制度"等。由于这些属于刑事诉讼范畴，本书不再赘述，而是将重心放在如何考察法条的可能文义与规范外因素上。

（二）综合的刑法解释限度标准的合理性

综合的刑法解释限度标准能够体现传统犯罪网络异化刑法解释的应然理念，兼顾了规范与事实、价值判断与客观考察，铺设出一条明确清晰的解释路径，在理论与实践层面均具有一定的合理性。在理论层面，主要表现为符合刑法学的综合发展趋势；在实践层面，主要表现为符合刑事司法规律。

1. 符合刑法学的综合发展趋势

经历较长时期的发展，我们已经形成中国特色社会主义法律体系，各项立法基本完备，但随着而来的解释论层面的建构则表现得亦步亦趋。出于对权力滥用的警惕以及对古典主义刑法的坚守，很多人过于抬高规则本身的意义与价值，认为只要有了完善的规则体系，接下来按照规则办事就可以了，这难免会沦为法条主义论者。法条主义论者认为我国仍处于法治建设的初级阶段，法治观念与法治精神尚不成熟，因此必须严格遵守法律规则，公权力的能动性要最大限度地予以限制，对法律规则予以多大的尊重亦不为过。但凡事过犹不及，对法条本身的盲目推崇与对解释的盲目警惕，都会伤害到法律自身的弹性与适应能力。现如今，法治成熟的国家均已告别了严格规则时代，法律已通过多角度、全方位的解释变得生机勃勃。德国学者希尔根多夫将这种趋势称之为"学科界限的模糊"，认为刑法的轮廓开始变得模糊，出现了越来越多的跨学科领域，如信息刑法和生物刑法。[1]同为法治后发型国家的日本，与我国一样，也经历过严格规则主义阶段，但早在20世纪60年代其就已实现了从严格规则主义阶段向积极解释阶段的跨越。[2]而在我国，仍有一些学者停留在对严格规则主义或概念法学的坚持中，这种坚持所带来的弊端在网络时代被不断放大。人们逐渐意识到，再完美的法条与严密的逻辑都无法较好地解决当前背景下的法律问题，而必须考虑到社会生活的各个方面。要想有效处理网络犯罪问题，立基于积极解释之上，对解释对象开展全方位、多角度的综合研判是必要的。

为了推动刑法学研究方法与内容的革新，建立新的刑法学研究范式，刘仁文教授提出了"立体刑法学"概念，其基本思路为"瞻前望后、左看右盼、上下兼顾、内外结合"[3]。"内外结合"的表述最直接地体现了刑法解释的综合性，旨在打破纯粹理论刑法学宏大叙事与抽象思维的弊端，将刑法现象与整个社会联系起来，将内部的刑法解释与外部的刑法运作环境结合起来，综合运用各种解释方法，较好地解决转型期的刑法解释问题。[4]储槐植教授很早就提出了"刑事一体化"构想，该构想强调"化"，即深度融合，认为刑法和刑法运行只有处于内外协调的状态才能发挥最佳的刑法功能。正确的解释不总是在刑法里，往往是在刑法之外。[5]显而易见，刑法学的综合发展趋势使概念法学等一切力图使刑法解释单一化、抽象化、哲学化的做法被摒弃，所作出的解释结论更富有全面性与科学性，符合民众的真实需求。美国学者沃缪勒批判了法律解释的概念性视角与法官中心论，指出：法律解释理论的彻底哲学化可谓是法律解释理论中制度性盲区的最为有害的形式，这种理论倾向于从抽象的原则中直接提取出可行性方案，这种尝试不可能成功，操作层面上的结论要取决于中间层次的制度性前提。[6]

---

〔1〕 参见［德］埃里克·希尔根多夫：《德国刑法学：从传统到现代》，江溯等译，北京大学出版社2015年版，第42页。

〔2〕 参见刘平：《法律解释：良法善治的新机制》，上海人民出版社2015年版，第300页。

〔3〕 刘仁文："提倡'立体刑法学'"，载《法商研究》2003年第3期。

〔4〕 参见王渊："立体刑法学：建立刑法学新的研究范式——专访中国社会科学院法学研究所刑法研究室主任刘仁文"，载《人民检察》2017年第15期。

〔5〕 参见储槐植："再说刑事一体化"，载《法学》2004年第3期。

〔6〕 参见［美］阿德里安·沃缪勒：《不确定状态下的裁判——法律解释的制度理论》，梁迎修、孟庆友译，北京大学出版社2011年版，第10页。

2. 符合刑事司法规律

我们的世界是立体的、动态的与综合的，作为世界组成部分的刑事司法过程也应是立体的、动态的与综合的。当我们谈到法律或法律规范时，不仅要想到这其是由法条所组成的规范性结构，更要想到这种规范性结构在司法运用中的具体过程。法庭上的唇枪舌剑看似仅围绕法律问题在展开争论，实际上是社会各子系统从经济、政治、科学、艺术等领域不断向法律系统提交各种竞争性规范的过程。[1]雅科布斯也认为，法律不证明自己的正确性，应从外部视角描述性地看待法律。具体而言，社会和刑法之间是相互依赖的，应摒弃将刑法与社会分离的做法，但这不意味着要把刑法贬低成一个纯粹的侍女，也不意味着社会要受到刑法的操纵，社会系统与刑法系统都不能超出它们自己的本性。[2]

在我国，刑事司法从来都没有单纯地依据规范文义或权威性理论解读展开，而是在司法过程中考虑到诸多方面，这被很多学者诟病为"过度能动的司法"，是造成理论与实践分裂的重要原因。但另一方面，从多角度着眼的能动司法确实迎合了社会现实状况，甚至取得了较好的法律与社会效果，这不能不引起人们深思。如在大多数"零口供"型公交扒窃类审查逮捕案件中，认定犯罪事实的证据一般只有一到两名抓获民警的证言及所谓当场起获的赃物，无认罪供述。有很大一部分民警只是看到嫌疑人的扒窃动作，并不确定嫌疑人是否将赃物偷出，且抓获经过及起赃经过亦由民警出具，在这种情况下，能证明嫌疑人涉嫌盗窃的证据只有民警的证言。民警证言虽然具备证据资格，但鉴于民警的身份及天然的追诉倾向，民警在刑事诉讼活动中既是追诉者，又是客观的作证者。因此，即便存在两名民警的证言，其实仍属"同一来源"，若没有其他证据相印证，实难称之为"证据确实充分"，而根据"孤证不能定案"原理，这类案件就无法定罪。但事实上，无论是检察官还是法官，均将此类案件认定为盗窃罪。司法机关的理由很简单：公交扒窃类案件的嫌疑人均前科累累，多属"惯犯""常习犯"，具有一定的反侦查能力，

---

〔1〕 参见［德］尼克拉斯·卢曼：《法社会学》，宾凯、赵春燕译，上海人民出版社2013年版，第13~14页。

〔2〕 参见［德］格吕恩特·雅科布斯：《行为 责任 刑法——机能性描述》，冯军译，中国政法大学出版社1997年版，第101~118页，转引自刘远：《刑事司法过程的刑法学建构问题研究——刑法学司法逻辑化的方法论》，人民出版社2018年版，第159页。

再加上扒窃现场人流量大且较拥挤，民警一般很难直接接触并当场抓获嫌疑人。加之该类案件有被害人证言、赃物等佐证，即便没有嫌疑人供述亦可认定为盗窃罪。

可见，司法机关在办案时并没有刻板的依从刑事诉讼规则，而是经验性地从犯罪学、侦查学、心理学、治安等角度对"证据确实充分"进行解释，力图给予盗窃惯犯应有的制裁。笔者无意鼓励或宣传这种办案思路，只是如实地反映当前的刑事司法现状，这类案件或多或少地反映出刑法规范及其理论在实际运作中的局限性。理论研究不应对此视而不见，而应充分认识并尊重刑法外因素在案件办理中发挥的重要作用，在罪刑法定原则的基础上探索兼顾法律效果与社会效果的路径。对于当前的刑事司法活动，"注释法学者"质疑道：对注释法学保守性与封闭性的过度批评，使法学走向了另一个极端，即偏重规范外部的研究。这种方式使法学几乎被其他学科所占据，统计学、经济学等法学外学科在未来甚至将成为法学研究的主要方向。[1]

笔者认为，这种担忧初衷是合理的，但法律解释永远不可能沦为法学外学科竞技的舞台。其应然模式是以法律或法律规范为中心，有选择地以特定学科为辅助，对待证事实进行解释。原因在于：法律规范不可凭空解释，而必须以当前的法条为基础。法学外学科在参与法律解释之前必须经过筛选，只有跟案件存在紧密关联的领域才可作为解释的素材或根据，且最终受到文义解释的制约。这决定了法学外学科的辅助地位，也从根本上杜绝了"天马行空"式解释结论的出现。如对于盗窃网络域名的行为，我们应将解释立足点放在网络域名的财产属性上，网络域名具有专属性和唯一性，属于稀缺资源，具有市场交换价值，以非法占有为目的窃取他人网络域名的，将给他人造成直接的经济损失。因此，网络域名与普通财产无异，可被视为盗窃罪的对象。在对网络域名财产属性进行判断时，我们可通过对网络技术、网络政策与网络交易市场的了解对网络域名形成更加全面直观的印象，便于对其定性。可我们并无必要将网络伦理道德、网络域名开发、网络病毒与攻击等领域纳入考量范围，即便这些与网络域名的财产属性或多或少存在着联系，但这种联系实在是太微弱了，若随便将不相干的领域纳入解释过程，我们则不

---

〔1〕 参见刘星：《司法的逻辑：实践中的方法与公正》，中国法制出版社 2015 年版，第 225 页。

得不面对"为何不将其他领域一并纳入"的质问。又如对网络猥亵儿童的行为中的"猥亵"进行解释时，我们可以"猥亵"自身含义为基点，从多方面寻找该类行为的入罪根据，如网络伦理道德、犯罪心理、未成年儿童性心理保护、社会秩序保护等。但无论如何，我们也不能将网络技术、经济发展、国家网络安全等因素考虑在内，因为这些因素与解释对象相距甚远。

具体方案（上）：以法条的可能文义为基础

  对于网络异化型犯罪，我们可建构综合的刑法解释限度标准，即以法条的可能文义为基础，以多种因素的考量为补充，以国民预测可能性的考虑为贯穿解释全过程的红线。作为刑法解释的基础与罪刑法定原则的体现，文义解释不能在网络时代缺席，置身于网络语境下的"法条的可能文义"势必成为厘清网络异化型犯罪刑法解释限度的基础与前提，其他解释材料应堆砌在"法条的可能文义"的基础之上而不可与其相冲突。网络社会的多元化视角丰富了刑法解释，法内与法外的诸多因素也进入了解释者的视野，如法益侵害性、网络刑事政策、网络技术、指导性案例等。这些因素只能在"法条的可能文义"的基础之上发挥作用，任何与"法条的可能文义"相抵触的解释均不可取。同时，我们还应仔细筛选上述因素，挑选出与待证事实相关联的因素，并将其作为解释结论的支撑或依据。值得一提的是，尽管一些因素被选中进入刑法解释的过程，也并不意味着它们对案件均有相同的影响力，与案件关联更紧密的因素显然要比其他因素更能够影响解释结论的内容。如在对网络恐怖主义犯罪的解释中，刑事政策因素的占比一般要大于其他因素；又如在对网络中立帮助行为的解释中，技术因素的占比一般要大于其他因素。当然，解释因素影响力的消长并非绝对，还应结合案件背景进行具体分析。此外，在网络社会中，新型犯罪行为层出不穷，是否应当将其认定为犯罪，认定为哪个罪名，这些问题并不单纯属于刑法教义学的范畴，也涉及国民的预测可能性。在多变的网络社会中，我们无法想象司法机关不断地超出国民预测可能性，出于打击犯罪的目的将各种新型网络不法行为纳入犯罪圈，这必定使得人人自危，危及国民安全感与社会长远发展。因此，在解释的全过程中，刑法文本必须向社会现实开放，解释者必须充分考虑国民的预测可能性，处理好法律思维与日常思维的关系，尊重民意但又不迁就民意，提升民众对司法机关的信任度，引导并重塑民众对于网络异化型犯罪的认知。

波斯纳曾指出："为什么字面含义的进路长期以来都很有吸引力，这就是因为它避免了解释的不确定性。"[1]在解释的顺序层面，人们最先接触到的就是法律条文，文字的相对稳定性与明确性使文义解释成为解释的起始。在解释的限度层面，人们又不会过度地扩张法条文义，而是将其限制在法条的可能文义范围内，故文义解释又成为解释的结尾与解释限度的重要控制方式。在对刑法解释限度的把握上，我们应当对文义解释进行网络化解读，探索网络社会中把握"法条可能文义"的新路径。

在探求法条文义的历程中，后现代主义法学曾产生巨大影响，其否定了法律语言的稳定性与确定性，认为由于法律语言的游离不定，经常出现对于法律规范的"假传圣旨"式的理解。这种理解是片面和虚假的，只是为了迎合自己的意志而生硬地将法律规范适用于不同的场合。[2]。后现代主义法学批判现代性法学中的基础主义、中心主义和本质主义，承认并拥抱法学中存在的悖论，以多元视角取代内部视角来探究和评价现行法律制度。后现代主义法学的反本质主义批判了现代性法学对基础主义和本质主义的盲目崇拜，致力于将隐藏在主流法学话语中的各种前提与假定推向前台，进而揭示其形而上学的本质和虚假特征，解构了那些看似确定无疑，和谐一致的文本结构和意义。[3]如后现代主义法学认为"没有固定的结论，只有充满活力的思维"[4]；"反对把一种我们熟悉的语言现象夸大为语言的本质，语言的运用只有联系，不存在本质"[5]。"事物的本质"是在历史性的进程中逐渐向人们展开的，我们所看到的所谓"本质"，只不过是从我们的视域出发看到素材

---

〔1〕 ［美］理查德·A. 波斯纳：《法理学问题》，苏力译，中国政法大学出版社 2002 年版，第 350 页。

〔2〕 参见高文盛："后现代法学思潮的正义观对司法公正的启示"，载《法学评论》2005 年第 4 期。

〔3〕 参见高中：《后现代法学思潮》，法律出版社 2005 年版，第 19~20 页。

〔4〕 黄伟明："后现代哲学思维与刑法学研究"，载《社会科学战线》2005 年第 4 期。

〔5〕 李栗燕："后现代法学的批判价值及其对中国法制建设的启示"，载《江苏社会科学》2007 年第 6 期。

中抽象出来的，这只是"事物的本质"的某个片段，而并非全貌。伽达默尔认为，"事物的本质"总是随看视者被抛入的具体历史情境的不同而呈现出不同的方面，即总处于效果历史意识之中。[1]姜福东博士也认为，"事物的本质"这一概念具有极大主观性，若在法律解释的过程中不恰当地运用此概念，法律文本与制定法的规范性质与功能将被轻易舍去，法官的主观主义、相对主义倾向更加浓厚，主观臆断的裁判将大大增加，法律将成为人们依据自身喜好随意裁剪的布匹。[2]因此，反本质主义与其说是对现实的逃避与虚无的追随，不如说是对绝对真理与绝对中心的质疑。事实上也确实如此，人们的认知永远跟不上世界的剧烈演变，刑法规范本质的随意创立束缚了刑法解释的空间，无法应对纷繁复杂的新型犯罪，其实是在自我设限。

对后现代主义法学，也有很多学者提出了质疑，认为其所带来的解构主义仅仅为人们留下一堆废墟，而没有建构性贡献。如有学者认为：后现代法学不承认任何中心或基础，这过于绝对，必然会损害法学自身的建构。因此，对于一切总体理论的排斥是其致命弱点，其对现代法律与法学的批判过于夸张[3]。应当说，后现代主义法学极端化、绝对化的主张确实应予摒弃，如对于整体性及总体理论的排斥，认为法律是绝对不确定、不客观、不稳定的等，毕竟一旦将法律与确定、客观与稳定剥离，法律自身存在的意义也就值得怀疑了，因为法律已无法规范人们的行为。[4]刑法作为社会生活的标杆，必须具有醒目性、客观性与相对确定性，对罪刑法定原则的否定会使刑法失去其存在的意义。因此，反本质主义否定世界上任何事物存在确定的本质，有矫枉过正之嫌。后现代主义法学将社会碎片化，认为根本没有本质主义者所苦苦追寻的本质。包括法的理念、原则、规范、程序在内都是特定历史时期认识论的产物，从历史视角来看均处于不断衍变的过程中，所谓的法的本质并不存在。可是，若否定了法本质的存在，那么法与其他社会领域的区别体现在何处？绝对的反本质主义导致法概念的泛化与模糊化，实际上动摇了法学研究的整体意义。简而言之，从历史的整体性视角看，社会科学领域并没有

---

〔1〕 参见［德］汉斯-格奥尔格·伽达默尔：《真理与方法——哲学诠释学的基本特征》，洪汉鼎译，商务印书馆2007年版，第411页。

〔2〕 参见姜福东：《法律解释的范式批判》，山东人民出版社2010年版，第58页。

〔3〕 参见李栗燕：《后现代法学思潮评析》，气象出版社2010年版，第63~64页。

〔4〕 参见陈金全、王薇："后现代法学的批判价值与局限"，载《现代法学》2005年第2期。

绝对真理或绝对本质的存在，世界无时无刻不在发生着改变，曾经的真理可能会被很快推翻，曾经的本质也可能会被发现仍处于事物边缘。但从历史的某一阶段，以及现实与应用的角度看，相对的本质应当予以承认，这是我们开展研究，取得进展的根基与起点。与其说相对的本质是应然范畴的概念，毋宁说是对现实与应用的妥协，因为事物的本质终归是要不断变动的，唯一的区别就在于变动的时间与快慢。所以说，从实然的角度，相对的本质是从宏观层面而言的，如作为整体的法律的本质、阶级本质、国家权力的本质、公民权利与义务的本质等。而从微观层面而言，如语言的本质、法条的本质、关键词的本质等在网络社会非中心性、动态性与平等互动性等特质的催化作用下，愈发显现出多变的固有面貌而难以把握。在对法条可能文义的把握上，以语义核心、本质或原型为圆心的"射程"模式不仅在前网络社会缺乏理论自洽而陷入自我矛盾，更是在网络社会陷入了窘境。因此，在体现后现代主义特质的网络社会，刑法解释论有必要吸取反本质主义的合理内核，重新理解"法条的可能文义"。笔者认为，可通过三个步骤去理解"法条的可能文义"，即以法条的通常含义为底色、考虑网络隐喻影响下的语义变迁、根据语义范式性的强弱调整位阶。

第一节　以法条的通常含义为底色

在解释禁止性规范时，应立足于词语的自然和通常含义，而非立足于词语的例外和不寻常含义，这是非常重要的语言论问题。[1]所谓的通常含义，就是普通人阅读法律条文之后所理解的直观性意义。若刑法法条所规定的词语在普通语言中清晰明白，且足以排除谬误理解的情况下，那么除非有更好的理由，否则应以该法条的通常含义作出解释。刑法具有一般预防目的，对于普通人而言，若能在看到刑法规定之后就知道自己从事类似行为会发生什么样的结果，能够划定合法与非法的大致界限，进而避开此类结果的发生，那么刑法一般预防目的就达到了。对于立法者而言，有必要选用尽可能易懂的语言描述罪状，对于司法者而言，也应首先从法条的通常含义着手去解释，

---

〔1〕 See Mordechai Kremnitzer, "Interpretation in Criminal Law", Israel Law Review, vol. 21, 1986.

尽量使解释的结果与普通国民的感觉与期待相一致。

法律用语是从普通语言中提取的，不是刑法规范自身的产物，法律用语其实是普通语言的组成部分。加之法律用语所面向的对象是一般国民，每个人都能够迈进法律的门槛内，所以对法条的一般性理解不可避免。《德国刑法典》第103条规定了法无明文规定不为罪。德国联邦宪法法院认为，对该条规定必须从口语意义上的文字含义进行理解，即该条规定只能从公民的认识角度进行确定。[1]我国《刑法》第92条与第95条从普通国民的视角分别对"公民私人所有财产"与"重伤"进行了解读，在内容上与普通国民的认知并无二致。这说明，法律用语与一般语言虽有区别，但绝不能与后者相脱离，进而独立于语言的一般用法之外。

所以，我们在解释时，首先应从法条的通常含义入手。如"卖淫"的通常含义是为了获取经济利益，向异性提供性服务的行为。又如"黑社会"通常是指盘踞在一定区域或行业中，具有严密的组织与纪律，以暴力、威胁等手段牟取不法利益的组织。苏力教授否定了文义解释的意义以及探寻法条通常含义所作出的努力，认为即便我们熟练掌握了一门语言，也认识每一个字，甚至达到很高的文化水平，但我们在读某一专业的文献时仍会不知所云。只有我们系统地学习了该专业的知识，我们才可以读懂相关文献中语词的意义。这说明，语词本身不具有含义，之所以发生这一转变，是因为作者发生了变化，即语词的意义是由读者创造的。[2]这种观点否定了语词含义的独立性，将对法条文义的理解完全寄托在不同的读者身上，是不可行的。不可否认，来源于普通用语的法条用语亦无法避免语言的模糊性与抽象性，易产生争议，但这并不足以否定作为法条根基的语词的稳定性与独立性。对语词的解释在法律解释中具有优先性通常被认为是毋庸置疑的，"讨论法律条款含义的起点是以语言为基础的解释，在法律文本解释过程中，最优先且最基本的无疑是关于在一般语言中有效的含义规则所使用的语言方法"[3]。

---

〔1〕 参见孔祥俊：《法律解释与适用方法》，中国法制出版社2017年版，第274页。

〔2〕 参见苏力："解释的难题：对几种法律文本解释方法的追问"，载梁治平编：《法律解释问题》，法律出版社1998年版，第30～64页，转引自姜福东：《法律解释的范式批判》，山东人民出版社2010年版，第200页。

〔3〕 ［波兰］克日什托夫·克里登斯、斯坦尼斯洛·哥兹-罗什科夫斯基主编：《语言与法律——国际视角》，黄凤龙、刘远萍译，中国政法大学出版社2017年版，第254页。

苏力教授的观点显然没有对社会科学领域做出明确区分，遮蔽了法律本身的特殊性，放大了社会科学各领域的共性。以法律与文学、艺术为例，尽管"一千个观众眼里存在着一千个哈姆雷特"，但法律与文学、艺术在表现形式、存在目的方面有着根本上的区别。文学与艺术拥有相对多样的表现形式，如诗歌、散文、小说、话剧、小品、舞蹈等，现代法律则以成文法为主，法律相对单一的表现形式决定了其内容的相对稳定与明确。文学与艺术的创造目的主要在于放松人们的身心，陶冶人们的情操，只要能达到上述目的，文学与艺术就允许甚至鼓励人们进行多元的联想，得出漂浮不定的答案。而法律的创造目的则在于秩序维护与权利保障，立法者尽可能地发动最大的理性，其目的就是为了达成普遍统一的认知，避免因歧义而伤害国民的行动自由。因此，法条通常含义的存在是立法者所希望并积极促成的，若将对法律语词意义的确定完全寄托于读者，承认不同的甚至相差甚远的理解，那么成文法也将失去其应有的意义。事实上，法官也会奉法条文义为解释的圭臬，而自愿受规则的制约，大多数法官都是按照法律条文的演绎来作出裁判的，即使面临多种裁判选项，也往往是在法律结论确定之下的选择，且选择的局限性较大。[1]

在网络异化型犯罪的解释中，如果说对传统犯罪通常含义的解释是描绘出解释结论的底色，那么异化的犯罪构成要件要素所带来的语词含义的变迁则是覆盖于底色之上的油彩。但解释的首要任务，仍在于准确地把握罪状中语词的通常含义，即"底色"。对语词通常含义的把握是解释的起点，对于网络异化后的新型不法行为亦是如此，我们只有透过底色之上厚厚的油彩看出新型不法行为的底色，才有可能利用传统罪名对其进行规制，否则就无法解释传统罪名的犯罪圈为何能够扩展到该新型不法行为。实际上，这是寻找传统罪名与新型网络不法行为的深层次共性并建立深层次关联的过程，只有二者建立了深层次的关联，才能为下一步的入罪解释打下基础。

在寻衅滋事罪中，"公共场所起哄闹事"通常是指在电影院、车站、广场、商场等地点通过动作、言语等方式破坏正常的秩序，造成人群骚乱等情形。对于网络寻衅滋事行为而言，在网络空间散布虚假信息，起哄闹事，造

---

〔1〕 参见孔祥俊：《司法哲学》，中国法制出版社 2017 年版，第 331 页。

成网络空间秩序混乱的行为与传统的"公共场所起哄闹事"有两个共通点：其一，二者均发生在一定的空间内，前者发生在网络空间内，而后者发生在现实空间内。其二，二者均造成了秩序混乱，网络空间秩序混乱表现为虚假信息的传播引发了各种网络平台的关注、争论以及二次传播，爆发出巨大的舆论影响力。现实空间的秩序混乱则表现为人群的骚动、惊慌、冲突、甚至引发暴力事件。这两个共通点鲜明地体现了"公共场所秩序混乱"的通常含义或"底色"，即发生在一定空间内的秩序混乱。

在故意毁坏财物罪中，"毁坏"通常是指通过肢体动作或物理性手段使对方遭受不利影响，如将他人手机砸碎，在他人电脑上泼上咖啡，将他人戒指扔进河里等。故意毁坏财物罪一样可以发生在网络空间中，如侵入他人股票交易账户，采用高进低出股票的手段，造成他人巨额资金损失。发生在现实空间与网络空间的故意毁坏财物罪中的"毁坏"也存在共通点，首先，"毁坏"均针对他人的财物实施，无论该财物是有形还是无形，也无论该财物的性质是动态还是静态。其次，"毁坏"的行为均造成他人财物的巨大损失，其数额达到犯罪的标准。对于普通国民而言，对于"毁坏财物"的通常含义，大多数人都能够形成"针对他人财物实施"；"导致巨大损失"的印象，这也是将网络异化型故意毁坏财物罪纳入犯罪圈的基础。对于毁坏的方式，以及财物的类型，则不是大多数人的关注重点。

在猥亵儿童罪中，"猥亵"的通常含义是指除奸淫以外的能够满足性欲和性刺激的有伤风化、损害他人性心理、性观念，有碍身心健康的性侵犯行为。可见，"猥亵"一词的通常含义是"旨在满足性欲和性刺激的奸淫之外的性侵犯行为"。在网络猥亵儿童案件中，犯罪人通过诱惑或威胁等手段，使儿童在电脑前裸露身体或做出猥亵动作，这种行为也是一种"旨在满足性欲和性刺激的奸淫之外的性侵犯行为"，与现实中的猥亵儿童行为具有相同的底色，这也是我们将该类行为解释成猥亵儿童罪的前提与基础。

第二节　考虑网络隐喻影响下的语义变迁

法条的通常含义相对稳定有利于恪守罪刑法定原则，但社会是动态发展的，法条语义总会随着社会的变迁而溢出通常含义的范围，固执地遵照法条的通常含义必然会阻碍法律的正常适用。魏德士指出："词汇和概念都有其自身的历史。"〔1〕伽达默尔更是直接认为，文字就是自我陌生性，文字一经产生就与其作者脱离干系，具有较强的外部性。对于文字的现存理解，无论来自作者还是读者，在当前均已不复存在，这种空白需要根据具体情境加以填充。传承之所以具有生命力，主要在于新解释的不断涌现，新解释则要根据具体的语境做出。〔2〕语言作为一种社会现象，与社会相辅相成，脱离社会来研究语言，便无法解释各种语言现象。人类生活及变化发展都会在语言符号的层面得到反映，因此，语言符号系统必须随着时代变迁和社会发展进行相应的调整与变化，才能更好地发挥维系社会运转纽带的功能。

网络社会形成以来，语言的常态格局逐渐被打破，语言开始出现变异，为了满足网络需求，人们除创制新的网络符号外，还赋予了旧词新意，充分体现出网络语言符号创新求变的特点。如"大虾"（网络高手）、"灌水"（发帖）、"斑竹"（版主）、"沙发"（第一个回复的帖子）、"聊天室"（网络聊天平台）、"病毒"（破坏网络的计算机代码程序）、"拍砖"（提出批评性意见）等。从语言学的角度看，上述现象其实体现了网络隐喻影响下的语义变迁。

隐喻可追溯到古希腊时期，亚里士多德在《诗学》中认为隐喻是"用一个表示某物的词借喻他物"〔3〕，语言学家学者莱考夫（Lakoff）将隐喻定义为"不同的高级经验域中两个概念之间的映射"〔4〕，这种映射发生在源域和靶域之间，人们可以借助源域来更好地理解靶域。源域和靶域之所以能够形成映射关系，是因为二者具有较大的相似性与内在的逻辑联系。通过将源域的部分特征向靶域映射，形成了隐喻义，以此来重新认识靶域，将靶域与人们的感官体验紧密结合起来。现有研究表明，隐喻是人们日常生活的有机组成部分，隐喻不仅是一种语言现象，更是一种逻辑思维，人们的语言和思维逻辑实质上都属于隐喻。我们其少能够对事物的本义作出纯粹的介绍，大多要通过其他事物辅助认知。

可以说，隐喻是发现和认知真理的必经之路，更是我们日常思维模式的

---

〔1〕［德］魏德士：《法理学》，丁小春、吴越译，法律出版社 2003 年版，第 326 页。

〔2〕参见［德］汉斯-格奥尔格·伽达默尔：《诠释学Ⅰ：真理与方法》，洪汉鼎译，商务印书馆 2011 年版，第 549 页、第 556~559 页。

〔3〕［古希腊］亚里士多德：《诗学》，陈中梅译，商务印书馆 1996 年版，第 149 页。

〔4〕张辉、卢卫中：《认知转喻》，上海外语教育出版社 2010 年版，第 31 页。

潜在部分。隐喻已融入诸多日常用语中，如"请给我点时间"（请不要着急）、"不要脸"（舍弃尊严与人格）、"他是一头狮子"（他具备狮子的勇气与力量）、"心疼"（表达怜惜、怜爱）、"不听话"（不服管教）、"贸易战"（激烈的贸易争端）等。经归纳可知，隐喻具有以下基本特征：

（1）隐喻产生的基础在于语义偏离，语义偏离通常指词组中出现的有悖于常理或词义搭配限制的现象。语义偏离存在于源域与靶域之间，二者本来分属不同的语义场，但由于二者所存在的共性，人们天然地将它们联系起来，借助较为熟悉的源域来认识相对陌生的靶域，实现语言表达的通俗化、形象化。如"作风机械"，其实"作风"与"机械"分属风马牛不相及的两个语义域，但若要使人们对"作风"的认识一目了然，节省交流成本，便可以用"机械"二字来形容"作风"死板、不知变通。

（2）隐喻以相似性为基础，源域与靶域具有相似性，二者的交叉部分即为"喻底"。相似性是隐喻的心理基础，不相干的两个事物之所以被关联，其原因就在于二者具有相似性。随着社会的发展，人们对新事物的了解逐渐加深，随之人们便会发现新事物与旧事物之间存在的相似之处并逐渐以旧事物来描述新事物。隐喻的相似性既表现为客观，也表现为主观。人们对"空间、时间、性状、功能、状态、结构"等的感知表现为客观上的相似性。主观上的相似性体现在心理想象、主观感受和心理认同上，即人们在具体语境中，会天然地对两种事物的相似之处产生联想。[1]客观相似性的例子如"他是一头狮子"，源域为"狮子"，靶域为"他"，通过找寻"狮子"与"他"在状态等外在方面的相似性如勇气、力量、能力、气质等建立一种关联，使人们对"他"产生一种领导者的印象。主观相似性的例子如"不要脸"，在这句话中，人们普遍性认为"脸"就是尊严与人格的象征与体现，进而在内心使二者建立了相似的认知关联。

（3）语境是隐喻存在的前提，隐喻存在于具体语境中。隐喻之所以能够成为理解靶域的利器，离不开具体的语境，在不同的语境下，用于隐喻的词义会有天壤之别，仅仅依靠语义而忽略语境，根本无法展开隐喻。如狗在中国语境中通常被用于骂人，如走狗、狗仗人势、犬吠、癞皮狗等，但在一些

---

〔1〕 参见朱建新、左广明："再论认知隐喻和转喻的区别与关联"，载《外语与外语教学》2012年第5期。

西方国家，狗通常代表着忠诚与勤劳，如"as faithful as a dog"（像狗一样忠诚）、"work like a dog"（像狗一样地工作）、"top dog"（领导者）。随着时代的演变，语词也会发生变化，进而使隐喻的语境也发生改变。狗在当前越来越趋向于中性评价，如"单身狗""狗粮""小奶狗"等。因此，不考虑具体语境，便无法展开隐喻。

（4）隐喻富有张力，具有创新性。隐喻是人们感知世界的方式，随着社会的发展与人们认知能力的提升，旧事物与新事物的相似处被发现，通过挖掘语言的富矿，人们不断建构新的隐喻，使人类语言紧跟时代的发展而富有张力。隐喻分为死喻与活喻，前者已经融入人们日常用语并成为其有机组成部分，人们对死喻的感受度较低，已经习惯了这种用语方式。如"不要脸""心疼""不听话""笑容灿烂"等。而活喻如同活火山，可以随着社会变迁（地壳变动）而不断创造出新的含义（经常性的火山喷发），为人们看待、理解客观现象提供更多的视角与路径。网络社会的形成，加速了活喻的产生，各种新词被创造出来以帮助我们理解网络现象，如"盖楼""顶""爬虫""防火墙"等。

（5）隐喻具有普遍接受性。隐喻与其说是主动建构的结果，不如说是时代的被动产物，隐喻已经成为人类认知基因的组成部分，"日常语言大约70%的表达方式源于隐喻"[1]。从历史的角度看，人类长期生存在同一时空条件下，受到同一自然规律的约束，因此对客观世界的认知及其方式也大致相同，通过一种熟悉的事物去认知与熟悉另一种陌生的事物，已经成为人类认知世界的方式，隐喻已被普遍承认并接受。从特定时空的角度看，受社会变迁的影响，生活在同一时空的人们往往会运用隐喻认知新型事物，进而产生相同的看法。也就是说，特定时空状态下的人们通过对社会变迁的敏感体察，已经开始或正在对新型事物产生整体性的相同认知。如人们已普遍认识到"打酱油"并非其字面意思，而是体现一种置身事外的态度；人们普遍认识到"潜水""冒泡"并非专属游泳用词，而是形容网络空间中的网民只旁观不发言以及偶尔发言的行为。

---

〔1〕　毛文静："从认知视角看隐喻的基本特征"，载《扬州大学学报（人文社会科学版）》2010年第4期。

一、语言的网络隐喻

英国语言学家克里斯特尔已敏锐地觉察到互联网对语言的深刻影响，他认为，"语言是对社会变化表现如此灵敏的一个指针，以至于事实上，如果一种非常新颖的现象对我们的语言这一通信方式没有产生相应的影响，那将是令人惊讶的"；"语言是因特网的核心，因为因特网活动是交互活动。因特网不仅是一种技术事实，还是一种社会事实，它的主要手段乃是语言"；"在网络社会中，源于计算机网络的语言将会重新定义语言的内涵，有朝一日我们更多的是通过计算机而不是直接交互进行交流。值得注意的是，许多人已经迅速学会去调整他们的语言以适用新形势的需求。"[1]在互联网大潮中，作为社会变迁敏感指针的语言，已经开始了网络隐喻化进程，且得到了普遍认可与接受，成为网络文化的重要部分。作为网络用语，"灌水"指发表没有质量的帖子，"灌水"（addwater）隐喻是以"容器—内容"的意象图式发展起来的，灌水、容器、水、灌水人为源域，相对应的发帖、论坛、帖子、发帖人为靶域，源域与靶域形成了隐喻映射。通过源域，我们能够很形象地理解靶域及靶域所代表的网络活动。"盖楼"指网民在论坛上发帖，帖子组成的层状结构就是盖好的"楼"，其隐喻为：论坛中对同一主题帖的回复会放在该贴之下，形成一个层状列表，回复越多，层状结构就越高，类似于建筑工人建造高楼大厦。这个层状结构被形象地称之为"楼"，主题帖的作者被称为"楼主"，对主题帖进行回复被称作"盖楼"，每一个回帖都会有一个序号，人们可按照序号将帖子称作多少楼，人们通常以楼上楼下互称。[2]

日常语言在不断地实现网络隐喻化，作为日常语言的法律表现形式的法律语言的含义也不能无视自身语义的变迁，而应承认网络隐喻趋势且积极调整自己的语义范围。事实上，源于传统刑法的用语被越来越多地赋予网络内涵，用于描述网络事物。如以网络黑社会称呼那些利用黑客技术对他人网站进行攻击，干扰网站正常运行的组织。事实上，网络黑社会具有强大的组织性，有明确的组织者与领导者，通常以攻击他人网站或直接断网等暴力、威

---

〔1〕 ［英］戴维·克里斯特尔：《语言与因特网》，郭贵春、刘全明译，上海科技教育出版社2006年版，第172~174页。

〔2〕 参见吉益民：《网络变异语言现象的认知研究》，南京师范大学出版社2012年版，第63页。

胁的方式迫使他人满足自己的非法要求，且已在一定行业内形成非法控制或重大影响。如传奇私服界的"骑士小组"号称"要谁下岗谁就下岗"，该组织以技术暴力进行行业垄断，迫使私服广告发布站将广告代理权交给自己经营，如对方不听话则发动攻击，或直接断网。通过威胁与暴力的方式，俨然成为传奇网游私服界的统治者。[1]正是由于上述特征，网络黑社会与现实黑社会极其相似，从隐喻的角度看，现实黑社会是源域，网络黑社会是靶域，二者之间的相似处则是喻底。通过隐喻，我们可以很好地描述这种网络现象，凸显其社会危害性及较强的组织性，为网络领域中黑社会性质组织犯罪的认定铺平了道路。

又如，随着通讯与支付技术的进步，现实空间中的活动逐渐被搬到网上，人们也逐渐承认网络赌场的存在，以开设赌场罪予以规制。网络赌场不同于现实赌场，是一个虚拟的赌博场所，开设者只需较低的成本便可建立赌博网站域名并接受投注，一般会将现实赌场中的项目复制进网络空间，如百家乐、老虎机、21点，还会将彩票、赛马、赛车、斗鸡等游戏纳入其中，与现实赌场无异。赌博者注册之后以虚拟的身份参与赌博，通过线上支付方式实现赌资的流转，其隐蔽性较强，危害性较大。可见，作为靶域的网络赌场几乎拥有作为源域的现实赌场的所有功能，即喻底较为广阔。基于网络赌场的较大危害性以及广阔的喻底，最高司法机关先后两次发布司法解释，将赌博网站与现实空间中的赌场等同看待，亦被"赌场"所涵盖。

这说明最高司法机关已然看到了网络隐喻化的趋势，主动统合现实空间与虚拟空间，以更好地打击犯罪。最典型的莫过于寻衅滋事罪的适用，最高司法机关通过出台司法解释，将在网络空间中编造、散布虚假信息并造成公共秩序混乱的行为纳入寻衅滋事罪的规制范围。在这里，源域为现实空间、人群、公共秩序，靶域为网络空间、网民、网络秩序，由于网络空间并非无法之地，其与现实空间一样，均有特定的秩序与规则，所以喻底为"公共秩序"。

因此，对于网络空间中虚假信息的生成、传播、修改与删除及其对网民身心的影响，被视为与现实空间中虚假信息引起公共场所混乱一样，均可以

---

[1]　参见于冲：《网络刑法的体系构建》，中国法制出版社2016年版，第164~165页。

被寻衅滋事罪所包含。除以上罪名外，还有很多传统刑法罪名用语处于网络隐喻化的进程中，主要包括：侵犯著作权罪中的"营利"与"复制发行"；盗窃罪中的"盗窃"与"财物"；诈骗罪中的"财物"；故意毁坏财物罪中的"毁坏"与"财物"；破坏生产经营罪中的"破坏"与"生产经营"；非法经营罪中的"经营"；制作、贩卖、传播淫秽物品罪中的"传播"与"淫秽物品"；猥亵儿童罪中的"猥亵"；传授犯罪方法罪中的"传授"等。

二、应承认并适应网络隐喻趋势

隐喻是语言现象，更是思维与认知现象。相较于语言层面的隐喻，思维与认知层面的隐喻无疑更为根本与深刻，已然成为人们认识世界、理解世界的方式、惯性思维或潜意识。如果把语言层面的隐喻比作浮在海面上的冰山，那么思维与认知层面的隐喻则为隐藏在海面以下的冰山的绝大部分主体。受到网络重塑作用的影响，网络社会的隐喻已逐步从语言范畴拓展到思维与认知范畴，人们逐渐适应并倾向于运用网络隐喻思维去看待事物，解决问题。网络隐喻思维是指立基于传统事物与网络事物的相似性，自动将传统事物的内涵、意义、价值、处理方式等系统性地映射到网络事物的思维倾向，并以此作为认知网络世界的进路与出发点。我们必须承认当前的网络隐喻趋势，并将网络隐喻思维与认知方式作为网络异化型犯罪认定的思想基础。

（一）网络隐喻的应用理由

我们之所以要在网络异化型犯罪的刑法解释中承认并应用网络隐喻，主要原因在于：

（1）重新立法在当前并不现实，只能依靠刑法解释来应对网络异化型犯罪，对于刑法解释而言，只能通过语义的变迁与扩张来应对层出不穷的网络异化型犯罪，网络隐喻则是语义变迁与扩张的思维前提。当然，传统刑法的解释与适用过程会变得越来越复杂，规制网络异化型犯罪的最彻底的途径是重新立法，即针对包括网络异化型犯罪在内的所有网络犯罪的特点，建立另外一套网络刑法话语体系。但由于网络犯罪从根本上而言是一个犯罪学概念，而非刑法学概念，且网络犯罪与传统犯罪之间在犯罪论、犯罪形态认定、共同犯罪认定、刑罚裁量与执行等领域存在巨大差异，网络刑法的制定具有开创性，难度较大。况且，网络技术的发展一日千里，刑法要跟进网络犯罪形势的发展几乎是不可能完成的任务，一经制定即落后于时代是大概率事件。即便完成了网络犯罪的立法，形成了完整的罪刑体系，仍然要诉诸司法，只有将刑法规范变成活生生的法律适用过程，立法才会具备应有的意义。如果司法无法执行，相关的立法也只能变成一纸空文，极大地浪费宝贵的立法资源，立法效果也将大打折扣。

因此，现阶段的网络犯罪规制仍要以刑法解释为主，并在刑法适用的过程中逐步发现规律，逐渐为今后网络犯罪的立法打下坚实的实证基础。虽然传统犯罪网络异化倾向明显，但网络犯罪在现实空间具有映射性，传统刑法利用刑法解释完全可以涵盖大部分网络犯罪行为。当前传统刑法对网络空间的适用困境，甚至有相当一部分是人们臆想出来的。

（2）具备网络隐喻的思想基础，网络隐喻的可接受度较强。公众已经越来越适应网络生活，且逐渐形成网络式思维与网络式语言习惯，司法机关不可罔顾公众认知升级的现实，应随之提升司法认知。实际上，当人们选择了互联网的生活方式时，就已经注定了日常生活的网络化扩张。互联网生活不仅是一种技术体验，更是一种实践方式，不仅体现了对人类理性与主体性的重塑，更体现了对日常生活的扩张。互联网生活对于社会的最重要意义在于将网络技术变成一种新的文化系统，而互联网生活本身也成为整个社会文化系统的一种生活方式，通过展现强烈的扩张特性，互联网生活改变了人们的认知方式与实践路径，起初我们制造的用于改变世界的工具最终也改变了我们自身。

由于互联网生活方式的扩张，虚拟与真实的界限越来越模糊，虚拟甚至比真实还要真实，超真实的拟像世界已经诞生。在这种背景下，语言作为社会生活的反映，必然横跨虚拟与现实，不仅促进二者的相互融合，也同时映射出虚拟与现实，成为人们依据现实认知虚拟世界的必经之路。在此背景下形成的网络语言实用、简单、有趣，因而日渐普遍，为人们所青睐。毫不夸张地说，网络语言在连接虚拟与现实，并成为人们认知虚拟世界的道路的同时，也代表着一场语言学的革命。隐喻对于语言，如同空气一样无孔不入。英国语言学家理查兹曾经指出，在日常对话中，几乎每三句话就会有一个隐喻出现。土尔贝尼甚至将隐喻的触角延伸到了自然科学领域，认为"科学概念不可避免都是隐喻性的"，即便对于真理，也需要人为的构建，隐喻则是发现、认识和构建真理的必要手段，在理论探索中起到本质性的作用。[1]对于中国人而言，固然有理性思维的一面，但非理性思维乃是我们思维的底色。哲学家李泽厚先生曾认为，中国人很擅长用联想与比拟来代替逻辑与语法，通常是感性的，经验性的。[2]除感性的思维传统外，互联网生活的扩张以及语言功能的丰富，则是网络隐喻产生与普及的催化剂。

如今，网络隐喻已充斥着社会的各个角落，不断重塑着人们的表达与认知。在相应的语境下，如说到"冲浪"，大部分人第一反应都会联想到是上网浏览网页的意思，而并非以海浪为动力的极限运动。如说到"回收站"，大部分人第一反应都会想到是电脑中负责储存与处理数据垃圾地方，而并非现实生活中回收废旧衣物或电池等用品的地方。又如说到"拍砖"，大部分人第一反应都会联想到发生在网络平台上的提出批评、意见或建议的举动，而并非真正拿着砖头打人的暴力行为。

即便对于刑事司法领域，网络隐喻也没有缺席，而是趋于常态化。如在网游刑事案件中，对于"游戏币"一词，大部分人第一反应都会想到是网游公司创造的用于支付游戏费用的虚拟货币，而并非现实生活中投放于自动游戏机里的金属货币。如"薅羊毛"一词，该词在刑事司法领域已基本上实现了语义的完全转换，大部分人都会认为这是一种利用网络知识或程序漏洞获取电商优惠的行为，有正当与不正当之分。其原始的"获取绵羊毛的行为"的含义已逐渐虚置化。又如"钓鱼"，在刑事语境中，大部分人都会意识到这是一种通过技术优势设置虚假网站，诱骗被害人输入个人信息，进而获取被害人财物的不法行为。而并非传统的借助钓鱼工具获取鱼类的运动。

可见，由于网络对人们思维与认知方式的深度重塑，众多传统词语的含义重心已实现了网络化偏移，网络隐喻愈加盛行，人们对网络事物的认知与接受度也越来越高。司法机关应看到此现状，在刑法解释过程中不应过度保守，可适度实现词义的网络化转型，以符合不断网络化的国民预测可能性。

（3）网络隐喻具有解释功能，能够缓解法条通常含义的机械与僵硬，为法条适用扫除障碍。我们之所以要提倡将法条的通常含义作为刑法解释的第一站，是因为法条作为语言的凝结，必然能够反映语言最直白最通俗的侧面，

---

〔1〕 参见吉益民：《网络变异语言现象的认知研究》，南京师范大学出版社 2012 年版，第 57 页。

〔2〕 参见李泽厚：《论语今读》，安徽文艺出版社 1998 年版，第 204 页。

为普通国民划定罪与非罪的清晰界限。法条语言的创造必然也考虑了刑法的预防功能，其含义一般不会偏离通常含义太远。如果能够通过法条语言的通常含义获得直观印象，进而圆满地完成刑法解释过程，那是最好的结果，也不失为捷径。但由于网络隐喻的普遍，很多法条语言的含义越来越远离其通常含义而趋于网络化，若仍基于以往的通常含义作出解释，则沦为了机械性解释，必然无法得到理想的解释结论。

笔者认为，若无法通过法条的通常含义开展刑法解释，就有必要考虑法条用语的网络隐喻含义，这既考虑了网络社会的真实情况，也缓解了法条通常含义的机械与僵硬。法条通常较为抽象与晦涩，在时代变迁的情景中更是充满了开拓的空间，网络隐喻能够起到解释的作用，可以为刑法概念提供多维度、全方位地理解，增强了刑法法条的生命力与现实张力。实际上，语言本身就是一种文化现象，其含义只有在具体的语境中才能最终确定，即语言的含义不仅取决于文字，更取决于使用语言的环境，只有在一定的语境中，对语言含义的探讨才是有意义的。[1]在网络社会背景下，受到网络因素影响，人们的认知与思维方式都在发生着静默无声的改变，作为社会上层建筑的法律必然受到这种基础性改变的影响，法律的结构、内涵以及运作方式也将发生深刻的变动。制定法若无法看到或无视这种潜滋暗长的变革，将会损害制定法本身的科学性、自足性与实效性。为了提升制定法的实效性，法律必须在基于过去的同时着眼于未来，司法也一定会处于不断适用与妥协的过程中，这种情形也为刑法解释作用的发挥提供了施展的空间。

网络隐喻以语言为载体，扎根于鲜活的网络社会生活，使语言不断更新。若要提升制定法的实效性，兼顾过去与未来，就必须考虑作为当前语言现象与逻辑现象而普遍存在的网络隐喻。事实上，从隐喻的应用历史来看，隐喻确实与社会发展与社会观念相契合，成为人们理解法律的抓手。德国学者米歇尔深入考察了"眼睛"这一隐喻在西方国家法律领域的历史衍变过程，从侧面反映了当时人们对法律的理解。在4世纪，"正义之眼"这一隐喻被用于正直的法官或他的判决，在一般的意义上，意味着正义之眼洞察一切，能够实现公正裁判。在18世纪，在启蒙运动的影响下，睁着眼睛象征着一种新

---

〔1〕 参见周少华：《刑法之适应性：刑事法治的实践逻辑》，法律出版社 2012 年版，第 265 页。

的、自我创造的秩序，以及用科学知识、金字塔式的社会结构所统一的民族国家。到了 19 世纪，人们普遍借用"法律的眼睛"表达对法律普遍性，法律面前人人平等，以法治取代人治的期待，"法律的眼睛"遂象征着以受法律约束、正义、严厉和宽容为特征的法治国家。1900 年以后，"法律的眼睛"的隐喻意开始转变，越来越不能获得肯定性的，充满对法律与法治国热爱的立场，转而成为"警察""监控"与"间谍"的象征，以及对 20 世纪专制政权监控机构的批评性描述。[1]

可见，作为语言进化的结果以及社会发展趋势的反映，隐喻代表了民众认知的发展趋势，人们可通过隐喻用一种更加自然的，更具启示性的方式理解待证事项与法条并建立二者之间的内在关联，实现了法条的再概念化，超越和深化了法条语词的含义，缓解了静止的法条与动态的社会之间的矛盾。人们通过隐喻理解法条，也契合了内心的倾向与认知，提升了守法的自觉性。

或许有人认为，虽然网络隐喻趋势明显，但隐喻起源于语言学，贸然跨越语言学与刑法学的壕沟，以语言学为依据去解决刑法问题并不妥当。笔者认为这种观点是片面的，其原因在于：

（1）这种担忧只强调了语言与法律之间的距离，而没有看到隐喻存在与应用的广泛性和深刻性。语言学只是发现了隐喻而非创造了隐喻，隐喻并不是单纯的语言现象，而是存在并应用于诸多学科之中的普遍现象。隐喻实际上已经成为一种与语言相伴而生的认知方式与思维方式，哪里存在语言，哪里必然存在隐喻及其表征作用。比如：社会学领域中的标签理论、越轨行为、破窗理论、撤离理论、文化资本、三明治一代等。哲学领域中的图腾制度、野性思维、工具主义、他者的面孔、语言游戏、原子论、社会有机体等。心理学中的高原效应、驼峰效应、催眠、马太效应、钝感力、冷热水效应、反射弧、机械学习等。所以，隐喻的确属于普遍性现象，它与人类各个领域紧密相关，且成为天然的、潜意识的思维方式。人类利用隐喻建构了诸多学科，以此作为认知世界的方式与路径，且仍不断地在旧事物与新事物之间建立关联，为我们创新与开拓提供了充足的空间。

（2）自古以来，隐喻从未在包括刑法在内的法律领域中缺席，法律中一

---

〔1〕 参见［德］米歇尔·施托莱斯：《法律的眼睛———一个隐喻的历史》，杨贝译，中国政法大学出版社 2012 年版，第 6、7、9、16、35、80 页。

直有大量的隐喻存在，并没有妨碍正常的法律解释，反而成为人们理解法律条文的助力。我国的"刑法"二字其实就来源于隐喻手法，《说文解字》根据"法"所具有的水字旁，将"法"解释成"法，刑也，平之如水"。将"刑"解释成"刑，罚罪也，从刀，从井"，这种解释脱胎于"兵刑不分"的观念，用刀与制造青铜器的模具隐喻"刑"字的内涵，即以刑罚强迫人们遵守法律。秦朝统治者根据各刑罚的特点设置了城旦、舂、鬼薪、白粲等刑罚。晋朝统治者根据亲属之间的亲疏尊卑，颁行了"五服制罪"，其意为根据服制不同对犯罪人适用不同的刑罚。当代的法律体系更是充斥着数不胜数的隐喻，如"毒树之果""揭开公司的面纱""落日条款""黄金规则""利维坦""好撒玛利亚人法""冻结""母法""法律漏洞""法律移植""法律休眠""刚性宪法""法网"等。具体而言，当我们强调刑事证据的合法性时，势必会经历烦琐的论证与理解，而"毒树之果"四个字很形象地表明了经非法手段取得的证据，不能在诉讼中被采用。在这里，"毒树"与"果"是源域，分别对应的靶域是"非法取得的证据"与"非法证据所衍生的证据"。通过隐喻，使人们一目了然地认识到，由非法证据所衍生的证据，尽管不是非法证据本身，亦应排除适用，有助于加深对非法证据排除规则的理解。

（3）一些网络隐喻现象已被广泛接受，可以用于刑法解释。前网络时代的隐喻历经多年潜移默化的影响，已经成为人所共知的专业用语，如黑社会、恐怖组织、洗钱等。与刑法中已有的隐喻相比，网络隐喻仍在演变发展过程中，人们对新型的网络隐喻尚需要时间去进一步熟悉和适应。尽管传统犯罪网络异化是一个过程，网络隐喻尚处于发展阶段，但当前仍存在较为成熟，认知度相对较高的网络隐喻，可以作为刑法解释的依托，有些网络隐喻甚至已成为司法解释所规定的对象，如寻衅滋事罪与网络赌博的司法解释。

（二）网络隐喻的应用条件

从实质上讲，隐喻是一种模糊的系统性对照，对事物的理解与把握是粗线条的，甚至是片面的。隐喻往往使人们的注意力集中在法律现象的某一方面，而忽略了其他方面，人们对事物的理解可能是碎片化的。[1]这的确是隐喻天生的瑕疵，但并不足以阻止隐喻在刑法解释中的运用，作为一种语言与

---

〔1〕 参见刘风景：《法律隐喻学》，中国人民大学出版社 2016 年版，第 13~14 页。

思维现象，刑法解释中隐喻的运用其实是一种无法遮掩的事实。相互对照的两个事物不可能完全相同，正如世界上没有完全相同的两片树叶，人类社会中的现象无论多么相似，总能发现细微的区别。隐喻的基础是相似性而非同等性，其相似性是"人类认知创造性地作用于客观世界的产物，也并非绝对的客观存在"[1]。即便是相似性也会因其是人类认知的产物而充满了主观性，这决定了源域与靶域的相互对照不可能精密如机械般的严丝合缝，而带有人为构建的因子。真正值得研究的是，如何从事物的诸多方面择取主要或代表性的映射点。事实上，语言天生就带有陌生性与主观性，也是价值判断的产物，人类语言的表达不可能绝对理性。建立在语言基础之上的构成要件类型与待证事实之间也不可能是精密对照的，对构成要件要素的理解归根结底是人对语言的理解与认知。

同理，被认定为同一罪名的两个极其相似的案例也不可能完全相同。司法实践过程并不完全是理性的、逻辑的，思辨的、纯粹的，经验性的甚至不可言说的判断如司法直觉也在司法过程中起到了重要的作用，尽管我们有时候不承认它们的存在。苏力教授曾指出，学科不仅包括逻辑自洽的内容，也包括话语的实践。话语的实践有时候看似不符合严密的逻辑，你也未必能从逻辑层面予以认同，但即便如此，你依然会在话语实践的情境中表现出理解、支持与合作。[2]尽管隐喻的模糊性与片段性无法避免，我们在将网络隐喻应用于刑法解释时，仍然可以通过以下方面，尽量确保刑法解释的明确性：

（1）选择合适的语境。隐喻有很强的语境依赖性，只有建立在交流者共享的具体知识背景上，隐喻才是有效的。言者的意图在于使听者了解其想法，而听者则通过参考二者共享的知识来确定法律现象与其他领域现象的显著特征，在隐喻所拥有的无数可能意义中选择其中一个或几个。[3]《说文解字》将"刑"解释成刀与青铜器模具（井）的组合，隐喻刑法就是用暴力使人遵守规范。由于"井"字在古代是作为青铜器模具而普遍被引申为"型范"，古人才会用"刀"与"井"组成为"刑"。正是由于隐喻有较强的语境性，

---

〔1〕 王燕萍："语言哲学视野下的隐喻阐释"，载《西安电子科技大学学报（社会科学版）》2012年第6期。

〔2〕 参见苏力：《制度是如何形成的》，北京大学出版社2007年版，第163页。

〔3〕 参见刘风景：《法律隐喻学》，中国人民大学出版社2016年版，第22页。

迎合了人们思维网络化的趋势，隐喻才有应用于网络犯罪解释的可能，而这也有效避免了隐喻的滥用。虽然我国已进入网络社会，国民的思维也逐渐开始网络化，但仍不能想当然地预设出网络语境，径直建立网络事物与传统法条之间的隐喻关联，而应当根据每个案件的具体背景、行为方式、当事人与普通国民的认知水平等判断语境是否合适。

以网络"薅羊毛"行为为例，若行为人违背网络实名管理规定，通过虚假身份或非法获取的他人信息进行网络账号注册，并采取技术手段或程序工具突破互联网安全设置，大批量获取网络电商的优惠券、会员卡等电商优惠，导致对方严重损失的，可能会构成破坏生产经营罪。在这种语境中，行为人大批量地恶意注册网络账号并利用非法手段大量获取电商优惠，已经给网络电商正常的电子商务活动造成了巨大破坏，使网络电商通过优惠吸引客户的努力成为泡影，也不当地抢占了众多潜在客户的网络电商优惠利益。

在这种语境中，人们自然会认为恶意注册网络账号并大批量获取网络电商优惠的行为与"破坏生产经营"具有很高的相似度，可以建立隐喻映射。

同样是在网络语境，个人利用熟练的网络技术与网络电商购物经验，精准快速地抢到众多电商发送的优惠，在网络电商出现技术漏洞的情况下，甚至能获取大量的不当得利，如"拼多多事件"[1]。在这种语境中，就不能执意在"薅羊毛"与"破坏生产经营"之间建立网络隐喻映射，否则将超出普通国民的预测可能性。主要因为：其一，在社会危害性方面，个人的"薅羊毛"行为与职业"羊毛党"以及黑产团伙存在巨大差别。以网络实名制、防御性技术措施、网络监管为一体的网络安全保障机制，基本可以排除普通个人对网络安全的破坏，也可将个人对技术漏洞的利用风险降到最低。因此，个人的"薅羊毛"行为虽然不当，但其危害性上升不到刑法规制的层面，网络电商亦可通过民事途径捍卫自己的权益。其二，当网络电商存在巨大技术漏洞时，行为人不具有期待可能性。期待可能性理论较好地体现了刑法谦抑，凸显了人性关怀，有助于缓冲风险社会背景下刑法解释"去中心化"所带来的刑法适用扩张，不应在网络时代缺席。而对于大批量注册虚假账号并参与

---

[1] 在该事件中，黑产团伙利用一个过期的优惠券漏洞获取了数千万元的平台优惠券并进行不当牟利，给拼多多公司造成巨大损失。详见"拼多多是如何被'薅羊毛'的？"，载 https://tech.sina. com.cn/i/2019-01-21/doc-ihrfqziz9651666.shtml，访问时间：2019 年 11 月 22 日。

"薅羊毛"的职业"羊毛党"而言，其行为具有预谋性、蓄意性，应对其心理事实加以非难，具有期待可能性与有责性。其三，网络空间中的价值观与认知不能完全立足于现实社会衡量，网络伦理仍具有一定的独立性。尽管网络空间中的规则与现实社会中的规则存在很大程度上的关联与互通，但两种规则往往会在外在形式上存在较大差异。〔1〕。在"羊毛党"泛滥的网络空间中，"薅羊毛"与获取商家优惠往往混为一谈，而被认为是正当行为，这影响到了违法性认识与责任的判定，应慎重解释。

总体而言，网络隐喻在当前刑法解释中的最根本的价值在于：促使刑法解释与网络社会发展同步，为刑法解释结论的国民预测可能性做好铺垫，使其不至于超出普通国民的认知范围。对于合适语境的选择，能够在很大程度上推动网络隐喻根本价值的实现。

（2）设定解释目的。有目的地选择源域与靶域的映射点，满足传统罪名运用于网络不法行为的前提。世界普遍存在着联系，每个事物都与很多其他事物之间存在普遍的相似性，隐喻也是事物之间相似性的映射。如 A、B、C 三个事物之间均存在相似性，但我们选择 A 与 B 进行对照，而不是 A 与 C、B 与 C 之间进行对照，这看似具有极大的随意性，但其实不然。隐喻本就具有特定的价值取向，在设定特定的价值取向之后，我们才会将相似的两个事物拿来做对照，进而发现二者其他的相似点或者更深层次的相似点，"隐喻并非客观的描述，而是具有明显的价值取向性"〔2〕。正是因为我们在隐喻之前已经设定了价值取向，所以才会选择 A 与 B 之间进行对照。

这种价值取向在刑法解释中可称之为目的，即我们在网络犯罪解释之前，要先明确解释的目的，进而以目的为指导，选择传统刑法中的特定法条与网络不法行为进行对照，寻找两者之间的相似性，为网络隐喻的应用做好铺垫。从这个角度来讲，目的解释与文义解释密切相关。有学者认为，文义解释是以法条本身为出发点，并不涉及或者掺杂条文之外的其他东西，其相当的客观性能够更大程度地实现法的安定性。〔3〕这种观点其实将文义解释狭隘化了，

---

〔1〕 参见李一：《网络行为失范》，社会科学文献出版社 2007 年版，第 23 页。

〔2〕 刘风景："法律隐喻的原理与方法"，载《山东大学学报（哲学社会科学版）》2011 年第 5 期。

〔3〕 詹红星：《刑法的宪法制约研究》，中国政法大学出版社 2017 年版，第 150 页。

没有看到作为解释之基础的语言本身带有的抽象性与模糊性。"语义学上清楚的情况，在法律上会不清楚；而语义学上不清楚的情况，在法律上会清楚"，对语言的盲目遵从，会导致"文字图腾主义"，仅从法律文字得到的解释，绝不是无法反驳的。[1]

其实，文义解释也是一种价值判断过程，需要解释目的的有效指引，只要使文义解释的结论包含在"法条的可能含义"之内，就应当认为是合理的。很多学者一方面承认目的解释的重要性，认为当目的解释与其他解释方法冲突时，优先考虑目的解释所得出的结论；另一方面也认为目的解释优先地位的前提是其解释结论在可能文义的界限内。[2]这其实是将目的解释的顺序排到文义解释之后，将二者视为界限分明的解释方法。其实不然，目的解释既是一种解释方法，也是一种解释的实质思维倾向，这种实质思维倾向贯穿于刑法解释全过程，包括文义解释。将文义解释与目的解释截然区分的做法是人为的，并不符合刑法解释的真实运作。对于文义解释中解释目的的考虑，最典型的例子就是对立法原意或客观语义的选择，由于时代变迁与文字的多语义性，法官在解释法条时面临立法原意或客观语义的选择，当无论选择何者，均不会超出"法条的可能含义"的情况下，左右选择结果的无外乎是解释目的。对伦理的考察、利益的衡量、价值的追求等因素决定法官是选择立法原意还是客观语义，进而在文义解释范畴内得出解释结论。

例如，在对制作、销售网络游戏外挂程序行为进行认定时，重点需要解释侵犯著作权罪中的"复制"。制作网络游戏外挂程序的行为，复制的只是被侵犯软件的部分程序，甚至只有5%的相似性，所呈现出来的外挂程序是一个新的程序。在理解侵犯著作权罪中的"复制"时，若单纯考虑语义，指行为人的作品与权利人的作品具有高度相似性。但考虑到网络技术性因素，我们可知网络游戏外挂程序的研发过程是要以原有程序网游程序为基础的，且行为人在未经著作权人许可的情况下，破译和擅自使用了网络游戏的通信协议，这些行为具有很明显的侵犯著作权的性质，若不予规制，将愈演愈烈。因此，可将制造并销售网络游戏外挂程序的行为认定为"复制发行"。在这里，法官在开展网络隐喻之前，通过对网络技术与行为特质的考察设定了解释目的，

---

〔1〕　参见［奥］恩斯特·A. 克莱默：《法律方法论》，周万里译，法律出版社2019年版，第50页。

〔2〕　参见苏彩霞：《刑法解释的立场与方法》，法律出版社2016年版，第180页。

并由此建立了普通"复制"与制作网络游戏外挂程序之间的对照映射，扩大了"复制"的文义范围，得出最终的文义解释结论。可见，若没有对网络技术与网游行为特质的考察，不可能看到普通"复制"与制作网游外挂程序之间的实质关联，更不可能扩大"复制"的文义范围。因此，解释目的应作为网络隐喻的前提，这样才能保证文义解释的实质合理性。

第三节　根据语义范式性的强弱调整位阶

一、范式类型说的引入

语言与社会相伴而生，是社会得以运行的重要工具，社会是语言应用与演化的场域。语言要想持续成为维系社会成员的纽带，就必须同语言外的因素产生各种关系，而这种关系往往使语义发生偏离，即语言变异。网络带来了"真正的个人化"，实现了思想认知的解放，进而导致语言形式与内容的双重变异。语言内容的变异表现为特定语境中语义位阶的沉浮，即随着语义范式性的增强或减弱，该语义的位阶也相应变动。如在口语语境中，"打酱油"作为底色的语义为购买酱油，但该语义的位阶随着社会认知的变化而逐渐下降，"路过"或"置身事外"的语义位阶则不断上升，甚至成了普通民众对"打酱油"的第一反应。如在网络语境中，"盖楼"作为底色的语义为建造高楼，但"回复主题帖"的语义的位阶已超过了之前语义的位阶，俨然成了网民的共识。这种现象的原因，主要在于支撑语义位阶高低的语义范式性在不断变动，范式类型说[1]的合理内核值得我们借鉴。范式类型说是作为与原型论相对立的学说被提出的，该说不承认所谓的语言中心或核心，以范式性的强弱建立对象与文本的实质联系，范式性的强弱随时间、空间及特定关系而不断变动，永远处于具体而非抽象状态。这坦率承认了文字的"自我陌生性"[2]

---

〔1〕　范式类型说（canonical typology）由英国萨里大学提出，属于描述语言现象的学说。该说主要包括范式基、标准、范式点三个部分，范式基旨在将尽可能多的语言现象囊概其中，标准作为划分不同维度语言现象的依据，范式点是所有标准的汇集处。范式点极有可能不存在，其意义在于：某一现象满足的标准越多，离范式点越近，范式性越强。See Dunstan Brown, Marina Chumakina, Greville G. Corbett, *Canonical Morphology and Syntax*, Oxford University Press, 2013, pp. 1~47.

〔2〕　［德］汉斯-格奥尔格·伽达默尔：《真理与方法——哲学诠释学的基本特征》，洪汉鼎译，商务印书馆 2010 年版，第 549 页。

与语言的相对性、价值性，规避了理论上的矛盾，不失为网络时代语言认知的方法论。范式类型说的价值主要在于以范式性强弱的变动为标准，判断对象与文本的契合度。

笔者认为，范式类型说的核心内容或主旨包括两个理念：最大公约数理念与范式性位阶理念。具体来讲，其一，最大公约数理念，即满足的标准越多越好。范式类型说的关键词包括范式基、标准、维度与范式点，范式基是指囊括最大范围的语言现象的平台，维度是建立在范式基之上且不能超出范式基的平台，往往存在着多重维度，维度与维度之间划分的凭据就是标准，范式点则是满足所有标准的点，这个点往往停留在理论层面，现实状态中我们只能无限接近范式点而不太可能达到。对于语言的一种含义，它所能够涵盖的标准越多，其范式性就越强。其二，范式性位阶理念，即满足标准的范式性越强越好。这种范式性主要体现为等级，若某一维度标准的等级比其他维度标准的等级更高，则维度之间等级的高低可以视具体情况进行调整。也就是说，当标准与维度的等级发生改变时，我们只需要调整相关标准与维度等级的高低即可。鉴于此，我们无须频繁立法，只需判断构成要件要素范式性的强弱即可，进而可以更好应对动态多变的网络犯罪。范式类型说深刻地说明了：类型无法被定义，只能被描述。这种描述尽管无限地接近类型本身，但始终无法达到精确的程度。

笔者以虚拟财产为例，具体阐述范式类型说在网络犯罪解释中的功能。对于虚拟财产，一些法院并不将其视为"财物"，而是立足于直观的表层属性将其定性为数据，如"杨某强案"[1]。在此案中，法院不将虚拟财产认定为"财物"的理由主要包括：首先，虚拟财产只能存在于网络空间中，脱离了网络空间便无任何价值；其次，虚拟财产经济价值能否存在取决于玩家主观上是否认定以及能否在不同玩家手中实现交易。且虚拟财产具有价值差异性，对于非玩家而言没有价值；最后，虚拟财产难以估价，尚没有统一、客观的

---

[1]　在该案中，被告人杨某强利用北京新娱兄弟网络科技有限公司的 51wan 游戏充值平台漏洞，自主编写充值平台接口程序，多次生成虚假支付信息，窃取该公司运营的《神仙道》游戏虚拟货币"元宝" 110 余万个（价值人民币 11 万余元），用于在该游戏中使用或为他人充值。后杨某强被北京市朝阳区人民法院以非法获取计算机信息系统数据罪判处有期徒刑 8 个月，罚金人民币 2000 元。详见臧德胜、付想兵："盗窃网络虚拟财产的定性——以杨某强非法获取计算机信息系统数据案为视角"，载《法律适用》2017 年第 16 期。

数额计算方法。[1]笔者认为这些理由并不充分，其一，虚拟财产如网游"装备"脱离了网游平台确实无法使用，但决定事物是否具有价值的关键因素在于判断该事物有无相应的等价劳动。虚拟财产是网络活动的成果与价值凝结，要取得虚拟财产必须要支付一定的现实货币，这难道不能体现其价值吗？机器的零部件只能在该机器中才能发挥作用，但并不能否定其独立价值。其二，任何财物的经济价值均须由市场决定，既然字画、古董等艺术品的价值可由艺术品市场参与者商谈决定，为何武断的否认可由网游市场参与者商谈决定的网游"装备"的价值？按此逻辑，对于普通人而言，价值巨大但艰深晦涩的艺术品对他们也没有任何价值。其三，虚拟财产难以估价并不等于无法估价，社会对网络新兴事物需要适应的过程，而不是动辄适用非法获取计算机信息系统数据罪等"口袋罪"，企图一劳永逸地解决网络数据犯罪问题。

对于虚拟财产性质的判断，首先，我们应主动置身于网络语境，既考察虚拟财产的产生与演变，也考察虚拟财产的使用与交换，从更深层次把握虚拟财产的内涵。其次，根据网络社会的语言发展趋势，建立虚拟财产与"财物"的隐喻映射关联。在价值层面，虚拟财产与"财物"内在价值、使用价值与交换价值等方面存在交叉。在权属层面，虚拟财产与"财物"也同样具有所有权与使用权，只不过在权属的表现形式上存有差异。总体而言，虚拟财产与"财物"形成了系统性的对照，具有较为深厚的喻底，这也是国民赋予网络数据信息"虚拟财产"称呼的主要原因。因此，将虚拟财产视为"财物"的网络隐喻并不超出国民预测可能性。最后，考察"财物"各语义范式性的强弱及位阶的高低变化。网络社会中，"财物"的语义已不局限于有形的、排他的物品，无形且共时性的物品也具备了"财物"的权属与价值。

其实，在前网络时代，无形物品已经被解释进"财物"范畴中而得到普遍认同，如"电气""电信码号"等，无形物品的范式性及其位阶已与普通物品等同。进入网络时代以来，网络技术影响下的共时性物品越来越多，在使用权的形式上与普通物品存在区别。如即便流量被劫持，也不影响流量所有人的使用；即便他人掌握了网游账号，也无法绝对地排除账号所有人的使用。

---

[1] 参见蒋惠岭主编：《网络司法典型案例（刑事卷）》，人民法院出版社 2016 年版，第 26~29 页。

我们应当看到互联网影响下共享经济的蓬勃发展趋势，强调财产权排他性、占有性、异时性的传统财产权观念已日渐式微，人们愈加注重财产的共享性、流通性与共时性，新型的财产权观念已登上历史舞台。[1]与之相适应，在"财物"各语义中，作为无形物品或共时性物品语义的范式性陡然增强，其在"财物"各语义中的位阶也必然有所提升，进而有与"普通财物"范式性并驾齐驱的态势。在这种情形下，我们无法对网络社会的发展及语义的变迁视而不见，更不能掩耳盗铃地将其排除在"财物"语义范畴之外。当然，某个语义范式性增强且位阶提升并不意味着一定作为犯罪认定的依据，范式类型说并非自足性的学说，只是站在社会语言学的立场，提示我们注意规范语义范式性及位阶的变化，准确把握待证事实与规范文本的契合度。待证事实是否入罪，仍要结合考虑其他因素，如法益侵害性、网络刑事政策、网络技术等。

二、范式类型说与类型理论的比较

范式类型说与类型理论都较为开放、流动，富有弹性。二者均认识到了法规范体系外部的复杂性与多样性，也看到了类型本身的多元性与抽象性，进而秉持开放动态与兼容并蓄的理念。[2]因此，类型理论与范式类型说较为相似，二者均为类型化思维，在对概念思维的批判方面具有一致性。概念思维用概念将世界划分为清晰的不同部分，概念之间是断裂式，归属于概念的事物之间往往属于"非此即彼"的关系，即表现为一个个的独立结构而不存在过渡。概念思维讲求法规范与事实的单一涵摄，但由于规范本身的模糊性与抽象性，使得一些复杂或新颖的案件无法被涵摄进法规范之中，即便能够实现涵摄，也只是一种形式要件上的满足，而缺乏说理性与实质合理性。总体而言，概念思维偏重逻辑合理性，忽视实质合理性；偏重普遍性，忽视具体性；偏重裁判法律效果，忽视裁判的社会效果。与"非黑即白"、界限分明的概念思维相比，类型化思维闪烁着辩证的光芒。类型化思维的包容与开放，使刑法解释的探求方向由真实性向合理性转变，由构成要件该当性向社会意

---

〔1〕　参见马长山："智能互联网时代的法律变革"，载《法学研究》2018年第4期。

〔2〕　参见雷磊：《类比法律论证——以德国学说为出发点》，中国政法大学出版社2011年版，第39页。

义与事实评价转变。[1]虽然二者均属类型化思维，具有上述一致性，但范式类型说仍与类型理论有本质的区别，主要体现为：

（1）理论建构及运用是否立基于"事物本质"之上。类型理论的深层次基础与前提就是"事物本质"，类型理论将"事物本质"作为法律规范与待证事实的黏合剂，使二者相互对接。而范式类型说则不承认所谓的"事物本质"，法律规范与待证事实对接的基础是待证事实所映射的法律规范的某一种含义范式性的增强与位阶的提升。类型理论的推崇者德国学者考夫曼认为"事物本质"与类型其实是一种关系性概念，"事物本质"指向类型，"事物本质"所产生的思维是类型式思维。从"事物本质"出发进行思考，我们便可以连接价值与事实，有助于调和事实正义和规范正义。在本质上，刑法的构成要件都是不法的类型，即类型化之非价的生活事实。[2]在开放性这一点上，类型理论与范式类型说近似，类型理论认为类型没有固定的界限，类型思维属于非精确的思维，故而不能像概念思维一样通过涵摄模式将具体事实涵摄进类型之中，而只能根据具体事实的属性进行大致的归类。但是，类型理论仍坚持类型有一个固定的核心，即"事物本质"。类型理论将"事物本质"当作连接规范与事实的纽带，意图通过对"事物本质"的挖掘与探索归纳出规范类型。可以看出，司法过程的成败，基本在于能否越过"事物本质"，准确掌握规范类型。考夫曼认为，法官在判决过程中必须掌握规范类型的核心特征，并以此来研判规范是否足以涵盖案件事实。[3]因此，对于规范类型核心特征的认定至关重要。如某一类型的核心特征包括a1、a2、a3 等三个要素，事实对象既包括a1、a2、a3 三个要素，也包括a4、a5、a6 等其他要素，但这些事实对象毕竟包含了核心特征，均可以被该类型所涵摄。[4]

笔者认为，类型思维因类型而胜于概念性思维，但也因类型而失去其合理性。上述只要满足核心特征要素即可被视为特定类型的模式过于简单化，

---

[1] 参见童德华、赵阳："类型化思维在刑事司法中的适用"，载《法律适用（司法案例）》2018 年第 10 期。

[2] 参见［德］亚图·考夫曼：《类推与"事物本质"——兼论类型理论》，吴从周译，学林文化事业有限公司 1999 年版，第 109 页。

[3] ［德］亚图·考夫曼：《类推与"事物本质"——兼论类型理论》，吴从周译，学林文化事业有限公司 1999 年版，第 115 页。

[4] 参见胡剑涛："类型化思维与刑法解释的边界"，载《研究生法学》2016 年第 6 期。

没有充分考虑与比较核心特征要素之外的要素，将无限扩大类型认定范围。如某一事实对象既具有 a、b、c 三个核心特征要素，也包括 x、y、z 等要素，若 x、y、z 等要素在特定语境下所发挥的作用大于 a、b、c 要素，是否还能简单地将该事实对象视同类型 A？从根本上来说，类型理论并没有意识到即便是所谓的核心特征要素，也是会随着时代变迁与语境转换而发生变化，工业时代中所公认的核心特征要素，在网络时代往往会失去其显赫的地位。与类型理论立基于"事物本质"之上相反，范式类型说立基于"事物范式性的强弱"，通过范式性的强弱建立案件事实与法律规范的实质联系。笔者认为，范式类型说之所以优于类型理论，主要在于其动态性与"非中心性"，即不承认"事物本质"，通过为维度及决定维度的标准划分等级，区别看待，随着维度与标准范式性的升降衡量事实与规范之间的距离。

（2）理论在运用时，是否尊重文义解释在刑法解释中的重要地位，以及解释结论是否受"刑法规范可能语义"的制约。运用类型理论进行解释，很可能得出超出"刑法规范可能语义"的解释结论，而范式类型说则不会。有学者认为，在运用类型理论对待证事实与法律规范进行对照比较时，首先，应确立权威性的对照基点，通常为法律明文规定的事项或典型判例。其次，对法律明文规定的事项或典型判例进行描述，并与待证事实相互对照，寻找二者的相同点与不同点，如果认定二者的相同点占据主要地位，那么对待证事实的理解就应当遵从基点。最后，对基点的事实与待证事实的相同点与不同点进行"相似性判断"，"相似性判断"的依据是事物的本质，若待证事实与规范事实存在本质上的契合，二者才具有相似性。此后，该学者认为"贿赂物"具有"与职务密切相关"；"与公权力非法置换"；"满足受贿人的利益需求"等特征，进而认为"性服务"本身也具有上述特征，所以应当将"性服务"纳入受贿罪"贿赂物"的范畴之内。[1]很显然，无论从通常语义的角度，从语言学隐喻的角度，抑或是从"可能语义"的角度，"性服务"与贿赂犯罪中"财物"的内涵相距甚远，这种解释结论是明显超出了国民预测可能性的。

其实，在运用类型理论解释刑法规范时，目的解释与价值性判断不仅贯

---

[1] 参见段威、林毓敏："贿赂物的解构及重塑——从概念思维到类型思维的嬗变"，载《天津法学》2018 年第 4 期。

穿于"事物本质"的认定过程，也贯穿于待证事实与规范事实的相互对照过程。马荣春教授指出，"类型化解释"其实并非单纯形式意义上的解释，其中的"类型"具有价值性，"类型化解释"自然也就成为包括形式与实质的"相当性解释"。[1]然而，目的解释的引领与价值性判断的过度使用，使通过类型理论所得的解释结论极易沦为类推解释。更何况，类型与类推在基底上是相通的，就连类型理论的倡导者考夫曼也承认，类型化解释与类推在本质上是相同的，二者只存在程度上的差异，我们甚至无法将类型化解释与类推区分开来。[2]范式类型说尽管不承认所谓的"事物本质"或"语义核心"，有助于打破"文义核心"或"原型"对刑法解释的垄断，但并非自足性的学说，而需要立足网络社会背景对具体的规范语义进行分析，进而决定事实规范的范式性强弱与位阶高低。

值得注意的是，对文义解释的尊重以及受"刑法规范可能语义"的制约是上述全部过程的基础、前提与检验标准。所以，尽管一些事实规范的范式性较强，位阶亦大幅提升，但若超出了"刑法规范可能语义"，也不能将待证事实解释进刑法规范中。对于"性服务"而言，在语义层面上，尽管社会上存在非法的卖淫嫖娼活动，但"性服务"本身并不能被人们认定为属于"财物"的一种。"财物"应当具有管理可能性、可转移性与价值性，虚拟财产如网游装备，可以通过网络账户实现有效管理，可以赠与或出售给其他人，也具有一定的使用价值与交换价值，因此可以被归类于"财物"范畴。与虚拟财产相比，"性服务"明显不具有上述性质，否则便违背了基本的伦理道德，有物化女性之嫌。在语言的隐喻层面，由于二者在表现形态、功能、词义范围等方面相差甚远，而且用"性服务"来隐喻"财物"也超出了人们的认知范围，故我们无法建立"性服务"与"财物"之间的映射。可见，无论在语义层面，还是在隐喻层面，"性服务"均无法与"财物"建立有效的关联，故失去了通过范式类型说判断其范式性的前提与基础。因此，"性服务"无法被"财物"所涵盖，不可贸然将"性服务"作为"贿赂款"来理解。

---

〔1〕 参见马荣春："刑法类型化思维：一种'基本的'刑法方法论"，载《法治研究》2013年第12期。

〔2〕 参见［德］亚图·考夫曼：《类推与"事物本质"——兼论类型理论》，吴从周译，学林文化事业有限公司1999年版，第7页。

（3）类型理论受到"类型"的局限，将犯罪构成视为单一、静态的类型，而范式类型说则打破了类型的桎梏，旨在实现多元、动态的类型。类型理论中的类型是一个个单独的类型体，通过考察待证事实与个别类型的契合度来决定是否将其纳入犯罪圈，这就在一定程度上固化了规范内涵，而刑法分则中的一个罪名是不可能被理解为某一种类型的，单一化思维不可取。范式类型说中的类型则是一个个相互串联的类型体，我们可以通过考察待证事实所满足的标准数量，以及标准的位阶等级来综合决定是否纳入犯罪圈。具体而言，类型理论者认为，立法者通过强大的理性归纳与抽象概念，将生活中频繁出现的各种类型塑造成法律规范。司法者在处理案件时，不可依照设计好的法条刻板地执行，必须要深刻理解法条的内涵，归纳出法条所代表的类型，并通过类型来更好地理解法条分类的立法初衷。如贝林认为，每一个法定的构成要件均代表一个类型，比如，盗窃的类型、杀人的类型。[1]

由此得知，类型理论实际上将每一个刑法规范或每一个罪名理解为一个类型，通过考察案件事实与特定类型的契合度，决定是否将其入罪。这实际上将刑法规范固定化、单一化了，而没有意识到类型的层次性与动态性。诚然，立法者以所侵犯的不同法益为依据将各种犯罪予以"类型化"，法益的相似使得立法者容易对某一类型的犯罪作出统一评价，近似的犯罪之间在犯罪构成要件以及处罚措施方面不至于差距过大，也契合同罪同罚的理念。但是，法益的相似性并不等同于一个罪名只拥有一个类型，这在网络异化型犯罪中表现得尤为明显。如破坏生产经营罪，类型理论将其理解为通过毁坏机器设备、残害牲畜等方法破坏生产经营的类型，但在网络时代，破坏生产经营的方法早已超出了破坏生产工具的类型，扩展到破坏生产经营流程、生产经营信誉等方面。又如传授犯罪方法罪，通常的类型是指行为人故意向特定的个人传授犯罪方法的行为，但在网络时代，行为人通常借助网络工具公开发布犯罪方法或技巧，如炸弹制造方法等，这种行为明显与之前的类型不一样。

可知，若一方面坚守一个罪名只有一个类型，另一方面又不断地将其他类型的行为方式添加进该类型中，就不可避免地使所谓的单一类型成为逐渐扩充的口袋。若一开始就将类型理解为范围广泛，极富伸缩性能的"阈"，多

---

〔1〕　参见〔德〕恩施特·贝林：《构成要件理论》，王安异译，中国人民公安大学出版社2006年版，第5页。

样化的行为手段均可囊括在内，那么该类型提出的意义何在？如概括地将杀人罪的类型描述为故意非法剥夺他人生命的行为，那么这种无限延伸的类型足以把一些尚有争议的行为涵盖其中，使类型本身变得模糊不清。这时，不仅一些存有争议的行为如鼓励自杀、精神强制等会不加区别地视为故意杀人罪，故意杀人罪与诸多危害公共安全罪的界限也将更加混乱。

与类型理论不同，范式类型说采用后现代法学中多元的一面，不承认静态的、单一的类型，而是客观地看到了犯罪类型在随着社会发展不断演进。从某种意义上讲，范式类型说中的类型与类型理论中的类型存在底色的重合，二者均运用类型思维处理法律规范与案件事实的矛盾，但相比后者，前者中的类型更进一步，范式类型说主张多种动态性要素可以组成不同的类型，且这种类型随着要素范式性的强弱不断发生着变动。比如，在以往的故意毁坏财物罪中，犯罪类型为针对犯罪对象的物理性破坏或使用价值的破坏，几乎没有预期性利益破坏类型的存在空间。但随着网络的发展，针对预期性利益的破坏越来越多，如侵入他人股票账户，对他人股票进行非法操作，进而导致以股票为代表的预期性利益的损失；又如利用自己的职务便利侵入单位计算机信息系统，通过网络服务器影响单位盈利业务的开展等。在这种形势下，故意毁坏财物罪的诸多维度中犯罪对象与犯罪行为维度脱颖而出，备受关注，成为网络异化的主要领域。

在犯罪对象维度中，预期利益损失标准体现在众多网络犯罪案件中，物理损坏与使用价值丧失等标准相对弱势。在犯罪行为维度中，暴力与否标准也逐渐凸显，非暴力性的财物毁坏已为大多数国民所认同，进而可以构成故意毁坏财物罪。标准冷热度的变更带来了维度等级（rank）的变更，犯罪对象维度与犯罪行为维度的等级也随之提升，成为判断某一行为能否构成故意毁坏财物罪的首要考虑因素。基于此，我们可以视情况调整维度与标准的等级以展现其灵活性，从而适应社会的发展。

第四节　文义解释与罪刑法定原则

欧阳本祺教授认为，网络时代的刑法解释对罪刑法定原则造成了巨大威胁，在传统社会，人们对犯罪构成要件要素的感知相对明确，具有较强的预测可能性；到了网络时代，由于各种网络新事物的出现，人们对犯罪构成要件要素的感知是模糊不清的，也产生了诸多分歧，预测可能性大打折扣。这种分歧与模糊，会导致罪刑法定原则底线被扩张的刑法解释所侵蚀。[1]因此，或许有人认为，刑法规范解释中网络隐喻与范式类型说的运用，极有可能随意扩大语义范围，有违背罪刑法定原则之虞。然而，对罪刑法定原则被侵蚀的担忧是合理的，也是有根据的，但不能"因噎废食"，由于害怕刑法解释对罪刑法定原则产生不利影响而畏手畏尾。其实，一些破坏罪刑法定原则的解释结论并没有真正考虑到犯罪的网络特质，保守地运用已有的解释规则去强行解释新型犯罪，造成理论与实践的分裂。为了在网络时代更好地维护罪刑法定原则，我们必须首先通过改造旧有的文义解释规则，探索出一条符合网络时代特质，具有较强可行性的解释路径。网络隐喻与范式类型说旨在探寻刑法规范"可能的含义"，正是网络时代中文义解释新的实现路径。归根结底，上述质疑对文义解释与罪刑法定原则的关系没有客观、全面地看待。笔者认为：

（1）我们要用发展的眼光看待罪刑法定原则的当代价值。罪刑法定主义发源于启蒙时代，后逐渐成为刑法的基石，贝卡里亚曾明确表示法官只能机械地适用法律，而不可将刑法解释权赋予法官。受此影响，在19世纪，罪刑法定原则起到了反对罪刑擅断与封建专制的积极作用，人们普遍采用形式的、主观的刑法解释论。20世纪以来，罪刑法定原则的内涵更加丰富，实质的刑法解释论脱颖而出，罪刑法定原则在刑法解释中所起到的实质性作用被逐渐强调。今天的罪刑法定原则已经随着时代发展实现了内涵的演变，如之前所绝对禁止的溯及既往原则已被从旧兼从轻原则打破；之前的禁止习惯法原则已被英美国家中的判例法打破，我国亦逐渐重视判例的作用，建立了案例指导制度；之前的绝对禁止类推原则也逐渐宽松化，变成禁止不利于嫌疑人的类推。这些变化都表征着罪刑法定原则由形式侧面向实质侧面的倾斜。[2]

但仍有一些观点过度强调罪刑法定原则限制国家刑罚权的作用，坚持刑法解释的保守性，这是推脱责任表现，即将解释法律与适用法律的责任全部

---

〔1〕　参见欧阳本祺："论网络时代刑法解释的限度"，载《中国法学》2017年第3期。

〔2〕　参见魏再金："逻辑与表达：定罪动态化与罪刑法定的融合"，载《河北法学》2015年第10期。

寄托于更加完善的立法，而忽视法官能动性的发挥。实际上，上述观点没有看到罪刑法定原则在刑事司法中所兼具的宣示性与工具性。首先，若没有罪刑法定原则，也就没有了刑法，罪刑法定原则起源之初所宣示的反对司法擅断，限制司法公权力，保护公民人权的功能永远不会过时。我们有必要在每一个案件中鲜明地体现罪刑法定原则，使其更加深入人心，成为刑法的象征与宣示。其次，在刑事司法领域，罪刑法定原则也具有工具性，且随着时间而不断进化。罪刑法定原则并不是静态的，而是动态发展的。比如，之前美国刑法较为严格地遵循了禁止事后法原则，后来随着美国社会的发展演变，人们逐渐认为遵循先例并非不可克减，而是一种政策性安排，对遵循先例原则是否遵守，完全取决于法官的自由裁量权。由此，与遵循先例原则标准降低相伴随的是司法能动性的兴起，并导致了大量新规范的产生。[1]

（2）文义解释作为刑法解释的起点与终点，能够在一定程度上捍卫文字规范的确定性与罪刑法定原则的基础性作用。但该作用不应被夸大，文义解释无法独自承担维护罪刑法定原则的重任，必须结合其他要素展开解释。若局限于对法条文义的解释，就会陷入以偏概全、循环解释的旋涡。如刑法条文中经常出现"明知"，但在不同的罪状中，"明知"的含义可能相距甚远；如信用卡诈骗罪中的"信用卡"，其含义较为宽广，还包括借记卡，与通常意义上"信用卡"的含义不同；如贩卖毒品罪中的"贩卖"，其含义超出了普通语义的范围，既可以指先收购毒品后出卖的行为，也可以指为了贩卖而购进毒品或者单纯出售毒品的行为；又如刑法条文中经常出现的"暴力"，不同罪名中"暴力"的程度、指向、方式等可能存在较大的差别。抢劫罪中的"暴力"可达到致人死亡的程度，而妨害公务罪、侮辱罪、暴力干涉婚姻自由罪中的"暴力"则不能达到致人伤亡的程度。

可见，要准确解读不同罪名中相同用语的含义，仅凭文义解释是远远不够的。这时，论理解释方法便被普遍运用，只要其解释结论不超过刑法规范语义的可能范围即可。正如恩吉施所指出的："纯粹的'语词解释'将受到体系和目的解释的压制。"[2]这并不是否定文义解释在刑法解释中的基础性地

---

〔1〕 参见车剑锋："刑事指导性案例溯及力问题研究——以美国刑事判例溯及既往问题的奥德赛之旅为借鉴"，载《安徽大学学报（哲学社会科学版）》2015年第5期。

〔2〕 ［德］卡尔·恩吉施：《法律思维导论》，郑永流译，法律出版社2004年版，第91页。

位，我们仍要坚持文本中心主义解释观，但也要摒弃纯粹化与机械性的解释，使实用主义与法条主义相互调和，将司法经验、历史传统、法律原则、刑事政策、典型判例等纳入考虑范围。另外，由于语言天生的模糊性与多变性，解释的合法性与客观性原则也较为抽象，几乎所有的刑法解释立场都可以为自己的合法性与客观性辩护。[1]对于蹩脚的解释者，即便严格按照规范语义进行解释，也会取得违反罪刑法定原则的"恶法"效果。

在"赵某华非法持有枪支案"中，一审法院根据《枪支致伤力的法庭科学鉴定判据》与《枪支管理法》将赵某华的枪支解释为"能正常发射以压缩气体为动力的枪支"，即非法持有枪支罪中的"枪支"。事实上，在严格按照相关规定的情况下，涉案枪支的动能比已经达到1.8焦耳/平方厘米，属于"枪支"无疑。但是，涉案枪支用的是塑料弹，只能对人体的薄弱部位如眼睛造成损伤，根本不能对人造成较大的杀伤，与玩具枪无异。赵某华所持的枪支仅限于娱乐经营，主观恶性与社会危害性较小。从文义解释的角度看，法官的解释结论有充足的根据，我们没有非难法官的任何理由。但事实上，一审判决被二审法院推翻。此案使我们意识到，在影响裁判结论的要素中，规范语义的把握仅为其中之一，对案件事实与案外因素的全面考察必不可少。因此，我们不能人为拔高文义解释在捍卫罪刑法定原则中的作用。规范语义对刑法解释限度的把握是笼统且原则的，结合其他要素进行合乎规范目的的解释才是达致刑法解释合法性与客观性的妥当路径。

---

[1]　参见魏东主编：《中国当下刑法解释论问题研究——以论证刑法解释的保守性为中心》，法律出版社2014年版，第7~8页。

第五章

具体方案（下）：以多种因素的考量为补充

　　"徒法不能以自行"，在刑法解释领域，规范文义的解释固然是根本，但决定解释结论的绝不仅仅是规范文义本身，还包括规范文义背后的多样性因素。当前，解释学实现了语义学向语用学的转变，隐藏在文字背后的实质性考量因素更值得研究。刑法规范文义实质上仅为解释的起点而非解释的整体性安排，解释对象所处的具体语境等体系性因素共同决定着解释结论。为了保证解释结论的适正性，必须将解释对象主动置于具体语境，综合考虑诸多因素。另外，由于网络隐喻与范式类型说的扩张天性及对刑法谦抑的考虑，为了尽可能地减少价值判断对刑法适用带来的负面影响，也应通过对各种解释因素的考量将犯罪圈收缩在合理的范围内。综合考量各种因素的目的主要是为了保证刑法惩罚的必要，即处罚必要性。考虑到网络异化型犯罪的特点，需要考量的因素主要包括行为的法益侵害性及法外因素，法外因素则具体包括网络刑事政策、网络技术、指导性案例等。在规范文义的基础上，考虑可能影响刑法解释限度的多种因素，可实现规范内与规范外的有机结合，增强解释结论的科学性与说服力。

第一节　行为的法益侵害性

　　在探讨网络不法行为的法益侵害性之前，我们有必要首先破除对"形式判断优先"的误解。孙万怀教授认为，立法者立法的根本依据是社会危害性判断，通过立法程序，社会危害性判断产生了形式违法性判断。但对于司法者，则应先依据刑法规范判断某一行为是否具有形式违法性，进而分析该行为是否具有社会危害性以及社会危害性的大小。司法者若违反了此判断顺序，则极易为了入罪而随意认定行为的社会危害性，进而生硬地找到对应的罪名。[1]这种观点实际上是将形式违法性判断置于实质违法性判断之前，其目的在于树立刑法规范的至高地位，以限制国家刑罚权的随意发动。笔者认为，在司法过程中，刻意将形式违法性与实质违法性区分开来的做法并不妥当，原因在于：

（1）形式违法性与实质违法性并不存在根本上的冲突，二者是相辅相成的关系。在德国传统刑法理论上，李斯特认为形式违法性与实质违法性并不意味着两种相异性质的违法性，仅因为针对行为之法规范的无价值判断有两种考察方法，并以此形成概念上的不同而已，故违法性系以蕴含相互矛盾或抵触之两种概念而存在。当今学界普遍认为，实质违法性是为了弥补形式违法性的不足而存在的，二者是相辅相成而非相互抵触的概念，须将二者合并考量，方可明确诠释违法性之本质。[2]赫尔茨（Hirsch）和伦克纳（Lenckner）并不认同形式违法性与实质违法性的划分，只认同一个违法性概念。[3]当前的通说认为，形式违法性与实质违法性二者并不存在对立，形式上的违法性在实质上也是违法的，形式违法性中所包含的实质内容，就是实质违法性。[4]因此，形式违法性与实质违法性只是违法性的两个不同侧面，在司法解释过程中，将形式违法性与实质违法性截然区分开来的做法是行不通的。

（2）矮化实质违法性在刑法解释中的作用与事实不符。张明楷教授特别指出：通过衡量行为的违法性程度，实质违法性有助于更好地解释犯罪构成要件，并对其符合性做出准确判断。[5]形式违法性判断并不是自足性判断，而是需要实质违法性判断的配合，若在刑法解释中抛弃实质违法性判断，单纯的形式违法性易陷入"违法性就是违反法"的循环论证中，无法说明违法性的实质，即法秩序在维护什么，特定行为侵犯了什么。实质违法性通过其实质内容填充了形式违法性的空虚内涵，我们在判断行为违法性时，必须同

---

〔1〕　参见孙万怀：《重申罪刑法定主义》，法律出版社 2017 年版，第 27 页。

〔2〕　参见余振华：《刑法违法性理论》（第 2 版），瑞兴图书股份有限公司 2010 年版，第 75 页。

〔3〕　参见张明楷：《外国刑法纲要》（第 2 版），清华大学出版社 2007 年版，第 143 页。

〔4〕　参见邵维国、郭剑峰："论形式违法性与实质违法性之关系——兼论刑事违法性与社会危害性"，载《学术交流》2008 年第 12 期。

〔5〕　参见张明楷：《外国刑法纲要》（第 2 版），清华大学出版社 2007 年版，第 141 页。

时考察形式违法性与实质违法性。[1]对于实质违法性的理解，法益侵害说与规范违反说分别从法益的侵害或威胁与法秩序或伦理规范的破坏两个角度展开。不同于规范违反说，法益侵害说跳出了法规范的窠臼，从法规范之外论证行为的违法性，认为行为的违法性来源于其对法所保护的利益的侵犯或威胁，避免了循环论证。规范违反说实际上仍围绕对规范的违反或法秩序的背离来论证行为的违法性，与形式违法性一样，均有自说自话之嫌。另外，法秩序、社会伦理规范等用词过于宏大，显得抽象模糊，在行为认定过程中不如具体的法益更好理解与掌握。

因此，笔者倾向于法益侵害说。在刑法解释过程中，我们不仅要判断待证事实是否可归纳入刑法用语的可能含义中，即形式违法性判断；更要判断待证事实是否已经侵犯或威胁到了刑法所保护的利益，即实质违法性判断，二者没有先后次序之分。孙万怀教授所担心的先做实质违法性判断会导致为了契合前置判断而强行入罪的情形并不存在，即便实质违法性判断在先，也迟早会进行形式违法性判断，法官需要衡量待证事实与刑法规范之间的距离，判断行为能否为法规范最大可能的含义所容纳。强行入罪以至于侵犯人权的司法活动与形式违法性与实质违法性判断的次序无关，只可能存在为了强行入罪而忽视行为的形式违法性或实质违法性的情形。这在"赵某华非法持有枪支案""王某军非法收购玉米案"等案件中已经得到了充分的展现，在这些案件中，法官过度拔高形式违法性判断的地位，而没有去仔细考察行为的实质违法性即是否侵犯社会法益及其侵犯的程度，进而导致刑法滥用。总而言之，在刑法解释中，对行为法益侵害性的判断与形式违法性判断具有同等地位，我们需要兼顾实质违法性判断与形式违法性判断，违法性判断的先后次序无碍于解释结论的公正与合理。

许恒达教授通过考察法益概念的衍变过程，将其划分为三个阶段：诞生期、扩张期与内化期。在诞生期，法益之所以被提出以取代权利侵害概念，并非为了限制或缩减刑罚范围，而是为诸多风俗、伦理、宗教犯罪找到处罚正当性的出口。权利侵害说可以解释侵犯国家或个人权利的犯罪，但无法合理说明伦理与宗教犯罪可罚性的实质理由。通过建构个人法益与超个人法益

---

[1] 参见刘艳红："论大陆法系违法性判断理论的缺陷及弥补"，载《法商研究（中南政法学院学报）》2001年第4期。

概念，使刑法管制的范围顺利超越古典刑法的约束范围，任何足以干扰多数人生活利益的行为均有可能被当作犯罪。在扩张期，人们借助法益表面限缩、内涵空洞的特点，因应风险社会中公众安全保护的趋势，将诸多新形态的社会活动纳入犯罪圈。如德国对于公共安全、环境不法行为、涉毒行为等新形态的可罚行为，采用抽象危险犯的方式立法，不再考量是否具有现实损害，管制的重心成为特定行为的禁止。在内化期，法益理论受到规范理论的影响，更加强化了刑法的社会管控机能，通过刑法制裁调控人们的行为。即为了保护法益，必须禁止社会成员实施可能损害法益的行为，社会成员负有遵守行为规范的义务，一旦违反该义务，初步的可罚性就已具备。

通过对法益概念发展过程的梳理，许恒达教授指出，法益概念的真正任务其实不是限缩刑罚，而是在刑罚柔软而正当地扩张过程中扮演着关键因子的角色。[1]基于法益概念的扩张特性，法益天然地具有了立法功能，成为某一行为或某一类行为犯罪化的实质根据。立法者正是看到了某类行为侵犯或威胁到了特定的法益，才以法益为根据划分不同类型的犯罪。与此同时，法益还具有司法功能或解释功能。借助法益概念，司法者才能准确把握刑法的保护方向，犯罪构成要件要素的实质内涵以及违法性阻却事由的有无，进而决定某一行为是否入罪。但是，法益在有助于刑法解释的同时，由于其天生的模糊性、空洞性与扩张性，难免会在"法益是否被侵犯""法益被侵犯的程度"两个方向采冒进主义，导致过度入罪现象的出现。

在传统犯罪网络异化领域，对上述情形的担忧不无道理，面对层出不穷的网络不法行为以及滞后的立法，司法机关往往倾向于认定网络不法行为严重侵犯到了传统法益，进而将其入罪。笔者认为，若要客观全面地判断网络不法行为是否侵犯了现有的法益及其法益侵犯程度，需要从法益判断的薄弱环节即从法益本体的认定与法益侵犯程度的判断两个方向展开探讨，防止法益扩张性所带来的刑法滥用。

一、法益本体的认定

对于法益本体的认定其实就是考察网络不法行为是否侵犯了传统罪名所

---

〔1〕 参见许恒达：《法益保护与行为刑法》，元照出版有限公司2016年版，第9~26页。

保护的法益，对此应分为两种情形：

（1）对于完全新型的法益，即网络不法行为侵犯了传统罪名尚未予以保护的法益，应谨慎解释与考量行为的危害性。若出现了完全新颖的网络不法行为，该行为所侵犯的法益并不能为现有刑法罪名所保护的法益所涵盖，那么我们不能盲目扩张法益的内涵，将侵犯新型法益的行为纳入犯罪圈，这将混淆立法与司法的界限。但问题在于，法益概念本身就具有模糊性与抽象性，在当前风险社会的背景下更是处于急速扩张的态势，那么，我们如何判断网络不法行为所侵犯的法益是否为新型法益？笔者认为，在立法层面，法益的内涵与外延可以随着立法观念与取向的演变而不断改变，至于新型法益是否应当设置以及如何设置，属立法层面的问题，本书不作阐述。在司法层面，我们应警惕法益内涵与外延扩大对于法治国理念的侵害，若网络不法行为所侵犯的是传统刑法尚未保护的法益，则不应入罪。网络新型法益要从以下两个路径着手判定：

首先，网络新型法益与传统法益的内核不具有一致性。网络数据所体现的利益可谓是典型，进入大数据时代以来，网络数据作为互联网经济的"石油"，在互联网经济增长过程中发挥了关键性作用。网络数据是如此的重要，以至于很多企业将自己的网络数据视为生命线与盈利之本，对于互联网企业而言更是如此。但是，法律并没有跟上数据地位提升的速度，2016年《网络安全法》尽管建立了相对完善的个人信息保护制度，但个人信息与数据迥异，数据的地位与性质仍然不明，以至产生诸多企业之间的数据纠纷，如华为与腾讯、今日头条与新浪微博的数据之争，其实质是企业数据权属之争。

随着数据日益成为财富的象征，网络系统却依然防御薄弱，数据遂频频成为犯罪对象。与我国刑法对公民个人信息日益增强的保护力度相比，网络数据的刑法保护严重滞后。在大数据时代，刑法应认识到网络数据的基础性地位，围绕数据实现刑法自身的革新。为了更好地保护公民的个人信息，应当构建以数据为内核的新式刑法。[1] 然而，刑法并未实现由传统刑法向数据刑法的转型，这使得众多互联网企业不得不通过技术手段保护自己的数据资产不被侵犯，互联网架构也从开放转向封闭。[2] 即便如此，仍出现了一些侵

---

[1]　参见于冲：《网络刑法的体系构建》，中国法制出版社2016年版，第205页。

[2]　参见胡凌：《探寻网络法的政治经济起源》，上海财经大学出版社2016年版，第18页。

犯数据资产的案件。

在"网络爬虫第一案"中，被告人使用技术手段破解了字节跳动公司的防御措施，进而获取该公司大量的数据视频，造成字节跳动公司损失技术服务费人民币 2 万元。在"车来了"案中，被告人为了使提高本公司所开发的智能公交 APP "车来了"的用户量及信息准确度，利用网络爬虫软件获取竞争对手公司服务器里的公交车行驶信息、到站时间等实时数据，造成对方公司巨大经济损失。

上述案件的被告人均被法院认定为非法获取计算机信息系统数据罪。由于企业网络数据权在根本性质上不同于财产权，上述案例均以非法获取计算机信息系统数据罪收尾，而并不认定为传统罪名，如财产类犯罪。财产类罪名主要保护公私财产的所有权，但网络数据来源于社会公众，其所有权本质上属于普通公民而非相关企业。而财产具有排他性，若赋予企业对网络数据的排他性权利，将不可避免地损害网络数据所有者即普通公众的天然利益，故不可取。可见，由于网络数据法益这一新型法益与传统犯罪中的法益具有质的不同，我们找不到合适的传统罪名，更倾向于通过纯正网络罪名去惩治企业数据犯罪，尽管这一倾向有使纯正网络罪名沦为"口袋罪"的危险。

其次，若网络不法行为并没有造成实际危害后果，而仅仅造成了抽象的危险结果，使法律所保护的利益处于危险状态中，那么应谨慎入罪，该网络不法行为所侵犯的法益原则上应视为新型法益。尽管网络犯罪中危险犯的运用渐成风潮，对于超个人法益的保护愈加受到重视，但在解释论中，对于尚未造成危害后果的仅具有一定危险的新型行为，仍应慎重看待。如大批量网络账号的恶意注册行为，行为人违反国家规定和网络账号注册规则，利用通过非法途径取得的手机卡号作为注册材料，编造或使用虚假的身份信息，突破网络安全防护措施，大批量地创设虚假的网络账号。这种行为的目的在于规避真实的身份，以逃避司法机关的追查与打击。

如今，网络账号恶意注册行为已然成为网络"黑灰产"的源头，严重威胁到网络经济发展甚至国家安全。但是，在下游行为尚未实施前，该种注册行为无法造成实际损害，仅具有侵犯多种法益的巨大危险。另外，尽管这种行为是下游多种犯罪的源头，但其侵犯的法益较为繁杂，可能侵犯公私财产所有权、公平竞争的市场秩序、社会的公序良俗等。但这种行为并没有侵犯到一个准确、具体、固定的法益，而是呈现出泛化与随机的特征。在立法之前能否被视为独立的法益尚未可知，故对其危害性的考察应当慎重。在满足特定条件前，不可动辄将其认定为诈骗罪、侵犯著作权罪、传播淫秽物品罪等。撞库打码行为亦属于此类，行为人通过账号批量登录软件与打码平台，以撞库的方式实现网络账号的批量验证并登录，进而获取真实的账号与密码并出售给他人。撞库打码行为突破了互联网平台的安全防护体系，削减了验证码身份鉴别的作用，通过获取大批量的计算机信息系统数据，为下游违法犯罪提供素材，社会危害性极大。

对此，有学者认为该行为扰乱了互联网运行的正常秩序以及防护体系，对互联网业务造成较大危害，虽然我国没有规定妨害业务罪，仍可以进行与时俱进的客观解释，将其认定为破坏生产经营罪。[1]还有学者认为，利用计算机妨害业务的行为虽然严重侵害了生产经营者正常开展业务，对经济发展不利，但将此类行为认定为破坏生产经营罪违反了罪刑法定原则，我们只能要求立法增设新罪，而不能类推适用刑法。[2]

笔者不赞同将其认定为破坏生产经营罪，撞库打码行为实际上与恶意注册网络账号行为性质一样，均为网络违法犯罪行为的上游行为，且严重威胁到网络安全与经济发展。该行为直接危害到了网络安全，间接危害到诸多法益，间接法益的认定则依附于下游犯罪行为所侵犯的法益，若下游犯罪为倒卖车票，则间接法益为国家的公共交通管理秩序，若下游犯罪为盗窃，则间接法益为公私财物所有权。与撞库打码行为所侵犯法益的抽象性、多样性、动态性相比，破坏生产经营罪的法益相对明确、单一、具体，为公私财物的所有权和生产经营秩序。可见，撞库打码行为所侵犯的法益与破坏生产经营罪的法益相差甚远，不可将其认定为破坏生产经营罪。关键在于，撞库打码行为只是对网络安全与经济发展产生一定程度的威胁，其行为本身并没有造成实际的损害结果，损害结果要通过下游犯罪行为才得以显现。盲目以传统罪名规制此类网络危险行为，其结果必然造成刑法的滥用，违背刑法谦抑原则。正如劳东燕教授所指出的，当刑法开始着手处理危险时，罪与非罪的界

---

〔1〕 参见高艳东："破坏生产经营罪包括妨害业务的行为——批量恶意注册账号的处理"，载《预防青少年犯罪研究》2016年第2期。

〔2〕 参见张明楷："妨害业务行为的刑法规制"，载《法学杂志》2014年第7期。

限将因为对危险的主观性判断而变得模糊，这为不恰当的刑法干预提供了可能。[1]

总而言之，我们无法通过解释论的改进与解释方法的完善来运用传统罪名规制侵犯新型法益的网络犯罪，在立法尚未细化与改进之前，只能在已有的纯正网络罪名中寻找合适的路径。事实上也是如此，对于滥用网络爬虫以及撞库打码的行为，司法机关已开始运用非法获取计算机信息系统数据罪予以规制。

（2）若传统法益添加进了新内容，应在不违背罪刑法定原则的基础上，有条件地将其划入刑法保护范围。众所周知，法益具有刑法解释的功能，对刑法规范中法益的理解，关系到对犯罪构成要件的理解，进而影响到犯罪圈的大小。[2]由于法益隐藏在刑法规范中，要理解法益就必须首先深刻理解刑法规范，弄清楚某一刑法规范的立法目的与保护对象，进而实现对法益的准确理解。与此同时，法益概念是发展着的，其内涵不断地发生流变与扩充，使特定刑法规范的保护范围不断扩大。这个时候，我们更要精准把握刑法分则条文的目的，使增添的新内容不与传统法益产生根本性的排斥，使增添新内容后的法益依然符合刑法分则条文的目的，这样才能兼顾刑法规范的稳定性与刑法解释的灵活性。因此，笔者认为，将新内容增添进传统法益的步骤主要有二：其一，考察刑法分则规范的立法目的；其二，将内容扩充后的法益与立法目的相对照，看前者是否偏离后者的方向，若二者相一致，则应承认传统法益的内涵趋于丰富。

在财产犯罪中，抢劫罪所保护的法益被公认为他人的人身权利以及公私财产所有权，其立法目的应当相应地被理解为保护他人的人身权利与公私财产所有权。随着网络社会的不断发展，抢劫罪的构成要件要素也呈现出网络化趋势，虚拟财产能否被视为抢劫罪中的"公私财物"，抢劫虚拟财产是否侵犯了公私财产所有权，这些问题引起了热烈讨论。由于虚拟财产与现实财物一样，均具有可管理性、可转移性与价值性，多数学者都认为应当将虚拟财产视为"公私财物"，司法机关也多倾向于作此认定，如在典型的"王某全抢

---

[1]　参见劳东燕：《风险社会中的刑法：社会转型与刑法理论的变迁》，北京大学出版社2015年版，第265~266页。

[2]　参见张明楷：《法益初论》，中国政法大学出版社2003年版，第217页。

劫案"中，法院将抢劫 Q 币、游戏币、游戏装备的行为认定为抢劫罪。与此同时，也有学者认为不应将虚拟财产直接纳入"公私财物"的范围，主张通过对网络数据的直接保护实现对虚拟财产的间接保护，其理由包括：将虚拟财产解释为财物并非涵摄而是属于类比，我们不能因为虚拟财产具有财物的一些特征而认定其属于财物；虚拟财产并非劳动创造的成果，不具有价值性；虚拟财产的可交换性虽然有个人的承认，但尚未取得社会的整体性承认。[1]

笔者认为，这些理由不足以否认虚拟财产属于"公私财物"。

第一，该论者对涵摄过程的理解过于极端了。人们的理性与认知能力是有限的，不可能总结出组成某一事物的每一个要素，而只能根据社会通常观念总结出主要的要素，将其作为该事物的典型特征，进而使其与待证事物相对照。从某种程度来说，将某一事物认定为另一事物的过程其实就是类比思维，无论我们是否承认，这种弥补人类有限理性与认知能力的思维过程的确是实现涵摄的不二路径。

第二，有些学者以网游举例，认为虚拟财产具有价值性，如网游玩家为了获得虚拟财产往往要付出大量的时间和金钱成本，如"打怪"和"升级"，由此推断虚拟财产是劳动的成果，具有价值性。笔者赞同该结论，但不赞同其论证逻辑。从玩家的角度来论证虚拟财产的价值性，则犯了方向性错误。无须赘言，对于玩家而言，网络游戏只具有娱乐功能，玩家在奋力"搏杀""升级"的过程中获得了巨大的身心愉悦。而劳动则是生产者通过身心与精力的投入获取生产成果的过程，娱乐与劳动存在根本性区别。但虚拟财产依然是劳动创造的成果，具有价值性，网络游戏中的虚拟财产凝结了开发者的心血与汗水，包括了推广运营商的智慧，还包括网络服务商的支持。玩家要获得游戏装备等虚拟财产，表面上看要通过自身的努力才能获得，但实际上要进入这些设定好的程序则必须支付相应的对价，之后所获得的虚拟财产尽管会随市场的波动而出现价格的起伏，但没有起初所支付的对价，玩家根本不可能有获得虚拟财产的机会，可以说玩家所获得的虚拟财产的价值以及预期价值已经被网络游戏开户时所支付的对价包含了。在这个意义上，网络游戏开户与买进股票相类似，正如股票毫无争议地具有价值性一样，虚拟财产怎

---

[1] 参见欧阳本祺："论虚拟财产的刑法保护"，载《政治与法律》2019 年第 9 期。

么可以说没有价值性呢？

第三，虚拟财产的可交换性当然地得到了社会整体性承认。诚然，虚拟财产是崭新的概念，并不为绝大多数公众所认同，具有明显的群体性色彩，往往在特定的圈子中实现虚拟财产的交换，如比特币、网游装备等。但虚拟财产的可交换性与交换过程是两个不同的概念，任何局外人亦可获得虚拟财产并获得随时交换的机会，尽管其并不打算交换。古玩、字画、普洱茶等市场也具有一定的群体性，这些物品并非如同人民币一样被社会广泛认知，但并不影响其可以持有、投资与交换。从这个意义上讲，虚拟财产也得到了社会整体性的承认，以具有巨大升值潜力的网游装备作为日常支付的对价，如以名贵字画作为支付对价一样，并不会引起人们的普遍拒绝。

总之，虚拟财产应当被视为抢劫罪中的"公私财物"，抢劫虚拟财产的行为也必然侵犯公私财产所有权，将虚拟财产纳入抢劫罪的保护范围并不与传统法益相排斥，而是顺应社会发展的结果，应将其纳入抢劫罪法益的保护范围。

与抢劫罪相同，盗窃罪所保护的法益亦为公私财产所有权，但网络社会中越来越多的"使用盗窃"情形，为盗窃罪法益的理解增添了困难。对于"使用盗窃"是否侵犯了盗窃罪所保护的法益，存在不同的观点：有学者认为，"使用盗窃"行为其实是一种未告知财物所有人的非法使用，行为人不具有非法占有目的，只是对他人财物所有权的轻微妨碍，不应当认定为盗窃罪，应增设"使用盗窃罪"。马松建教授也认为，所有权是盗窃罪的保护法益，取走他人物品的行为人不构成盗窃罪，所有权人所受到的经济损失应由民法与行政法解决。尽管我们对动产利益的享受往往建立在持有的基础之上，但这并不代表我们必须动用刑法去处罚只侵害持有而不侵害所有的行为。[1]也有学者认为在特定条件下，"使用盗窃"应当纳入盗窃罪的处罚范围。如李强研究员主张在坚持不法取得目的必要说的基础上，有限度地以盗窃罪处罚使用盗窃行为。[2]张红昌博士认为，"使用盗窃"的可罚性源于客观的实质损害，

---

〔1〕 参见马松建、徐楠："对共享经济背景下使用窃盗问题的反思——以英美法财产犯罪为视角"，载《河南大学学报（社会科学版）》2019年第1期。

〔2〕 参见李强："论使用盗窃与盗用"，载《国家检察官学院学报》2018年第2期。

应以相当的利用可能性作为判断基准，以盗窃罪处罚"使用盗窃"行为。[1]
在网络社会的大背景下，财产犯罪的对象开始出现使用权化，财产所有权能
之中的"使用权"正变得愈加重要，俨然成为所有权的核心要素。网络时代
的"使用盗窃"主要针对虚拟财产以及数字化财产的使用权，如非法占用他
人的网络空间和网络宽带，盗用上网账号、盗用运算能力和存储空间、盗用
计算机系统的使用时间或使用权等。事实上，参与经济或共享经济必然成为
未来的经济发展方向，使用权也必然代替所有权成为最基本的财产权，这种趋
势在当前已经表现得尤为明显，刑法规范及其解释的网络化也应被大力推动。

笔者认为，应以"使用盗窃"丰富盗窃罪法益的内涵。理由主要包括：

第一，网络刑法应具有一定程度的适应性与前瞻性，对于大量的新型犯
罪，刑法需要积极应对乃至未雨绸缪。当前，学界存在过度强调刑法谦抑性、
被动性与最后手段性的趋势，这并不能因应社会的发展变化。刑法应以适当
克减谦抑性，以更积极、独立的姿态介入其他部门法尚未介入的领域，避免
处罚真空的产生，这也符合"严而不厉"刑事政策的要求。[2]因此，法益的
内涵应适当实现"网络化"转型，适时吸收新内容，使法益的内涵愈加丰富。

第二，对财物使用权的保护符合盗窃罪的立法目的，即便将"使用盗窃"
纳入盗窃罪犯罪圈也不会偏离立法目的。盗窃罪的立法目的是保护公私财产
所有权，所有权则可以分解为占有权、使用权、收益权、处分权四项权能，
无论侵犯哪一项权能，均可认为所有权受到了侵犯。"使用盗窃"完全可以侵
犯上述四项权能，比如，获知他人 WIFI 账号与密码，登录并成功连接网络，
那么就获得了该项 WIFI 服务的占有权，尽管这种占有与传统占有不同而可以
实现同时性占有，亦不能否认行为人的确实现了对 WIFI 服务的占有。之后，
行为人便可以顺利使用该网络账号自由使用网络流量，甚至可以擅自修改登
录密码，排除所有权人的使用权与处分权。这种行为有明确的立法性支持，
最高人民法院早在 2000 年就通过司法解释[3]将这种行为认定为盗窃罪，只

〔1〕 参见张红昌："论可罚的使用盗窃"，载《中国刑事法杂志》2009 年第 5 期。
〔2〕 参见孙国祥："新时代刑法发展的基本立场"，载《法学家》2019 年第 6 期。
〔3〕 2000 年出台《最高人民法院关于审理扰乱电信市场管理秩序案件具体应用法律若干问题的
解释》，其第 8 条规定，盗用他人公共信息网络上网账号、密码上网，造成他人电信资费损失数额较大
的，以盗窃罪定罪处罚。

不过其前提条件在于"造成他人电信资费损失数额较大"。该司法解释尽管已落后于时代发展，但其意义在于：承认了使用盗窃情形的存在并以盗窃罪进行规制。黎宏教授认为，对财物的不法取得不限于物质，也包括价值，盗用行为并非对财物本身的盗窃，而是对财物使用价值或体现出的财产性利益的盗窃。因此，盗用行为可以被认定为盗窃罪。[1]黎宏教授所指的"价值"就是财物的使用价值，可引申为财物的使用权。

笔者赞成黎教授的结论，但不赞同其论证过程。实际上，对财物使用价值的盗窃必然建立在占有该财物的基础之上，即便是网络时代的无形财物亦是如此，否则根本无法探明行为人对财物行使使用权的路径。尽管对占有权、使用权、收益权、处分权四项权能中的任一权能的侵犯均可构成盗窃罪，但使用权、收益权与处分权的行使必须要建立在占有权的基础之上。所以，行为人对财物使用价值的盗窃以对财物的盗窃为前提。

还有学者以《刑法》第265条为依据论证"使用盗窃"应被认定为盗窃罪的理由，根据该条规定，盗接他人通信线路，复制他人电信码号的行为以盗窃罪论处。但这种情形与网络时代中的"使用盗窃"区别明显，无论是盗接通信线路，复制电信码号，还是盗用电力与燃气，其过程具有一次性，由于通信、电力、燃气资源的有限性与消耗性，一旦被行为人使用，就不可能被挽回，更不可能出现行为人与受害人同时使用的情形。对于网络时代的"使用盗窃"，如蹭网行为，行为人对网络资源的使用并不排斥被害人的使用。可以说，盗接通信线路，复制电信码号，盗用电力与燃气的行为与普通盗窃无本质区别，仅为犯罪对象的表面性区别。而对于网络资源的"使用盗窃"可谓纯正的"使用盗窃"。因此，以上述行为论证网络资源的"使用盗窃"情形，并不合适。

知识产权犯罪也较为典型，以侵犯著作权罪为例，其保护的法益是国家的著作权管理秩序以及他人的著作权，破坏该罪法益的典型行为是未经著作权人许可而实施的复制发行行为。通常意义上的复制，是指以复印、拓片等方法生成与原作品雷同的新作品的行为。发行，通常是指通过出售、出租等方式向公众提供作品复制件的行为。随着网络技术的应用，越来越多的人通

---

〔1〕 参见黎宏："论盗窃财产性利益"，载《清华法学》2013年第6期。

过信息网络传播作品，如将音乐作品做成视频或音频，上传至网络空间供人下载；以 BT 种子等形式将影视剧作品上传至网络空间供人下载；将纸质书扫描制作成电子书，上传至网络空间供人阅览或下载等。

根据我国《著作权法》的规定，上述行为实际上是信息网络传播行为，信息网络传播权与复制发行权是两种截然不同的权利，但现实情况是越来越多的侵犯著作权的行为借助网络平台进行，通过信息网络传播作品远比复制发行还要严重。在网络环境中，公众已经习惯于免费获得信息，各种网络媒介也在不当市场利益的驱动下，以"合理使用""非营利""服务消费者"为借口，未经著作权人许可就面向公众提供作品传播与复制等服务，借助互联网侵犯著作权已成为普遍性现象。[1]与传统的著作权侵犯行为相比，网络著作权侵犯不需要载体，超越了时空和地域的限制，更加方便、快捷，且成本较低。另外，由于网络使信息资源更易共享，网络信息传播较难控制，网络作者多隐藏真实身份等原因，著作权人的维权变得更加困难。[2]基于网络环境下的著作权侵犯后果较为严重，甚至已达到刑法惩治的标准，《信息网络传播权保护条例》和《著作权法》扩大了著作权犯罪的范围，侵犯信息网络传播权、规避技术措施和权利管理电子信息情节严重的，均可追究刑事责任。

与之相比，《刑法》并没有就信息网络传播权作出明文规定，而是通过司法解释的方式将利用网络擅自传播他人作品的行为认定为侵犯著作权罪。该司法解释的公布是为了打击网络著作权侵犯行为，其根据仍在于借助网络实施的新型复制发行行为也侵犯了该罪所保护的法益。张明楷教授从法益保护的角度对此司法解释表示赞同，认为如果未经著作权人许可的网上侵犯著作权的行为都不能按照侵犯著作权罪论处，会不当缩小该罪的处罚范围，不利于著作权的保护，这显然是从立法目的着眼，说明丰富侵犯著作权罪法益的必要性。从法益本身的角度来讲，由于网络因素的加入，新型复制发行行为也确实丰富了侵犯著作权罪的法益，使国家的著作权管理秩序与他人的著作权的内涵更加饱满。

如前所述，由于信息的网络传播行为被添加进传统的复制发行行为中，使他人著作权得到了更加全面的保护，法益内涵得到了扩充。国家的著作权

---

〔1〕 参见梅术文：《网络知识产权法：制度体系与原理规范》，知识产权出版社 2016 年版，第 88 页。

〔2〕 参见杨加明：《网络著作权刑法保护研究》，知识产权出版社 2019 年版，第 25 页。

管理秩序更是如此，国家的著作权管理秩序是指国家为了激发人的创造才能，促进生产力进步，通过一系列法律法规，承认并保护个人对著作权的适度垄断而形成的秩序。受到前网络时代中的自然权利理念影响，著作权普遍被认为是作者独享的权利，并在个人权利与公共利益的冲突中强调对个人权利的保护。为此，对著作权保护的期限呈不断延长的态势，如美国第一部《著作权法》将著作权期限规定为 14 年，1831 年将著作权期限设定为 28 年，1962 年延长到 47 年，1998 年，美国国会通过了《版权保护延伸法案》，将期限延长至作者终身加死后 70 年。[1]

随着网络程度的加深，一方面，人们利用网络技术侵犯著作权变得更加容易；另一方面，著作权人越来越倾向于通过技术保护措施防止自己利益受损，二者极端化的后果就是，著作权人在保护自己正当权利的同时，也极易伤害到公众合理使用作品的权利。网络产生之初就带有鲜明的开放性、多元性与流动性，信息的共享一度成为民众的共识，也在一定程度上填补了人群之间的信息鸿沟，而网络著作权的提出，使著作权的内向、垄断、封闭性与网络形成尖锐矛盾。事实上，著作权人享有的私权利应以公共利益为界限，著作权并非天然的权利，而来源国家的赋予。国家在设定著作权的时候，既要考虑到保证著作权人因其作品获益，进而激发更多人的创造性，又要兼顾社会公众享有的信息权利，人们曾希望借助网络实现文化与信息资源的公平分配，但事实上不平等在逐渐加剧。所以，信息网络传播权须更多地从公共文化与信息权利的角度着眼，对公众使用网络信息作出明确规定，在个人著作权利益保护与社会公益维护之间达到平衡。[2]

因此，网络时代国家著作权管理秩序的内涵应更加丰富，不应局限于基于个人著作权保护而形成的各种法律法规或体制机制，还应包括为兼顾公众的网络信息权利而形成的管理秩序。在法益二元化日益凸显的今天，我们可以将侵犯著作权罪的法益理解为既包括集体法益，又包括个人法益，其中集体法益就是国家对著作权的管理秩序，个人法益就是个人的著作权。随着风险社会中集体法益愈加受到重视，在刑法解释中，为了适应网络技术发展，实现立法目的，我们可以将对个人法益的保护升华为对集体法益的保护，这

---

〔1〕　参见陈杰：《论著作权的正当性》，知识产权出版社 2016 年版，第 174~176 页。

〔2〕　参见孙昊亮：《网络环境下著作权的边界问题研究》，法律出版社 2017 年版，第 203、207 页。

是该罪名适应网络时代变迁的必然选择。尽管在当下，集体法益有存在与利用的必要，可作为刑法解释的利器，但集体法益往往体现为某种制度、秩序或体系，因此具有天生的抽象性与模糊性，也不可避免地受到了滥用的质疑。为了厘清个人法益与集体法益的关系，缓解二者的冲突局面，有学者提出，对集体法益的保护最终是为了保护个人法益，与人的普遍利益无关的单纯秩序维护不应成为刑法的任务。若看似保护集体法益，实则体现了公权力的秩序维护意志，与个人法益没有直接关系，这种集体法益不能受到刑法的保护。[1]更有学者直截了当地提出，集体法益必须能够转换成个人法益，只有这样才能为刑法所保护。[2]

笔者认为，集体法益具有独立的存在价值，若坚持将集体法益转化成个人法益作为刑法解释的前提，并企图以此约束集体法益内涵的不当扩张，那么在立法时直接以个人法益取代集体法益岂不更好？在某些情况下，集体法益可以在具体案件中被转化为个人法益，增进人们的理解，但集体法益具有独立性，并不必然能够转化为个人法益。现代社会，刑法已走出了单纯维护个人法益的阶段，其功能扩展到秩序建构、安全塑造与公众认同。[3]上述观点既不恰当地矮化了集体法益的作用与价值，也不具有可行性。如非法经营罪所保护的法益是国家的市场交易管理秩序，对于非法经营食盐的行为，我们甚至很难找出该行为与个人法益受损之间的间接关联。法益具有天生的灵活性与扩张性，集体法益的设置也正是利用了法益的这种特质，在急剧变迁的社会中，应尊重集体法益的独立性与价值，适度地将新型法益解释进集体法益之中，实现良好的社会治理。

实际上，随着侵犯著作权罪的网络异化，一些用户也可能因为破坏侵犯著作权罪所保护的集体法益而犯罪。如网络软件的最终用户若以企业盈利为目的，擅自复制并使用软件并用于日常业务，尽管缺乏营利的目的，并没有直接侵犯软件著作权人的权利，仍可能会构成侵犯著作权罪而不仅仅是侵权行为，这与购买盗版书籍、光盘等行为的定性差距甚远。其主要原因在于软件开发时间较长、成本巨大，但复制并使用的行为却十分简单，这极大地挤

---

[1] 参见孙国祥："集体法益的刑法保护及其边界"，载《法学研究》2018年第6期。

[2] 参见雷东生："刑法保护法益的判断规则"，载《法制与社会发展》2015年第6期。

[3] 参见陈家林："法益理论的问题与出路"，载《法学》2019年第11期。

压了软件销售的利润空间。为了保护软件业的顺利发展，刑法不得不将符合特定条件的复制并使用软件的行为纳入犯罪圈，对于集体法益即软件产业整体性的破坏无疑是较好的突破口。这并非意味着国家可以集体法益为由肆意扩张刑法的适用，对于以侵犯集体法益作为入罪理由的案件，应对解释结论是否合乎立法目的与宪法进行校验，判断其是否正当。

还要注意的是，在将新内容增添进传统法益的过程中，不可以出现双重标准。张明楷教授一方面认为虚拟财产可被解释为"财物"进而适用传统罪名；另一方面认为，对于扰乱"网络空间""电子通信自由"的行为，则必须通过修改刑法来规制。[1]这种分类恐有双重标准之嫌，既然虚拟财产能够等同于"财物"，那么网络空间与电子邮件为何不能等同于"公共场所"与"信件"？事实上，后者并没有超出大多数国民的预测范围，网络已经深刻地重塑了人们的思维方式与认知内容，解释结论的作出不必畏首畏尾。罪刑法定原则兼具形式侧面与实质侧面，二者相互融合且功能相互补充，将平义解释或形式侧面简单地等同于罪刑法定原则的观点已成明日黄花。罪刑法定原则不仅能保障公民权利，也能够积极适应社会发展，使刑法规范保持一定的开放性，更好地保护法益。利益法学代表人物黑克主张法官应根据利益的要求服从法律，保护制定法认为值得保护的利益，并批判了法官的懒政行为，黑克生动地指出，即便制定法存在极其明显的漏洞，刻板的遵循制定法将不可避免地伤害实质正义，法官依然可以为自己脱罪找到借口，将后果归咎于法律规范。[2]。另外，由于并不存在所谓的"中心"或"原点"，故亦不存在"射程"及其范围，对于符合网络化趋势，范式性较强且不超出国民预测可能性的解释结论，应适当采纳。

二、法益侵犯程度的判断

犯罪是严重危害社会的行为，只有行为达到一定的程度才能被视为犯罪。因此，对法益侵犯程度的衡量，决定着是否将某一行为解释为犯罪。在网络的影响下，法益侵害程度出现的变异并非与现实空间中的法益侵害程度呈正比例关系。由于决定法益侵害程度的因子被网络化，我们不能用传统的法益

---

〔1〕　参见张明楷："网络时代的刑事立法"，载《法律科学（西北政法大学学报）》2017年第3期。
〔2〕　［德］菲利普·黑克：《利益法学》，傅广宇译，商务印书馆2016年版，第27~29页。

侵害标准进行判断，而应在其基础上结合网络因素进行充分灵活的解释。

有学者认为，由于网络已深入社会的每一个角落，加之其即时性、便利性和低成本性，网络犯罪在危害程度与危害范围上均较传统犯罪更为严重。[1]此观点看到了网络技术对犯罪危害性的放大功能，但失之于绝对。网络犯罪的法益侵害具有个体性，其本身并非划分明确的一类犯罪，而是在多样性方面与传统犯罪无异的具备网络特质的犯罪，正如我们无法断言全部现行罪名的法益侵害程度一样，我们也无法断言全体网络犯罪的法益侵害程度，特别是网络异化型犯罪。在成为一个个生动的案例之前，网络犯罪只会停留在刑法规范及其概念之中。因此，微观个案意义上的把握比宏观性的分析更具实际意义。对于占网络犯罪绝大部分比例的网络异化型犯罪而言，犯罪方式与空间的改变不必然带来危害性的增强，这和传统犯罪中用枪杀人不必然比用刀杀人危害性更大道理相近。遑论各种被侵犯的新型法益层出不穷，法益的性质、类别及侵犯程度均有待厘清，欠缺与传统犯罪危害性比较的前提。如大批量恶意注册网络账号的行为作为下游违法犯罪的源头应受到严厉打击，但注册行为的原子化，下游犯罪的多样化导致法益模糊，进而使刑法规制陷入困境，抛开个案断言此类行为比传统犯罪危害性更大不可取。故而，我们需要对网络空间不法行为侵犯或威胁法益的情况进行具体分析之后，才能决定是否动用以及怎样动用刑法。

在网络异化型犯罪法益侵犯程度的判断中，有学者认为，工具性网络犯罪法益被侵害的衡量方式与现实犯罪法益被侵害的衡量方式一样。空间型网络犯罪所侵犯法益的认定要依赖于对现实空间犯罪所侵犯法益的认定，前者在认定前应当转化为后者。[2]该学者主张以传统法益侵害标准衡量网络异化型犯罪，其前提在于将网络异化型犯罪还原为传统犯罪。这种观点否定了网络犯罪的独立性，没有看到网络空间中法益侵害量化方式的异化，是片面的。显而易见，传统以数额、数量标准为中心的法益侵害的量化模式已逐渐无法适应层出不穷的网络犯罪情势，如数额或数量标准无法很好地满足虚拟财产及网络服务侵犯案件的定量需求，"情节严重""后果严重"也因其先天的抽象性使法官更加无所适从。

---

〔1〕 参见杜磊："网络犯罪的特征与刑法规制路径"，载《河北法学》2017 年第 7 期。

〔2〕 参见樊华中："网络犯罪的刑法法益确定及其量化分析"，载《净月学刊》2016 年第 6 期。

近年来，新型网络犯罪愈加表现出不同于传统犯罪的"积量构罪"特征，即利用网络大量实施低危害行为，累积的危害后果或危险达到可罚的程度。[1]打破此种僵局的路径是根据网络特质，在现有法益侵害量化模式的基础上建构网络环境下法益侵害量化的新方案。对于可以直接适用现有法益侵害量化模式的情形，处理方式可与传统犯罪一致，如网络侵财犯罪仍可适当采数额标准。对于现有法益侵害量化模式无法处理的情形，可通过对点击数、下载量、信息时长、访问人数、注册人数、系统程序功能、网络平台性质、技术性强弱、动机及罪过、网络义务等方面的综合考察，确定网络行为的可罚性。出于刑法明确性原则，最高司法机关针对网络异化型犯罪出台了大量司法解释，为该类犯罪法益侵害的量化提供了指南。但从长远来看，司法解释应当从诸多针对个罪或类罪的精细化解释中抽象出原则或规律，作为网络犯罪法益侵害量化的"圭臬"，并给予法官一定程度的裁量权，否则将长期局限于滞后或"顾此失彼式的司法解释"，不利于网络环境中法益侵害量化共识与规则的形成。若刑法立法或司法解释尚未出台，也不意味着我们对网络异化型犯罪的法益侵害量化无计可施，我们可以在罪刑法定原则的基础上，以现有的法益侵害量化标准为基础，在法益侵害量化研判中加入网络因素，使之与传统定量因素相融合，准确评价网络环境中传统犯罪所造成的损害。简单地说，对于立法或司法解释处于阙如状态的网络异化型犯罪，其法益侵害程度的判断可秉持"传统定量因素+网络因素"模式，其中"网络因素"是指网络环境下不同犯罪实施过程中所涉及的可能影响罪量的网络性因素。

侮辱罪的入罪门槛为"情节严重"，发生在现实空间中的侮辱罪的"情节严重"相对容易判断，如造成他人自杀、自残或精神异常，多次侮辱他人，造成社会秩序严重混乱，引发民族、宗教矛盾等。对于网络空间内侮辱行为的情节严重程度，上述标准自然也适用，但网络侮辱有其自身特点，对于一些借助网络进行侮辱的情形，尽管对被害人的名誉与身心健康造成极大的伤害，按照传统标准并不构成犯罪。正是因为网络因素的加入，使侮辱罪的法益侵害程度难以判断，也不恰当地放纵了侮辱犯罪的发生。笔者认为，在网络侮辱情境中，"网络因素"主要包括网络侮辱信息的点击、浏览、下载、转

---

[1]　参见皮勇："论新型网络犯罪立法及其适用"，载《中国社会科学》2018年第10期。

发的次数；网络侮辱信息的传播平台、传播时长、传播手段等。我们可根据实际情况尝试将网络因子融入犯罪构成主客观方面的认定中，进而对其情节严重程度进行考察：

（1）网络侮辱的客观行为。网络侮辱的行为方式是网络异化型侮辱罪法益侵害程度判断的主要标准，以下客观因素均与法益侵害程度成正比例关系：

第一，可统计的数量标准。我们可参照网络诽谤司法解释，考察侮辱信息被点击、下载、浏览、转发的次数，若次数达到一定数量或侮辱信息在网络空间中的存在超过一定时间，则倾向于"情节严重"。应当说，数量标准易被量化，且直观可见，可作为认定法益侵害程度的基础参数。值得注意的是"点击""浏览"等名词的解释与数量的统计与分析。统计与分析对于传播效果的认定至关重要，鉴于点击—浏览—下载—转发的连贯性，四个步骤可能只有一个人在完成，故极易重复统计，错误扩大网络信息的影响力。鉴于这些用语规范性较欠缺，易产生理解上的分歧，需司法解释等规范性文件统一化。

第二，是否开展"人肉搜索"。"人肉搜索"是对个人信息的披露与曝光，行为人运用网络技术对网络虚拟对象进行信息检索，将信息分析整理后，将被害人的信息发布在网络上。"人肉搜索"既可以是侮辱的前提，促成侮辱行为的发生，也可以侮辱为前提，进而通过人肉搜索进一步明确靶向目标展开攻击。在一些网络侮辱过程中，会有人在始发帖的基础上搜索出被害人更加详细的个人信息并将其曝光在网络上，甚至包括被害人的单位、亲朋好友的信息，以方便网络"暴民"对被害人及其朋友圈展开"围剿"，通过隐私权的侵犯，加深对被害人人格与名誉权的侵犯，法益侵害程度骤然增大。

第三，是否组织"网络水军"或"代骂"。"网络水军"与"代骂"群体的组织性与专业性较强，且在事前经过了周密的准备，使加害人群体增加，攻击力量增强。若行为人蓄意组织成千上万的"网络水军"或"代骂"在网络空间中肆意侮辱被害人，在网络技术的助力下会迅速形成强烈社会影响，导致被害人名誉受到极大损害，这种有组织的侮辱的危害性远超普通个人所实施侮辱行为的危害性。

第四，是否开辟新的传播平台。"2009年以来，以微博为代表的社会化媒体开始了井喷式发展，微博时代'裂变式'的信息传播方式和'碎片化'的生活方式已极大地深入社会日常生活。在这种背景下，个人就会变得非理性、易激动、判断力差，易被权威左右，因而容易走向极端。"[1]一些影响力较大的网络平台也成了网络暴力的主战场，如天涯论坛、百度贴吧、新浪微博、知乎等，这些网络平台的传播速度与影响力会远远超过普通平台。因此，虽然不是侮辱帖始发者，但将其多次转发影响力较大的网络平台的，应视为侮辱罪情节严重的表现。

第五，传播时间的长短。网络的特点就在于其稳定性、动态性与快捷性。稳定性决定了网络信息不会轻易被涂改与删除，即便将传播源头的服务器中的信息删去，也无法应对无数终端服务器里的信息。动态性决定了网络信息随时处于变动之中且有无限变动、扩散的可能，昨日小众平台里的信息，明日就可能传播到大众平台。快捷性使得信息克服了空间距离，实现全球光速传播。正是网络的稳定性、动态性与快捷性，决定了网络侮辱信息在网络中存在的时间越久，其传播的范围越广阔，影响力越大。

（2）网络侮辱的因果关系。一般而言，侮辱行为与危害结果的因果关系越紧密与明朗，侮辱行为所产生的法益侵害性越大，如直接因果关系比间接因果关系对法益侵害程度的影响更大。但网络侮辱主体的多样性，以及网络侮辱行为的逐渐累积、发酵，使侮辱行为与侮辱结果产生分离，加之网络空间中各种不确定因素的介入，这些都使网络侮辱的因果关系非常模糊，进而影响到网络侮辱行为法益侵害程度的判断。当前刑法中因果关系判断的理论偏重事实因果关系的探讨，刑法规范层面的探讨相对欠缺。某种行为与结果之间是否具有因果关系，从事实乃至哲学层面出发难以认定，而从刑法规范层面与司法实践出发，参照人们的一般经验加以认定，这种处理方式有助于解决现实问题。如根据日本刑法的相关规定，在无法弄清楚多人的暴力行为与伤害结果之间因果关系时，一律按共犯论处。[2]

为了尽可能准确地筛选出具有定罪价值的行为，与结果建立因果关联，我们可以从规范层面将网络侮辱因果关系划分为两个维度，即分别考察初始侮辱及介入侮辱与结果的关系、初始侮辱与介入侮辱的关系。在初始侮辱及

---

[1]　[法]古斯塔夫·勒庞：《乌合之众：大众心理研究》，冯克利译，中央编译出版社2014年版，第12页。

[2]　参见黎宏：《刑法总论问题思考》（第2版），中国人民大学出版社2016年版，第144页。

介入侮辱与结果的关系层面，主要考察初始行为与后续行为对于结果发生有多大的危险性，即原因力的大小。若初始侮辱行为危险性较大，导致结果发生概率较高，则不能说后续的介入侮辱行为对结果造成了较大影响。如初始侮辱已经实现了公然对被害人的人格及名誉进行损害，并将被害人的身份信息予以曝光，之后的侮辱行为只是对最初侮辱行为的附和或赞成，仅仅起到了增强与促进危险现实化的作用，那么初始侮辱原因力较大。若初始侮辱行为危险性小，但危害结果仍然发生，说明介入侮辱行为的原因力较大。如初始侮辱只是对被害人在网上的虚拟身份进行辱骂，并未涉及现实社会中的真实身份，但介入侮辱行为更进一步地展开人肉搜索，将被害人及其家人、单位的真实信息公布于众，这已经从网络虚拟过度到了现实，对被害人的名誉造成了巨大损害，对危害结果具有较大原因力。在初始侮辱与介入侮辱的关系层面，主要考虑在初始侮辱行为发生之时，介入侮辱的出现是否正常或普遍。如果介入侮辱的出现出乎多数人的预料，那么介入侮辱将隔断初始侮辱与危害结果的联系。如果介入侮辱的出现在人们普遍预料之中，初始侮辱与危害结果的因果关系依然存在。介入侮辱的异常性程度除了与其本身的生成机制有关外，还与初始侮辱的影响力相关。

因此，在判断介入侮辱的异常性方面，必须考虑到：第一，初始侮辱是否必定会引发介入侮辱的发生；第二，介入侮辱出现的概率有多大；第三，介入侮辱有没有一定不出现的可能；第四，介入侮辱出现时与初始侮辱的关联有多大。[1]如初始侮辱行为人在网上发帖谩骂被害人，并发动广大网民对被害人围追堵截甚至"人肉搜索"，这种情景下发生的介入侮辱行为则与初始侮辱的关系密切，甚至可以说基本上由初始侮辱所引发。又如初始侮辱行为人只在人数较少的微信朋友圈发帖谩骂被害人，而朋友圈中好友将谩骂截图发送到热门论坛，引发更大规模的围攻与侮辱，则介入侮辱具有较强的异常性，与初始侮辱基本无关。

（3）网络语境下的侮辱性质。尽管网络文化与理论建立在现实社会的基础之上，但仍具有一定的独立性，现实空间中的侮辱与网络空间中的侮辱不具有同步性。盲目按照现实空间中侮辱性质的认定标准把握网络空间中的侮

---

〔1〕 参见陈兴良、周光权：《刑法学的现代展开》（第2版），中国人民大学出版社2015年版，第111页。

辱，将会对其法益侵害性及其程度产生误判。因此，判断网络侮辱的法益侵害性及其程度必须站在网络视角。由于网络接触的间接性、匿名性、虚拟性、隐蔽性，以及网络道德与规范建构的不成熟，使网络空间成为人性解放的乐园，各种网络越轨行为层出不穷，这更加坚定了人们的一种错觉：网络空间绝对自由，无须为自己的行为负责。在这种大环境下，人们对于网络行为的认识理解与接受度均与现实社会不同。如对于网上问诊购药，人们更倾向于去医院或实体药店解决身体不适，对于网络相亲，人们在心理上更倾向于面对面地交流，对于网上聊天，人们一般轻易不会将自己的真实信息和盘托出等。若要科学把握网络空间侮辱的性质，缩小传统刑法与网络空间的裂痕，建立在网络普遍认知基础之上的刑法适用是较为稳妥的做法。具体包括以下通路：

第一，进行体系性解读。网络空间的表达通常较为夸张、直接，仅考察特定表达难以辨别其性质，须进行全面系统地解读。网络平台的性质与风格、参与人的身份、前后表达的对比、网络监管者的态度等因素都要被充分地考虑。如不同的网络平台通常与不同的人群相关联，故而必然有着不同的价值观与认知，同一句话在学术交流平台与在网游平台上所产生的效果可能会有较大差异，在一个网络平台产生侮辱效果的言论未必能在另一个网络平台激起人们心中的波澜。又如，具备较丰富网络事件处理经验的网络监管者若对某一言论表达愤慨且发出警告时，该言论有可能严重侵害了他人的名誉与人格，若网络监管者与相当的网络参与者对某一言论视之坦然，则该言论的危害性未必上升到刑法的层次。

第二，主观方面判断。除了客观方面的考虑，侮辱性质的把握还在于行为人主观恶性的判断。若行为人以下流、粗野的言论进行人身攻击的话，可能会构成侮辱罪。值得注意的是，言论的对象也对行为人主观方面的判断具有较大影响。若行为人出于义愤、情绪激动，对政府部门或公众人物的质疑而发出貌似侮辱的言论，应慎重推定其主观方面。美国在1960年就通过"Sullivan案"明确了"实际恶意原则"[1]。在我国，对于政府部门及政府官

---

〔1〕　实际恶意原则：公职人员因一个与其职务行为相关的诽谤性的虚假言论而要求损害赔偿时，必须要能够证明此种言论是出于"真实的恶意"。也就是说，言论者知道该言论是虚假的或者根本不考虑它虚假与否。

员而言，作为公民宪法性权利的网络舆论监督已经成为服务型廉洁政府建设的必备条件。由于网络空间天生的自由性、较大的宽松度与较高的容忍度，对于非出于诽谤、扰乱公共秩序、泄露国家秘密等目的而发出的激进性言论，应有一定的容许空间，不可动辄以"扰乱公共秩序"为名认定为犯罪。对于公众人物而言，由于其具有影响公共决策的能力，自身具有一定的公开义务。若行为人以公共决策为话题发表网络言论，在其名誉权是否受到网络攻击的判断上，应采与普通公民不同的标准，以此尽量保证在影响公共决策的问题上有充分的讨论空间。

第三，社会相当性标准的运用。网络空间的价值是多元的，每个人对于法或者法律体系持有各自不同的主观价值判断，但由于这种判断与特定的情境相联系，它们又可能是变动的，不稳定的。虽然社会在事实上是价值多元和价值判断标准多元的，但并不等于说所有的社会议题都在制度上允许人们有多元的评价标准。[1]我们可运用社会相当性来判断网络行为是否具有侮辱性质及其程度，如果一个行为或观念较为普遍，为大多数国民所接受甚至推崇，那么就拥有了社会相当性。因此，在认定侮辱性质的时候，要以具有最大公约数的网络社会通常观念为标杆，立足于各种因素综合判断，而非听信单方面意见。

与侮辱罪类似，要成立损害商业信誉、商品声誉罪，必须造成他人"重大损失"或"情节严重"。相关司法解释将网络情境中损害他人商业信誉与商品声誉的行为视为"情节严重"的行为，应予立案追诉。这种规定过于绝对地将所有利用网络损害他人商业信誉与商品声誉的行为视为犯罪，有滥用刑法之嫌。随着网络型损害商业信誉、商品声誉罪在该罪中占比越来越高，这种罪责量化方式实际上并不考虑商家是否遭受了"重大损失"，只要有网络因素加入即构成犯罪，"重大损失"的入罪门槛逐渐形同虚设。借助网络的力量实施犯罪，通常情况下尽管危害性会放大，但未必达到犯罪的程度，仍需对法益侵犯程度进行衡量。对此，司法机关的处理方式一般有以下三种：

第一，直接认定，即只要利用互联网破坏他人商业信誉与商品声誉的，就构成犯罪。在这种情形中，司法机关既不考虑被害商家的损失程度，也不

---

〔1〕 参见舒国滢：《法哲学沉思录》，北京大学出版社 2010 年版，第 252、254 页。

考察犯罪行为的实施过程，而径直将其认定为犯罪。很显然，这种根本不考虑法益侵犯程度的处理方式不可取。

第二，以"重大损失"为标准。在这种情形中，表面上司法机关仍以网络手段作为入罪依据，实际上将犯罪认定的依据转移至"重大损失"层面上。这种处理方式建立在被害商家实际损失的基础上，具有充足的入罪依据，但也架空了"利用互联网或者其他媒体公开损害他人商业信誉、商品声誉"的硬性规定。另外，这种处理方式的适用范围有限，若被害商家没有明显的直接经济损失或经济损失不可计算，司法机关则又陷入无所适从的境地。

第三，考察虚假信息的传播范围，若达到一定广度，则构成犯罪。这种处理方式以虚假信息的点击、浏览、下载、转发数量为根据，将网络化因素添加进犯罪法益侵害程度的考察中，相较于前两种方式更加科学。但是，由于现阶段并没有相应的司法解释，不同的司法机关在认定过程中难免出现罪刑畸轻畸重的现象，且在计算方式上存在较大差异。

笔者认为，网络环境中损害他人商业信誉、商品声誉的法益侵害程度的判断要建立在经济损失与网络传播行为二者之上，即适用"传统定量因素+网络因素"模式。对于经济损失的考察并不意味着法益侵害程度的判断由"严重情节"向"重大损失"转移，而是体现了网络异化型犯罪对传统犯罪的继承，毕竟经济损失亦能有力反映出法益的侵害程度，网络因素不是网络语境下法益侵害程度判断的唯一因素。值得注意的是，参照司法解释，这里的经济损失应限制在"直接经济损失数额50万元"或"停产停业6个月"之内，否则就不必考虑该罪的情节是否严重，可径直以"重大损失"为依据将行为入罪。

具体而言，我们可从以下方面综合考察：

（1）虚假商业信息被点击、浏览、下载、转发的次数。由于较为直观以及较易量化，利用网络发布虚假商业信息的，依然要考察网络空间中虚假商业信息被点击、浏览、下载与转发的次数，次数越多说明其扩散的范围越广，对法益的侵犯程度越深。与利用网络发布侮辱信息相比，虚假商业信息被点击、浏览、下载、转发次数的标准应当更高，原因在于个人名誉权比商业信誉更易受到侵犯，哪怕很小的点击量也会对个人的名誉权造成严重打击。而在商业竞争中，公众对商品或服务的批评较为常见，其中不乏对商品或服务真实缺陷的揭露，因此必须保持一定高度的入罪门槛，否则将会造成刑法滥用。由于当前尚未有司法解释规定虚假商业信息被点击、浏览、下载、转发的次数，入罪标准的模糊性在所难免，为了尽可能地减少主观性对入罪标准的不利影响，还需综合考察其他影响法益侵犯程度的因素。

（2）虚假商业信息的传播平台。虚假商业信息传播时所利用的网络平台对法益侵犯程度的判断也至关重要，在相对重要或主流的网络平台传播虚假商业信息要比在其他网络平台传播虚假商业信息会造成更加严重的后果，如传播范围更广泛，受众更加深信不疑等。对于司法解释规定的"利用互联网或者其他媒体"，有学者一方面承认了"互联网"与"媒体"的并列关系，另一方面又认为出于防止任何利用互联网的行为都被认定为"利用互联网"的考虑，有必要将"利用互联网或者其他媒体"直接理解成"利用互联网媒体"，这样可防止该罪的滥用。[1]

笔者认为不妥：第一，在司法解释的语言表述及逻辑上，"互联网"与"媒体"是并列关系，该学者在承认这一点的同时，又推翻了自己的认知，将相并列的两个事物合二为一，可谓是自相矛盾。第二，"媒体"既包括网络媒体，也包括传统媒体，如报纸、电视、广播等，"其他媒体"显然指除网络媒体之外的媒体形式。立法者显然看到了利用媒体传播虚假商业信息的危害性，将其规定为"情节严重"的一类典型情形。因此，将"利用互联网或者其他媒体"狭义理解为互联网媒体与立法初衷相悖。第三，企图通过狭义理解该司法解释来避免该罪的滥用是无效的，将"利用互联网或者其他媒体"狭义理解为"利用互联网媒体"或许可以将一部分与互联网沾边的行为排除在外，但互联网媒体的内涵与外延仍较为广泛，尤其在网络自媒体发达的今天。若动辄将利用网络自媒体传播虚假商业信息的行为理解为"情节严重"的行为，恐怕也将造成该罪的滥用。对于网络传播平台的开放性程度问题，该学者认为，在网络空间中散布虚假商业信息要求公开性、广泛性且面向不特定多数人，并非所有在网络通信工具中的散布行为均满足上述要求，如在家族微信群或好友微信群中散布虚假商业信息，由于其面向特定的人，即便人数较多，也不应当认为满足了网络传播的公开性、广泛性。[2]

在现实空间中，传播虚假商业信息也必须满足公开性、广泛性与面向不

---

〔1〕 参见杨绪峰："损害商业信誉、商品声誉罪的教义学检讨"，载《政治与法律》2019年第2期。

〔2〕 参见杨绪峰："损害商业信誉、商品声誉罪的教义学检讨"，载《政治与法律》2019年第2期。

特定多数人，那么我们必须判断传播者与传播对象之间关系的亲疏吗？即便是在家中跟家庭成员传播虚假商业信息，一旦被散布出去，也会产生谣言的效果，这与其他的商业造谣行为有异样吗？如果非要考察传播者与传播对象之间关系的亲疏程度，无疑为犯罪人指明了一条脱罪的路径，即向与自己关系紧密的小范围的人群传播，之后即便造成被害商家的经济损失，亦无须负责。网络空间中的传播更是如此，借助网络工具，谣言的传播更加迅捷高效且成本更低，网络信息的高速流动使网络空间中根本不存在"特定的人"，即便起初在关系紧密的特定微信群中传播虚假商业信息，难免会产生溢出效果，这时的传播对象自然成了"不特定的人"。在某种意义上，网络传播平台的开放性程度其实是一个伪命题，网络空间并不具有封闭性，网络信息借助各种传播平台可以实现互通互联，我们应以全局视角考察虚假商业信息的传播路径，而非将视角停留在起初的传播平台上。在极端的情况下，即便起初采"一对一"的网络传播模式，如单独的微信聊天，若之后由此造成虚假商业信息的大量传播，毫无疑问也应承担刑事责任。

（3）虚假商业信息的传播时长。一般来说，网络空间中虚假商业信息传播的时间越久，其影响力越大，对法益侵犯的程度也越深。但传播时长与法益侵犯程度并不必然呈正比例关系，在一些情形中，尽管虚假商业信息传播的时间较长，但并没有"成功"吸引公众的眼球，点击、浏览、下载、转发的次数较少，危害性甚至不如传播时间较短的情形。因此，判断虚假商业信息的传播时长时，依然要重点关注虚假商业信息的浏览、点击、下载、转发的次数，单纯的传播时长并不能直观地说明法益受到侵犯的程度。在"杨某某损害商业信誉案"中，杨某某因与火锅店老板发生争执，于是录制一段在火锅店吃出老鼠的视频于当日 13 时上传至优酷网和微信朋友圈，之后于当日 20 时将视频删除。尽管该虚假视频的传播时长只有 7 个小时，仍累积播放 3 万多次，对该火锅店的商业信誉造成严重影响。之后，杨某某被人民法院以损害商业信誉罪判处有期徒刑 1 年。[1]

（4）传播者的主观心态。主观心态的认定关系到有责性的判断，也影响到法益侵犯程度的认定。传播者的主观心态是故意，且具有商业诽谤的目的，

---

〔1〕　具体参见"杨某某损害商业信誉、商品声誉罪一案刑事判决书"，内蒙古自治区科尔沁左翼中旗人民法院［2018］内 0521 刑初 43 号刑事判决书。

但在网络环境中，若径直以传播行为与危害后果为依据逆向推理传播者具有商业诽谤故意，并不妥当。"孟某损害商业信誉案"可谓是典型案例，在此案中，被告人孟某因从妻子那里听说某面包房用工业奶油做面包，于是将该信息发到了自己的微信朋友圈，尽管该面包房的奶油经检验符合国家标准，这条信息仍对其商业信誉造成了较大打击。之后，法院认定孟某犯损害商业信誉、商品声誉罪。[1] 笔者认为该案的判决较为武断，第一，孟某传播的信息来源于妻子在公交车上听到的对话，并不知道其真实性。这种情况下，传播者并没有商业诽谤的故意，充其量是一种"以讹传讹"的行为。损害商业信誉、商品声誉罪要求行为人捏造虚假商业信息并传播或者知道自己所传播的信息是虚假商业信息，孟某明显不符合这种主观条件。第二，要求公民先核实信息的真实性再进行传播并不现实。法官认定孟某构成犯罪的理由之一就是孟某在没有核实信息真实性的情况下实施了传播虚假商业信息的行为。但在现实生活中，对于普通公民而言，核实道听途说信息的真实性相当困难，不具有可行性。若动辄以没有核实信息真实性为由认定传播者具有传播虚假商业信息的故意，则混淆了商业批评行为与犯罪的界限，较为武断。因此，笔者认为孟某并不具有商业诽谤故意，对于因其网络传播行为所导致的商家损失，可通过民事途径解决。

第二节　网络犯罪刑事政策

作为启蒙运动的成果，法治国思想得到广泛认同，由此催生了罪刑法定原则，强调成文法对司法活动的限制，认为法律具有权威性与神圣性，法官只是法律的"仆人"，不可随意解释法律。同时，人们普遍认为要避免类推，就应当使法律解释远离政治，其原因是政治性考虑往往会操纵刑法，进而使法官在面对模糊的法律用语时擅自代行立法者的职权。[2]

随着风险社会的到来以及社会生活复杂性的逐渐增强，刑法的滞后性与

---

〔1〕　具体参见"孟某损害商业信誉、商品声誉案一审判决书"，内蒙古自治区额尔古纳市人民法院〔2014〕额刑初字第 38 号刑事判决书。

〔2〕　See Wolfgang Naucke, "Interpretation and analogy in Criminal law", *Brigham Young University Law Review*, Rev. 535 1986.

社会生活的矛盾愈加尖锐，人们开始转向实质法治与实质正义。希尔根多夫教授将这一趋势称为"不精确的法律"，并指出："许多法律会采用规范的概念或者引入其他不确定的用语，这给法律适用者留下了相当大的裁量空间。""裁量权由此就从民主立法的议会转移到了法院和行政机关身上。"[1] 与刑法实质化相伴随的，刑事政策在刑事司法过程中扮演了越来越重要的角色。由于我国现代刑法学发展起步较晚，深受刑法古典主义思潮影响，很多人将刑事政策视为刑法恣意的代名词，禁止其指导或参与司法进程。如今，刑法与刑事政策的融合趋势逐渐明朗，裁判者已习惯于利用刑事政策的灵活性、目的性与实效性，以更好地为裁判结果背书，德国刑法的发展鲜明地体现了这一过程。费尔巴哈首创"刑事政策"一词，并将其定位于刑事立法政策，着眼于探讨刑事立法与刑罚的关系。李斯特更进一步地提出"刑法是刑事政策不可逾越的界限"，主张罪刑法定主义必须保守、限缩、借以保护犯罪人的自由与权利，偏重通过刑事政策来影响刑罚执行，形塑以正常人为目的的管制体制。[2] 耶塞克将刑事政策与立法论结合起来，认为刑事政策应当探讨刑法立法问题，只有这样才能使刑法更好地履行保护社会的职责。[3] 罗克辛主张将刑事政策的运用范围扩大至犯罪论，对三阶层内容进行了改造，力图实现"犯罪构成实质化、不法的价值化与责任的目的化"[4]。德国学者 Heinz Zipf 更是直白地认为："刑事政策是用刑事司法手段以取得秩序的方法。"[5] 可见，在成熟的现代国家治理中，古典学派所预设的"李斯特鸿沟"愈加缩小，刑事政策与刑法逐渐融合、贯通，且已影响到包括立法与司法在内的整个法律体系，刑法规范的自足性更加弱化。

一、刑法解释的刑事政策化趋势

当前，刑事政策对刑事司法的影响愈加深刻，其中一个突出表现就是对

---

〔1〕［德］埃里克·希尔根多夫：《德国刑法学：从传统到现代》，江溯等译，北京大学出版社2015年版，第26页。

〔2〕参见欧阳本祺：《刑事政策视野下的刑法教义学：探索中国刑法教义学与刑事政策的贯通构想》，北京大学出版社2016年版，第16~17页。

〔3〕［德］汉斯·海因里希·耶塞克、托马斯·魏根特：《德国刑法教科书（总论）》，徐久生译，中国法制出版社2001年版，第28~29页。

〔4〕苏永生："德国刑事政策与刑法关系的理论及其借鉴意义"，载《法学杂志》2017年第10期。

〔5〕许恒达："刑罚理论的政治意涵——论'刑事政策'的诞生"，载《月旦法学杂志》第137期。

刑法解释的影响。随着网络社会日趋复杂化，刑法论证逐渐超越了概念、逻辑与简单演绎，向刑事政策靠拢。刑法的政治性愈加明显地体现出来，刑事政策的理念与内容作为刑法解释的外在参数，更深地介入刑法教义学分析、价值判断与犯罪边界的厘定，这一趋势被称作刑法解释的刑事政策化。罗克辛肯定了刑法解释刑事政策化的价值，指出：刑事政策与刑法教义学的结合，不意味着我们要放弃刑法教义学的稳定性与明确性所带来的种种好处，我们需要构建一个目的性的体系，表现为一个按照抽象或前提性的东西进行演绎的体系。[1]刑法解释刑事政策化趋势深层的推动力源于刑事政策与刑法关系的演变。在网络时代中，推动这一趋势的具体动力表现为：

（1）传统刑法规范的文字困境。罪刑法定原则作为刑法的基本原则，主要体现为规范文字所传达的明确性含义。然而，由于人类理性与表达路径有限，文字具有天生的模糊性与抽象性，这导致刑法规范的明确性未达到人们的预期，也给刑事司法带来了阻碍。尽管如此，法条主义在很长一段时间仍大行其道，很多学者都力图建构逻辑清晰、封闭自洽的刑法体系，法官只需照方抓药即可得出令人满意的司法结论。与此同时，这些学者按照他们所标榜的完美的刑法体系所得出的司法结论往往具有较大差异，甚至南辕北辙。但他们仍坚持自己结论的正确性，并试图在自己建构的刑法体系内进行论证，尽管这种论证往往不经意地添加进法条之外的因素。

在司法实践中，法官将目光往返于刑法规范与案件事实，在这种循环往复的过程中，刑法规范的文义不再呈现出预期的明确性，而开始变得模糊。在传统刑法规范面临网络异化型犯罪时，这种状况会变得更加明显。例如，当前的传授犯罪方法罪逐渐被网络异化，突出表现在犯罪方法、传授对象、犯罪心态等方面。

在犯罪方法方面，以往的犯罪方法主要是面对面的一对一传授或一对多的传授，如今犯罪人借助网络平台实现了远程的传授，这种所谓的传授其实更像是传播，与传播虚假信息、传播淫秽物品等类似，信息流动可以是单向的，也可以是多向的。传授则一般是单向的，缺乏信息发出者与接受者的互动，更像是一种知识的灌输。从严格词义上讲，传授与传播虽有较大的关联

---

〔1〕［德］克劳斯·罗克辛："刑事政策与刑法体系"，蔡桂生译，载陈兴良主编：《刑事法评论》（第26卷），北京大学出版社2010年版，第276页。

与重合，但无法代替传播。

在传授对象方面，以往的传授对象通常是特定的人群，无论是一对一的传授还是一对多地传授。如今，犯罪人借助网络平台可以实现向不特定多数人传播犯罪方法的目的，如在网络论坛中发帖讲述如何制造炸药。在拥有固定人数的微信群或朋友圈里传播犯罪方法的，尽管表面上是特定人群，但网络传播的迅捷与极低的成本，很快就使这种传播方式与在网络论坛发帖产生同样的效果。

在犯罪心态方面，通说认为行为人必须具有直接故意，但网络环境的虚拟性与匿名性，传授对象的不特定性，传授方法的远程性，使传授人具有较大的随意性，其不一定积极追求传授对象接受自己所传授的信息，很多人只是出于炫耀技术的目的，至于能否达到犯罪效果则在所不问。此外，还存在一些在网络上传播中立的技术性信息的行为，如教授黑客技术等。技术性信息能否等同于"犯罪方法"也是一个值得探讨的问题。

由此可见，传授犯罪方法罪在犯罪方法、传授对象、犯罪心态等方面显现出明显的网络异化倾向，所涉及的规范性文字若依然按照旧有的理解则会陷入困境。由于传授犯罪方法罪的网络异化程度较高，借助网络传授犯罪方法的案件占比越来越大，有必要使传统罪名在网络时代焕发活力，刑事政策无疑要在帮助该罪脱离文字困境上发挥重要作用。因此，网络传播行为应与传授行为等同看待；应揭去技术性信息传播行为的"中立面纱"，对"犯罪方法"作扩大解释；还应将间接故意填充进该罪的主观方面。事实上，刑法规范的文字困境一直存在，如男性之间的有偿性服务是否构成"卖淫"，水葬的行为是否具有侮辱尸体罪中的"侮辱"性质，不动产能否被纳入抢劫罪中的"财物"范畴等。在网络时代，各种新型事物层出不穷，刑法规范的文字困境进一步加剧，法条之外的因素可被作为刑法解释的素材。储槐植教授主张将刑事政策与刑法相结合并通过刑法发挥功能，在此过程中，可添加进犯罪学、社会学等部门外学科，以更好地解决刑法中的问题。[1]这极为恰当地说明了刑事政策介入刑法解释的必要性。

（2）回应现实社会的需求。最好的社会政策就是最好的刑事政策，刑事

---

〔1〕　参见储槐植、闫雨："刑事一体化践行"，载《中国法学》2013年第2期。

政策具有强烈的社会属性，与社会发展共进退。陈兴良教授指出，刑法论证不光是逻辑性问题，更是充满了政策性与情理性的考虑。[1]这说明，刑事政策是刑法体系不断更新，回应社会所必须借助的力量。在某种程度上，刑事政策在刑法确定性与适应性，内向性与外向性之间扮演着平衡者的角色，这种平衡存在于政府与个人权利之间，存在于社会与个人之间，存在于刑事手段与刑事目的之间，存在于正式的规则与制裁的能动性之间。[2]

当刑事司法的天平过度倾斜于刑法规则时，通过在现实社会一端添加刑事政策的砝码，可以实现刑事司法过程的平衡，增强刑事司法结论的实质合理性。这种由倾斜向平衡的转变，体现了刑事政策在回应现实社会需求方面的功能，正当防卫认定的司法转向，则鲜明地体现了这一点。正当防卫制度曾经因为长时期的虚置而被诟病，之前的正当防卫认定偏重犯罪结果，而有意或无意地忽略了对行为人主观心态、行为手段与犯罪起因的考察，只要出现一方伤亡的后果，另一方很大可能会被认定为犯罪或者防卫过当。对此现象，学界多从刑法教义学的角度进行分析，认为相关司法人员法律素养不高，不能对防卫限度作出准确认定，有些学者还从国外正当防卫理论着手分析，使正当防卫制度研究趋于复杂化，应当说，这些观点并没有指明真正的问题所在。正是由于对社会稳定的过度强调，司法机关倾向于在正当防卫案件中"唯结果论"，而陷入客观归罪的泥淖。近些年来，为了回应公众的呼声，正当防卫的刑事政策开始向保障社会利益与人权方向调整，随着一系列突破性案件的办理，正当防卫的坚冰开始融化，政治因素的影响逐渐消退。为了回击明显的不法行为，昭示"法不向不法让步"，正当防卫适用的标准趋于宽松，对于社会实质正义的追求俨然超过了对社会稳定的追求。

对网络异化型犯罪的规制更是体现了刑事政策对现实社会需求的回应，刑事政策的动向具有功利性与道义性，对于传统犯罪网络异化趋势与传统刑法的矛盾，刑事政策一直在为刑法解释提供着价值导向，以期将刑法解释引入有利于回应社会需求的轨道上来，实现刑法规制的最好效果与社会的实质正义。网络的运用不仅带来了资讯的自由流通与获取，也便利了犯罪的实施，甚至包括在一般人看来无法通过网络实施的传统犯罪。当前，猥亵儿童的行

---

〔1〕 参见陈兴良："刑法教义学方法论"，载《法学研究》2005 年第 2 期。
〔2〕 参见孙万怀：《刑事政策合法性的历史》，法律出版社 2016 年版，第 21 页。

为迅速从线下向线上转移，隐蔽性更强，辐射范围更广，取证也更加困难。据统计，2018 年报道的 317 起女童性侵案中，网友作案 39 起，占比 18.57%，与 2017 年时的 6 起相比呈现较快增长。2019 年，最高人民法院所发布的 4 起性侵儿童的典型案例中就有 2 起是利用网络实施的。[1]面对严峻的形势，司法机关开始放弃身体接触标准，将"隔空猥亵"行为纳入猥亵儿童罪，并以指导性案例的方式将这种认定固化。可以说，在传统刑法回应社会需求，打击网络新型不法行为的过程中，刑事政策起到了"催化剂"的作用。

二、我国的网络犯罪刑事政策

除宽严相济的刑事政策外，网络犯罪还受到包括网络政策在内的社会政策的影响，对基本刑事政策与社会政策的理解与糅合是把握网络犯罪刑事政策的前提。

（一）宽严相济的刑事政策

我国的刑事政策经历了从"镇压与宽大相结合"到"惩办与宽大相结合"，从"严打"到"宽严相济"的转变。时代背景的不同是上述三者的关键区别，镇压与宽大相结合刑事政策诞生于革命战争时期，其目的在于适应对敌斗争的政治需要，以便更好地打击敌对势力，巩固人民政权。惩办与宽大相结合刑事政策主要针对的是反革命分子和其他犯罪分子，其初衷在于"首恶必办、立功受奖"的分化瓦解，强调犯罪的打击效果，"坦白从宽、抗拒从严"成为人们对该刑事政策的核心解读。之后，为了应对日益严峻的社会治安形势，维护改革开放以来的大好局面，严打刑事政策延续了以往刑事政策打击犯罪的主线，极其鲜明地体现了刑法的社会防卫功能。尽管在短时期内维护了社会治安，但对法治的破坏较为严重，且从长远来看，社会治安并没有得到根本性好转，这也是该刑事政策被人诟病的主要原因。

进入 21 世纪后，在总结历史经验教训的基础上，为了构建和谐发展的社会环境，中共中央提出了宽严相济刑事政策并将其写入党的纲领性文件。其宗旨在于准确把握宽与严的尺度并达致二者的平衡与协调，进而协调社会关

---

〔1〕 参见杨桐："我国网络性侵儿童现状研究及防治对策分析"，载《湖南警察学院学报》2019年第 5 期。

系，促进社会和谐稳定与公平正义。[1]总的来说，宽严相济刑事政策是对过去刑事政策的反思与校正，宽和性是其主旋律。宽严相济刑事政策的精髓在于"区别对待"，但对于宽与严的把握并非绝对化，而是注重二者之间的协调共济，表现为以宽济严，以严济宽。以严济宽是指即便是轻罪也不能一味地从宽处理，还是要考虑刑罚严厉的一面，但轻罪无论如何也不可能体现实质性的严厉性。故以宽济严才是该刑事政策的核心，是刑事政策宽和化的体现。[2]

进入风险社会以来，安全价值频频超越个人自由价值，法益保护被提前，刑法预防性机能凸显。在此背景下，网络犯罪的惩治呈现出共犯行为正犯化、预备行为实行化的趋势，纯正网络犯罪的罪名增多，不纯正网络犯罪的案例也经常出现，司法机关的追诉意识异常强烈，愈加严厉的犯罪化趋势貌似标志着宽严相济刑事政策的逐渐消退。笔者认为并非如此，宽严相济刑事政策仍然是网络时代刑事司法的"圭臬"。我们应从两个方面理解当前的基本刑事政策：

（1）合理划分犯罪类别，进而区别对待。有学者提出，社会保护与人权保障看似冲突，其实不然，社会保护的最终目的也是人权保障，当前应顺应风险社会趋势将社会保护放在优先位置，社会保护是其他权利保障的基础。[3]这种观点过于极端地将社会保护置于人权保障之上，故有待商榷。当前，对于有无风险，以及风险社会中刑法所扮演的角色仍存在激烈争议，如有学者认为风险被夸大了，这使公民与国家之间界限变得模糊，进而导致公民的自由与权利在国家权力面前做出让步。[4]还有学者认为，刑法如果在风险显现时适用则为时已晚，如果在风险显现之前适用，则违背刑法谦抑，所以风险刑法要么是无效的，要么是昂贵的。[5]笔者认为，从宏观来看，风险社会只是人类社会发展的一个阶段，尚不足以动摇法治国观念产生以来所建构的基本共识——刑法谦抑。也正是在刑法谦抑的基础上，宽严相济刑事政策才"有

〔1〕 参见黄春燕："宽严相济刑事政策古今考辨"，载《南京社会科学》2018年第2期。

〔2〕 参见孙万怀：《刑事政策合法性的历史》，法律出版社2016年版，第203页。

〔3〕 参见贾元："风险社会背景下刑事政策变化和刑法机能的发展研究"，载《宁夏社会科学》2016年第6期。

〔4〕 参见董泽史："风险刑法行为错位论"，载《国家检察官学院学报》2011年第6期。

〔5〕 参见付强、孙利："风险刑法质疑"，载《中国刑事法杂志》2014年第1期。

所为有所不为"，将区别对待作为其核心立场。面对汹涌的网络犯罪情势，仍要坚持区别对待的核心立场，而不是一味地夸大刑法在社会治理中的作用。在网络异化型犯罪中，利用网络危害国家或个人权利的犯罪应侧重"严"的一面，这类犯罪主要包括危害国家安全、国防利益的犯罪；恐怖主义犯罪；人身权利犯罪等。对于利用网络危害社会秩序的犯罪应侧重"宽"的一面。如利用网络非法集资的行为；在网络空间传播虚假信息的行为；在网络空间寻衅滋事的行为等。

（2）贯彻"严而不厉"刑法理念，"严"在入罪层面，"不厉"在刑罚层面，注重刑罚层面的宽和。储槐植教授提出了"严而不厉"的刑法结构，主张刑罚的轻缓与法网的严密，旨在较好地实现犯罪控制与人权保护的刑法功能。[1]"严而不厉"刑法理念与宽严相济刑事政策是不谋而合的。其中，法网的严密可理解为"严"，随着社会关系日趋复杂，社会各个领域的规范亦逐步完善，对已有规范的解释更加灵活，注重刑法预防的行为无价值理念深入人心。因此，当前背景下的宽严相济刑事政策中"严"的一面应更多地体现为法网的严密，包括立法的完善与解释的扩大。刑罚的宽和可解释为"宽"，当今世界主要国家的刑法呈轻刑化趋势，趋向于追求刑罚效益，表现为废除或限制死刑、弱化对监禁刑的依赖、对轻微犯罪除罪化，适用更加多元的刑罚方式。我国也不例外，通过削减死刑罪名、大幅度适用财产刑、施行社区矫正等措施摒弃重刑化传统。对于网络异化型犯罪，应做到"严而不厉"，一方面通过扩大解释将特定新型犯罪纳入传统罪名之中，实现法网的有效覆盖；另一方面充分运用非监禁刑实现刑罚的轻缓，如财产刑、资格刑的适用。

总体而言，区别对待和"严而不厉"是我们在宽严相济刑事政策的基础上对网络异化型犯罪的总态度。或许有人认为区别对待与"严而不厉"中的"法网严密"相矛盾，二者其实并不矛盾，"法网严密"是对于值得动用刑法或能够运用刑法予以规制的不法行为，一定要通过立法或司法的方式将其入罪化，而区别对待就是将值得动用刑法或能够运用刑法予以规制的不法行为挑选出来，以区别于其他的不法行为。可以说，区别对待是"法网严密"的前提。

---

[1]　参见储槐植："再说刑事一体化"，载《法学》2004年第3期。

（二）相关的社会政策

1. 我国的网络政策

起初，人们认为互联网本质是自由的，政府无权也无法控制互联网，没有人能够为互联网设置拘束的法规。随着网络的发展，网络野蛮生长的弊端显现，人们逐渐认识到政府的介入、监管与引导是必然、必要的，政府对网络的介入、监管与引导集中反映在政府的网络政策中。网络政策本质上是国家对互联网的态度，代表了其对网络社会的认知水平、理解程度和战略方向。[1]早在1997年，我国就把信息化提升到国家战略的高度，2006年，国家发布了《2006-2020年国家信息化发展战略》，提出要规范网络文化传播秩序，建立网络行为规范，开始意识到文化管制的必要性。在此之前，国家主要从经济领域对网络进行监督管理，积极促进网络在基础设施与经济发展方面的应用。

2006年之后，国家对网络的渗透开始由经济领域扩展到政治、文化等领域，如频频出台网络规范、司法解释，试图运用行政及司法手段使网络运行规范化。由于网络人数与占比的提升，网络开始在生产生活中发挥更大的作用，甚至蔓延到了政治领域。因此，政府建立健全各种制度机制，旨在更好地管理网络空间。2016年，《网络安全法》与《国家网络空间安全战略》的通过将网络安全价值推向网络政策的核心地位，体现了国家对网络违法犯罪的极大关注。值得注意的是，网络安全的核心地位并不意味着对于一切问题的处理均以网络安全为主，网络安全与秩序价值并不当然比网络自由与发展价值重要，需要二者之间的平衡。《网络安全法》第3条确立了网络安全与信息化发展并重原则，习近平总书记曾指出，网络安全是相对的安全，绝对的网络安全是不存在的，不应当盲目追求绝对的网络安全。[2]可见，网络安全作为宏观性的网络政策，其内涵极为丰富，既包括对网络秩序的保护，也包括对网络自由的维护。对于网络安全的追求要置于信息化发展的大背景之下考虑，网络安全是适度的安全，并非绝对的安全。对于网络犯罪的处理也是如此，国家对网络安全的强调并不意味着在一切网络犯罪案件中均要求秩序

---

〔1〕 张真继等：《网络社会生态学》，电子工业出版社2008年版，第198页。

〔2〕 详见习近平："在网络安全和信息化工作座谈会上的讲话"，载 http://www.xinhuanet.com/politics/2016-04/25/c_1118731175.htm，访问时间：2020年1月10日。

价值大于自由价值，而在于秩序价值与自由价值的双重保护及平衡。事实上，对于网络秩序的保护归根结底是为了自由价值的实现，对自由价值的维护也可推动公平公正的网络秩序的形成。如对于恶意刷单炒信的惩治，表面上是为了维护网络经济秩序的正常运转，其最终目的仍然是为了保障公民享有一个安全、透明、真实的网络空间。又如对网络恐怖活动的慎重认定，既维护了公民的网络言论自由权，又避免了反恐斗争在网络空间中的无限扩张。

有学者认为，网络权主要包括上网权、网络言论自由权、网络隐私权和网络社交权，公民的网络权应优于网络安全，实现网络权利与国家利益平衡的前提是给予公民网络权利更大的保护。[1]这种观点与单纯强调网络安全的观点一样，均犯了绝对化的错误。网络安全不应狭隘化，而是一个宏观的概念，公民的网络权利也被囊括在网络安全范畴内，二者是从属关系而非对立关系。《网络安全法》第12条确认了公民依法使用网络的权利，并赋予国家保障此权利的义务。第40条则要求网络运营者履行用户信息的保密义务。通过这些规定可知，只要依法使用网络，公民完全享有充分的上网权、网络言论自由权、网络隐私权和网络社交权，这些权利的合法行使，也是网络安全保障的有机组成部分，将网络权利与网络安全割裂看待乃至相对立的观点是不符合事实的。

2. 阶段性的社会政策

除基本刑事政策与网络政策外，由于我国刑事司法的特殊国情，网络异化型犯罪的解释也受到阶段性社会政策的影响，现阶段与网络犯罪相关的最典型的社会政策莫过于扫黑除恶。2018年1月，中共中央、国务院发布了《关于开展扫黑除恶专项斗争的通知》（以下简称《通知》），全国性的扫黑除恶专项斗争正式开启。根据《通知》的精神，要对各类黑恶势力违法犯罪保持严打态势，打早打小，除恶务尽，同时也要坚持宽严相济刑事政策，对不同的参加者区别对待。对于中央政策，司法机关予以了积极响应。最高人民法院首先提出要坚决贯彻依法严惩方针，保持对黑社会性质组织犯罪的高压态势，同时也贯彻宽严相济刑事政策，防止片面强调从严或从宽，做到宽严

---

〔1〕 参见何勤华、王静："保护网络权优位于网络安全——以网络权利的构建为核心"，载《政治与法律》2018年第7期。

有据，区别对待。[1]最高人民法院、最高人民检察院、公安部与司法部（以下简称"四部门"）第一次提出网络黑恶势力的问题，将其作为重点打击对象。[2]之后，"四部门"专门就网络黑恶势力犯罪问题作出安排[3]，强调打早打小、打准打实并贯彻宽严相济精神。这次安排的亮点就在于，最高司法机关已经认识到由于网络因素的介入，网络黑社会性质组织与现实黑社会性质组织存在着较大差异，故对网络黑社会性质组织的认定作了宽松处理。传统的黑社会性质组织通常较为稳定、严密，组织者与领导者也较为明确，主要成员相对固定，但网络黑社会性质组织则并非如此，最高司法机关显然看到了这一点，规定即便部分组织成员并不认识甚至未见过面，亦不影响对组织特征的认定。由于网络黑恶势力犯罪较为特殊且危害巨大，对其认定应适应网络化趋势，这样才能贯彻打早打小的严厉惩治精神。

有学者认为，黑社会性质组织犯罪所保护的法益是特定区域或行业的秩序，网络秩序显然也受到了侵犯，因此应将"区域"扩大解释，也包括网络空间。进而，网络秩序也是可以被非法控制的，如网络"水军"通过删帖、传播虚假信息等方式控制舆论，这显然是对网络秩序的非法控制。只有通过扩张解释，才能严厉制裁黑社会性质组织犯罪。[4]

有学者认为，考虑到网络黑社会犯罪的网络特征，应将刑法保护前置化，将特定的行为或状态纳入犯罪圈。[5]笔者认为，应按照扫黑除恶专项斗争精神从严惩治网络黑恶势力犯罪，适度地进行扩大解释，在一定条件下将网络黑社会与普通黑社会等同看待。这并不意味着在此过程中采取一味从严的方针，根据《通知》的精神，即便是黑社会性质组织成员，若犯罪情节轻微，应当从轻或减轻处罚。不可否认，阶段性的社会政策所带来立竿见影效果的

〔1〕 2015年出台的《最高人民法院全国部分法院审理黑社会性质组织犯罪案件工作座谈会纪要》中提出依法严厉惩治黑社会性质组织犯罪。

〔2〕 最高人民法院、最高人民检察院、公安部、司法部于2018年联合发布《关于办理黑恶势力犯罪案件若干问题的指导意见》，第一次提出黑恶势力的问题，并强调严打。

〔3〕 最高人民法院、最高人民检察院、公安部、司法部于2019年联合发布《关于办理利用信息网络实施黑恶势力犯罪刑事案件若干问题的意见》，这是第一次专门对网络黑社会犯罪问题作出的安排。

〔4〕 参见王志祥："论黑社会性质组织非法控制特征中'区域'和'行业'的范围"，载《法治研究》2019年第5期。

〔5〕 参见姜瀛："'网络黑社会'的样态重述与刑法治理的进路整合"，载《法治社会》2017年第4期。

同时，也因其弊端而饱受诟病，如造成权力滥用；牺牲程序正义；办案指标机制不当；配套制度不完备；短视型司法等。但从实然意义上讲，阶段性的社会政策从社会政策层面赋予扩张解释或限缩解释以合理性，必然对刑事司法产生直接的影响，成为刑法解释结论的主要法外依据。在当前的国情下，我们必须承认其对刑法解释的重大意义，并在司法过程中尽量降低其副作用：

（1）把握宽严相济刑事政策的主线，避免对阶段性社会政策的绝对化理解。宽严相济刑事政策中的"济"是宽与严关系的总概括，宽与严之间要保持一定的协调与比例，不可偏颇或极端化。尽管对于黑恶势力犯罪总的基调是严厉打击，但仍要处理好宽与严的关系，陈兴良教授认为，要做到轻重有别，必须坚持因时制宜、因地制宜和因罪制宜，这才是"济"的真义。因时制宜是指根据某一时期的治安状况和犯罪率来决定从严或从宽；因地制宜是指根据某一地区的治安状况和犯罪率高低来决定从严或从宽；因罪制宜是指对于不同类型的犯罪要区别对待。[1]对于网络黑社会犯罪而言，应当坚持在严厉打击的基础上，考虑特定时期与特定地区的黑社会犯罪状况与犯罪率，进而决定是否入罪。

（2）严格遵循诉讼程序，防止阶段性社会政策侵蚀嫌疑人合法权利。在犯罪认定过程中，刑事诉讼程序至关重要，严格遵循刑事诉讼程序与罔顾刑事诉讼程序往往会造成极大的差异。刑事诉讼程序对受到犯罪危害的社会以及嫌疑人均有很大利益。刑事诉讼程序不仅可以使犯罪人受到追诉与审判，也可以阻止无辜的人受到不公正的对待。以往的司法运动所暴露出来的显著缺陷就在于对嫌疑人诉讼权利的剥夺，对正常诉讼程序的罔顾以及对证据标准的降低。特别是在侦查技术提升，侦查手段繁多的当下，对诉讼程序的坚持是处理好政策与法律关系的"金钥匙"，法律及其程序应当保持一定的独立性，不能简单地追随甚至屈从于政策。否则，法律将被边缘化甚至让位于政策，再完善的立法也只是立法技术层面的进步，法律充其量只是政策实施的一种工具。[2]毕竟，法治的实质是限制权力，而司法运动则有扩大权力的倾向，尽管会带来所预期的治安效果，也应保持法律对政策的制约。实现从"以侦查为中心"向"以审判为中心"的转向，是尊重刑事诉讼程序以及保

---

〔1〕　参见陈兴良：《刑法的格物》，北京大学出版社 2019 年版，第 102 页。

〔2〕　参见严励：《中国刑事政策的建构理性》，中国政法大学出版社 2010 年版，第 241 页。

障嫌疑人权利的必由之路。

三、我国网络犯罪刑事政策的运用

笔者认为，当前我国网络犯罪刑事政策应以网络政策为导向，以宽严相济刑事政策为基础，以阶段性社会政策为补充。具体而言，首先，对一类犯罪的特质进行辨别，厘清其对网络安全所造成的损害或威胁；其次，对其法益侵害性进行综合性评估，若对网络安全造成较大的危害或威胁，则将其划入从严惩处的范围，若对网络安全造成的危害或威胁较小，则将其划入从宽惩处的范围；最后，寻找其他的社会政策，若有相对的阶段性社会政策，还要考虑该社会政策对犯罪认定的影响。笔者以两类犯罪为例，展现刑事政策对刑法解释的影响力。

（一）应当从严的犯罪

对于利用网络工具或在网络空间中严重危害网络安全甚至是国家安全，且案件形势逐渐严峻的犯罪，应当被划入从严惩处的范围。相应地，在对犯罪构成要件要素的解释中，应适度运用扩张解释，扩大其犯罪圈，网络恐怖主义犯罪即为典型。

《刑法修正案（九）》通过将预备行为实行化、共犯正犯化等方式增添了一系列恐怖主义犯罪，极大地便利了对恐怖主义犯罪的预防与打击。网络恐怖主义活动因其高技术性、隐蔽性、快捷性与不可预测性，比普通恐怖主义活动具有更大的危害性。[1]恐怖分子越来越多地借助网络实施犯罪，甚至直接对网络展开恐怖袭击，前者主要表现为传统犯罪网络异化的形式，对于这类犯罪要扩大解释其构成要件要素，以体现从严惩处的精神。如宣扬恐怖主义、极端主义、煽动实施恐怖活动罪中的"物品"，不要求该物品一定来自于恐怖组织，如恐怖组织直接录制的宣传视频、杀人视频等，只要该物品能够起到宣扬恐怖主义、极端主义，制造社会恐慌进而达到一定的政治目的即可。也就是说，只要一般公众认为该视频属于恐怖主义视频，包含恐怖主义思想即可。帮助恐怖活动罪中的"帮助"也不局限于物资帮助，还包括为恐怖活动的联络、组织、实施等环节提供信息、劳务、技术等帮助。《刑法修正

---

[1] 参见邓国良、邓定远主编：《网络安全与网络犯罪》，法律出版社2015年版，第228页。

案（九）》将为恐怖活动招募、运送人员的行为纳入犯罪的评价范围，《反恐怖主义法》更进一步，将为恐怖组织及人员提供信息、资金、物资、劳务、技术、场所等支持、协助与便利的行为均视为恐怖活动。尽管没有相关的司法解释明确帮助的类型，但我们也可结合《反恐怖主义法》对帮助类型的归纳，领会到国家力图扩大帮助恐怖活动罪打击范围的意愿与决心。

因此，在刑法解释中，将"帮助"解释为既包含物质帮助，也包含诸如信息、劳务、技术等非物质帮助是符合立法初衷及从严打击恐怖主义犯罪的刑事政策的。当前的实务部门倾向于积极入罪，一旦嫌疑人在网络上发布暴恐视频、图片或言论，就会被认定为宣扬恐怖主义、极端主义罪。对此，有学者指出，在认定该罪的时候要慎重，避免动辄入罪。恐怖主义犯罪的根源在于不平等的政策、极端思想泛滥等，宣扬的作用其实是被夸大了。从因果关系上看，一般情况下也无法证明发布暴恐视频与他人实施或支持恐怖主义活动之间存在什么关联。若行为人以刺激、好玩等目的发布暴恐视频，说明其主观上并没有认识到其所发布的系恐怖主义、极端主义物品，所以应从宽处理。[1]网络恐怖主义犯罪尽管带有强烈的政治色彩，但作为刑事犯罪，仍应赋予嫌疑人应有的诉讼权利并慎重认定犯罪。一些实务部门动辄将在网络传播恐怖视频、图片或言论的行为认定为犯罪并不可取。同时，我们要认识到与恐怖主义犯罪作斗争的长期性、复杂性与艰巨性，在犯罪的认定中仍要从严把握。

笔者认为，刑法之所以新设立宣扬恐怖主义、极端主义罪，并将其规定为抽象危险犯，其原因就在于看到了网络环境中该类犯罪较强的危险性、传播性与煽动性。相比传统犯罪，网络异化后的恐怖主义犯罪的破坏性将会被加倍放大。因此，在立法上已经通过抽象危险犯的方式建立了宣扬与他人支持或实施恐怖主义活动甚至危害国家安全之间的清晰关联，这种立法方式正是体现了对恐怖主义犯罪从严惩处的刑事政策。另外，在犯罪的认定中，犯罪动机对定罪的影响应当适度弱化，充其量只能影响量刑，若过度强调犯罪动机，恐怕大部分案件将无法办理。据此，若行为人明知自己所发布的视频为暴恐视频，即便抱着娱乐、刺激等目的在网络上发布，仍应对其行为负责，

---

〔1〕 参见梅传强、臧金磊："网络宣扬恐怖主义、极端主义案件的制裁思路——对当前 20 个样本案例的考察"，载《重庆大学学报（社会科学版）》2019 年第 5 期。

因为行为人希望或放任了暴恐视频在网络空间中的传播，且被推定认识到了这种行为所带来的不利影响与危害。

当然，为了防止刑法滥用，我们须考察不法行为的罪量，将社会危害性较大的行为认定为犯罪。第一，考察所传播物品的性质。行为人通过网络传播的物品除包含暴力恐怖内容外，还必须涉及恐怖主义犯罪的根本特质，即政治性，如攻击国家的宗教政策、政治体制，煽动通过恐怖活动颠覆政府，分裂国家，为众所周知的恐怖主义事件辩护，显示"疆独""藏独"标志等。若传播的物品没有直接或间接地涉及政治性，即便其内容较为暴力与恐怖，一般也不应当认定为犯罪。如单纯的持枪杀人、虐待人质等，这些内容跟一般的刑事犯罪无异，其力量不足以传播恐怖主义与极端主义。第二，传播的范围、时长、平台等。与其他网络传播类案件类似，传播恐怖主义物品案件也需考虑传播的深度与广度，传播范围的大小直接影响着社会危害性的大小。需要注意的是，为了避免类似案件在定罪与量刑方面形成巨大差异，司法机关可通过发布司法解释或指导性案例等方式指导、协调该类案件办理。第三，行为人的一贯表现。行为人有无前科是一些犯罪认定的重要参考，如盗窃罪和敲诈勒索罪，均规定了曾经受到刑事处罚的，数额较大的标准可减半处理。又如贪污罪，司法解释规定曾因故意犯罪受过刑事追究的，尽管贪污数额在1万元以上不满3万元，仍属于贪污罪所规定的"其他较重情节"，处3年以下有期徒刑或拘役，并处罚金。对于行为人一贯表现的考察体现了犯罪评价的行为无价值倾向，特别是对于容易产生惯犯的罪名如盗窃罪、贪污罪等。宣扬恐怖主义、极端主义罪作为抽象危险犯，也是对客观行为本身的否定评价，并不关心危害结果是否发生。对于一些有某种"信仰"且相对顽固的犯罪人而言，其再犯的可能性较高，有必要加强刑法干预力度，即将其一贯表现纳入犯罪认定过程，这样才更加有利于发挥刑法的预防作用。

（二）应当从宽的犯罪

有一些行为对网络安全的本体并没有造成直接的损害或威胁，而是损害到了与互联网有关的行业秩序，进而间接地危害到了网络安全。这些行为一般为法定犯，且受行政性法规影响较深，具有一定程度的灵活性。对这些行为应着重体现宽缓的一面，慎重入罪。

网络集资行为就是这类行为的典型，民间集资能够为中小企业提供融资，民众可在出资过程中获得一定的回报，也优化了金融业的结构，这是国家允许甚至鼓励的行为。但是，网络技术的加入使集资行为开始异化，各种乱象丛生，P2P 的接连"暴雷"与投资人蒙受的巨大损失引发了司法机关对网络集资行为的关注，主要通过非法吸收公众存款罪等罪名加以应对。

笔者认为，网络集资是金融发展过程中的一种创新，是对当前融资模式的有效补充，具有一定的积极意义。对于当前的困境应多从原因着手解决，加强监管与引导，而非动辄诉诸刑法制裁。因此，在非法吸收公众存款罪的认定过程中，应重点考察行为的实质违法性，慎重入罪。例如，在犯罪所侵犯的法益方面，要实现从"金融管理秩序"到"金融安全"的转变。金融管理秩序就是国家对金融行业的监管秩序，具体表现为国家的金融法律法规以及中国人民银行、银保监会等机构制定的部门规章。如今的金融管理秩序建立在传统金融的发展之上，并没有充分考虑互联网金融的发展，导致的后果就是以保障传统金融的法律法规作为衡量互联网金融活动的依据，进而随意入罪。在法律法规尚不健全的情况下，我们应当将相关犯罪的法益由"金融管理秩序"转向"金融安全"，也就是说，我们要看到金融刑法设立的根本目的是保障金融安全与防范金融风险，金融管理秩序的建立与遵从只是手段而不是目的。对于一些貌似违反国家金融管理秩序，但实质上符合互联网金融监管规定，并没有威胁到国家金融安全的行为，就不应当贸然动用刑法手段。又如，我们不能因为网络借贷平台暂时无法清偿债务，为了安抚投资人而贸然入罪。根据统计，在 P2P 网贷案件中，投资人数量、负债规模和无法清偿的数额三个方面对刑事责任产生了主要影响，其中，无法清偿的数额对刑事责任的影响程度最深。[1]

我们在面对互联网金融时，应该看到这种新生事物在繁荣经济方面所扮演的关键性角色，互联网金融有效地缓解了融资与投资的尖锐矛盾，众多中小企业得以继续运转，民间资本也实现了增值保值的愿望，互联网金融的功能急切地需要得到法律层面的认可。在出现纷争时，不宜直接动用刑法手段解决而应尽量运用经济与行政方式处理，尽管互联网金融创新在外观上可能会触及违法犯罪的红线，也不宜强调刑法的压制功能，更不宜通过司法犯罪

---

〔1〕　杜辉："平台异化还是因债致罪？——P2P 网贷涉非法吸收公众存款罪裁判文本实证研究"，载《浙江工商大学学报》2019 年第 3 期。

化来确保政治稳定或"平息民怨",刑事政策应适当地宽缓,为金融模式创新与发展预留足够的空间。缓解这一现状的路径之一就是增强对集资人主观方面的考察,当前的刑法规范主要是从危害后果来判断行为对法益的侵害程度,《最高人民法院关于审理非法集资刑事案件具体应用法律若干问题的解释》对于"扰乱金融秩序"的认定也主要是围绕非法吸收公众存款的人数、金额与经济损失方面,并不关心行为人的主观方面及真实动机,仅仅依据行为及其造成的后果来判断该行为是否"扰乱金融秩序"。姜涛教授提出从欺诈与超过法定企业利润比率的高额回报吸纳资金两个方面判断行为人的主观不法性[1],这种观点可以有效地反映出行为人扰乱金融秩序的故意,但仍要注意与集资诈骗罪的故意区别开来。

第三节 网络技术

晚近以来,自然科学与社会科学被划分为截然不同且互不相干的两个分支,自然科学被认为是纯粹客观、中立的科学,与价值和理性无关。然而,随着科技的巨大进步,自然科学已然成为支撑并促进社会科学发展的基础与动力,自然科学与社会科学的人为鸿沟被质疑并逐渐消失。刑法的研究亦不例外,犯罪构成要件理论的发展对科技的发展具有较强的敏感性,科技的发展对犯罪构成要件的认识论与方法论产生了直接的影响,犯罪构成要件理论也逐渐调整自身以适应科技的发展趋势。[2]如今,网络技术对现实社会的塑造空前广泛且深刻,刑事司法过程也打上了网络技术的烙印,刑法解释结论的作出自然须考虑网络技术因素,否则将无法真实地反映网络异化型犯罪的本质,易沦为停留在文本意义上循环论证,解释结论欠缺说服力。

以"谈某某制作出售网络游戏外挂案"为例,谈某某未经"恶魔的幻影"网游运营商授权或许可,私自破译了游戏软件的数据结构和游戏服务器端、客户端之间经过加密用于通讯和交换数据的特定通信协议,以此为基础陆续研发了"007传奇3外挂""008传奇3外挂""超人传奇3外挂",用以向公众销售。这种行为应否认定为侵犯著作权罪,需要对网络技术进行考察。

---

[1] 参见姜涛:"互联网金融所涉犯罪的刑事政策分析",载《华东政法大学学报》2014年第5期。
[2] 参见刘守芬:《技术制衡下的网络刑事法研究》,北京大学出版社2006年版,第11页。

在实践中，外挂软件主要通过两种方式影响网游：修改硬盘或内存中网游客户端程序的代码、数据或拦截并修改服务器端和客户端之间的网络数据包；为了增补网游软件功能，直接挂接到网游环境中运行。而谈某某制作外挂并牟利的行为，是为了增强网游的游戏功能，调用部分数据或图像的行为并非复制行为。因此，不属于侵犯著作权罪中的"复制发行"，不构成侵犯著作权罪，而构成非法经营罪。[1]

随着网络技术在网络异化型犯罪认定中所起的作用越来越大，网络技术与法律的作用发生了重叠，对于网络不法行为而言，要判定其是否属于犯罪，不仅要将其与法定的犯罪构成要件相对照，还要考虑技术对该行为不法性与有责性的影响。在刑法解释中，我们要面对以下关键性问题：技术与法律在法益保护中所起的作用如何评价？二者应如何选择？网络技术的中立性在刑法解释中发挥怎样的影响？在与现实空间迥然不同的网络空间中，行为人的期待可能性对刑法解释产生了怎样的影响？下面分别论述。

一、技术规制与法律规制的选择

提出"代码即法律"理念的互联网大师劳伦斯·莱斯格指出，代码与网络空间中的硬件和软件相结合，共同规制着发生在网络空间中的行为。[2]事实确实如此，代码既是组成互联网的元素，又对互联网的状态与变化起到决定性作用，不难理解其对网络空间行为的巨大影响。在刑法领域，网络技术既是网络不法行为产生的根源，又为规制网络不法行为提供了手段，是刑法规范的有效补充。网络技术的提升与运用能够很好地预防犯罪，降低网络安全事故的概率，如网络防火墙技术不仅能够控制网络访问数量，还能够将心怀不轨者阻挡在网络系统之外，避免网络系统受到外来的破坏。[3]鉴于网络科技在防治犯罪方面的巨大功用，欧阳本祺教授认为："通过代码能够保护的法益不应求助于刑法，有时候技术手段比法律手段效果更佳。"[4]此观点具有一定的道理，但仍值得商榷：

---

〔1〕　参见马民虎主编：《网络法典型案例评析》，中国民主法制出版社 2019 年版，第 239~242 页。

〔2〕　参见［美］劳伦斯·莱斯格：《代码 2.0：网络空间中的法律》，李旭、沈伟伟译，清华大学出版社 2018 年版，第 136~137 页。

〔3〕　参见邓国良、邓定远：《网络安全与网络犯罪》，法律出版社 2015 年版，第 356 页。

〔4〕　欧阳本祺："论网络时代刑法解释的限度"，载《中国法学》2017 年第 3 期。

（1）在法益已受损的情况下，损害结果已经造成，技术亦无法将时间回溯到损害发生之前，刑法必须介入。这种情形最为常见，大部分犯罪人利用网络的开放性、快捷性等优势实施犯罪，只有在损害结果业已造成的情况下才能被公众所知，技术变得"防不胜防"。如今，在网络系统可视性增强，使用愈加便捷的同时，操作系统也越来越复杂，存在很多系统缺陷与漏洞且经常被人发现并利用。一些缺陷与漏洞源于系统开发过程的不完善，还有一些缺陷与漏洞则是开发者为方便日后系统升级和监控而故意留下的"后门"。与大量的缺陷与漏洞相伴的是网络犯罪的门槛越来越低，网络空间经常充斥着各种黑客软件等工具，传授黑客技术的网站、论坛与帖子也很容易找到，普通人很容易利用黑客技术破解他人密码，越过防火墙实施犯罪。[1]如网络空间的虚拟、匿名性使部分网民摆脱了社会规范的约束而变得无所顾忌，加之造谣成本极低，导致谣言犯罪的产生，给政府形象、他人名誉甚至某个行业造成了巨大打击。这时，技术不仅无法有效预防犯罪，反而成为犯罪的帮凶。又如日本学者鸟居壮行指出："现在几乎没有一种犯罪能像电子计算机犯罪那样能轻而易举地支取到巨额财富"[2]，通过制造并传播病毒，很容易对他人电脑形成控制并由此满足自己的犯罪目的。所以，可以肯定的是，无论网络技术怎样进步，网络技术与网络空间永远存在漏洞，无法预测攻击何时发生以及如何有效预防，必须发挥刑法的惩治与威慑功能。

（2）在法益尚未受损的情况下，技术可以在犯罪预防方面发挥重大作用，但这种作用一般是不稳定的、象征性的，甚至沦为技术专制的借口。首先，技术或许能为我们浇筑防治网络犯罪的堤坝，但在法律制度与价值判断领域过于强调技术理性是片面的，甚至是灾难性的。技术是一把双刃剑，既可以用于防治网络犯罪，维护网络安全，也可以用于实施网络犯罪，带来意想不到的破坏。网络后台及其运行通常是人为控制的，往往在普通人的视野之外，与法律的公开性相比，网络技术显得较为隐蔽。我们无法将防治网络犯罪的全部希望都寄托在网络技术上，因为网络技术的高门槛与隐蔽性，我们很难对网络技术是否有用以及用处多大进行有效的追踪与监督。若技术人员运用网络技术实施犯罪，我们甚至会陷入极大的被动。其次，网络社会的技术发

---

〔1〕 参见刘军：《网络犯罪治理刑事政策研究》，知识产权出版社 2017 年版，第 66 页。

〔2〕 冯树梁主编：《中国预防犯罪方略》，法律出版社 1994 年版，第 557 页。

展日新月异，社会资讯获取的便捷性使新技术不断跨出专属领域，达到不法分子足以接触到的程度，这可以破解掉犯罪防控的技术门槛，使技术的二元价值矛盾愈加尖锐，今天被视为安全屏障的网络技术，明日就可能被发现充斥着安全漏洞。网络社会的本质是信息开放与共享，"在全球信息经济环境下，要在多数基础区域上保持创新的领导位置，需要联网协同工作，对公司来说，争取其他人加入它们的创新工作非常关键"〔1〕，这种特质促成了创新性增长，也暴露出网络社会固有的结构性风险。为了避免上述负面情形发生，我们必须在大数据的基础上，运用实证分析方法对网络犯罪预防中"技术利大于弊"进行证成，只有当稳定性达到相当的程度才可以依赖技术提前保护法益。

总而言之，技术规制更多是从犯罪学意义上而言的，突出对于网络犯罪的提前预防，法律规制则是从刑法教义学的角度出发，强调对网络犯罪的惩治与对犯罪后果的补偿。正如网络犯罪之外的纯粹自然犯无法完全预防一样，凭借当前人类的理性与智慧，根本无法仅仅依靠或主要依靠网络技术对网络犯罪进行预防。其实，网络犯罪作为网络技术发展的产物，其本身呈现出撕裂与矛盾的特质，期望主要通过网络技术预防犯罪恐将陷入"道高一尺魔高一丈"的尴尬境地。因此，对于法益的保护应主要依靠法律，通过对网络不法行为的惩治彰显法律的严肃性，表明网络空间并非不法之地，进而起到刑法预防的效果。在解释过程中，充分考虑网络技术对犯罪构成要件要素的异化作用，作出不偏不倚的解释结论。

二、技术中立对刑法解释的影响

技术中立的理论基础是中立帮助行为理论，该理论旨在探寻中立帮助行为可罚性的边界。关于中立帮助行为的可罚性，主要存在主观说、客观说与折中说。

主观说包括促进意思说与确定的故意说，均意图从主观方面划定中立的帮助行为的可罚性边界，但二者的通病均在于忽视了对行为客观方面的考虑。如果中立帮助行为没有明显侵害或威胁到法益，对正犯的行为没有物理上的

---

〔1〕 ［美］曼纽尔·卡斯特主编：《网络社会——跨文化的视角》，社会科学文献出版社 2009 年版，第 467 页。

帮助，哪怕中立帮助行为人确切地认识到正犯将要实施的犯罪行为且希望危害结果发生，也不应当对正犯的犯罪行为负责。如店主甲明知乙将要实施盗窃而故意将螺丝刀卖给乙，但乙在盗窃的时候没有真正使用螺丝刀，这时甲就不构成盗窃罪。从实质上讲，若遵循主观说，则可能无限扩大帮助犯的范围，使一些对危害结果不存在真正原因力的行为被视为犯罪，这显然是不合适的。

客观说试图从行为等客观方面归责于中立帮助行为人，具体包括社会相当性说、职业相当性说、利益衡量说、正犯不法连带说、溯及禁止论、客观归责论等学说。这些学说包括很多问题，导致不具有实用性，社会相当性说、利益衡量说、正犯不法连带说所提出的标准因过于模糊而不具有可行性，需要从理论与实践层面继续打磨。职业相当性说则赋予职业群体免于非难的特权，违背了刑法面前人人平等原则。溯及禁止论尽管承认了日常业务行为的独立性与职业性，旨在使中立帮助行为人免于动辄被追诉，但人为割裂了行为人与中立帮助行为人之间的联系，使中立帮助行为概念变得名存实亡。客观归责论受到国内很多学者的赞同，但该理论所提出的"不被允许的危险""紧迫的状态"等概念具有较大的模糊性，并没有区分不可罚的中立帮助行为与可罚的中立帮助行为之间的界限。另外，该理论没有解释为了保护被害人的利益而限制中立的帮助行为人自由的原因。

折中说既强调考察中立的帮助行为人的目的，又认为只有中立行为制造了法所不容许的危险时才可归责于中立的帮助行为人。折中说包含了客观归责论，自然也具有了客观归责论的缺陷，另外，折中说中的犯罪意义关联性判断也较为模糊，无法把握其标准。

笔者认为，要厘清中立帮助行为可罚性的界限，可参照不真正片面帮助犯标准。在主观方面，中立帮助行为人必须清楚而明确地认识到犯罪正在发生或将要发生，这种认识只需达到概括的程度即可。中立帮助行为人还需具有因果关系的认识与实质违法性认识，即认识到自己的帮助行为对正犯行为具有促进或帮助作用，且认识到自己的行为已经违反了社会规范，已经超出了行为的日常性或业务性。在客观方面，若中立帮助行为对正犯行为的实施具有主要的促进作用，进而帮助正犯顺利完成犯罪，那么中立帮助行为与危害结果之间就具有了相当的因果关系，这时中立的面纱被摘掉，中立帮助行为转变成帮助行为，中立帮助行为人就转变为不真正片面帮助犯。总的来说，中立帮助行为人在主观上要清楚地认识到自己行为的帮助性与他人行为的实行性，在客观上确实扮演了不可或缺的角色，帮助正犯完成了犯罪。这时，中立帮助行为人应当承担相应的刑事责任。

技术中立行为虽是中立帮助行为的一种，但具有自身的独特性。传统的中立帮助行为若要达到可罚的程度，在客观上表现为有形的、物质的、可见的帮助，如卖给正犯一把菜刀，这种帮助是显而易见的，对犯罪行为的顺利实施起到了帮助作用。

这种帮助通常具有先后性与一次性，先后性指帮助行为与实行行为存在时间上的先后顺序，正犯在得到帮助后即与中立帮助行为人分隔开而单独实施犯罪，帮助行为并不会伴随实行行为从着手到既遂的整个过程。一次性是指尽管帮助的效果贯穿于实行行为的始终，但帮助行为的实施具有一次性，帮助行为实施完毕就与之后的实行行为脱离开来，帮助行为人帮助一次即可，无须紧跟实行行为的全程。在主观上，传统的中立帮助行为人虽然要确信犯罪行为正在发生或将要发生，但这种认识只需达到概括的程度即可，无须了解正犯所要实施的是何种犯罪以及如何实施。此外，还需认识到自己的行为其实已经具有违法性，不单纯是日常的业务行为。在主体上，传统的中立帮助行为人在帮助行为实施完毕即与后续的实行行为脱钩，不负有对实行行为的审查义务。相比之下，技术中立行为要达到可罚的程度，则与传统的中立帮助行为存在巨大差异。在客观上，技术中立行为是一种无形的、不可见的帮助，但这种帮助行为要比传统的中立帮助行为重要得多。通常表现为网络服务商为他人的犯罪行为提供网络服务，虽然是无形的帮助，但离开了网络服务，犯罪行为根本无法实施。如快播公司通过快播软件为淫秽信息的传播提供了平台，离开了快播软件的上传与共享功能，淫秽信息就无法实现流转。

这种帮助往往也具有同步性，网络服务商须提供不间断的网络服务才能确保犯罪行为的实施与完成，帮助行为与实行行为不存在先后顺序，二者是同步的。在主观上，由于帮助行为的同步性，帮助人得以参与实行行为的全过程，由于实行行为是持续进行的，帮助人一定会对实行行为的内容及性质具有清醒的认识，这种认识的清晰与确定的程度是传统的中立帮助人所无法达到的。如快播公司负责人在长达两年的时间里，明知快播软件介入了大量淫秽视频仍未采取行动，默许淫秽视频的传播，已经对淫秽物品传播具有了清晰的认知。在主体上，网络服务商在持续性提供网络服务的同时，往往肩负着一定的内容审查义务，并接受行政机关的监督，这种内容审查义务只要不超过网络服务商的技术能力即可。快播公司尽管难以做到删除或屏蔽所有的淫秽视频，但至少可以采用关键词屏蔽的方式履行自己的审查义务，且在接到行政机关的处罚决定后仍无动于衷，放任危害结果的扩大，具有主观上的不法性。

技术中立对刑法解释最直接的影响就体现在，案件事实中包括技术中立帮助行为时，如何评价该行为，主要在于厘清技术中立帮助行为罪与非罪的界限。尽管《刑法修正案（九）》增设了帮助信息网络犯罪活动罪，可以囊括所有为他人的犯罪行为提供网络技术支持的行为，填补了技术中立帮助行为的规制空白。但该罪名具有鲜明的兜底性质，根据特殊优先于一般原则，只有在无法通过其他罪名规制该类行为时方可适用，更多地还是要通过传统罪名如传播淫秽物品牟利罪、诈骗罪、侵犯商业秘密罪、非法经营罪等规制此类行为。笔者认为，可在传统的中立帮助行为的基础上，厘定技术中立行为可罚的界限。

（1）在主观上，技术中立行为人明知犯罪将要发生或正在发生，而持希望或放任的态度。对于明知标准的把握，可遵循两个路径：第一，以互联网行业的一般认知为标准，即如果根据互联网管理法规和互联网行业的普遍认知，某一技术行为是不被容许的，则可推定行为人对此是明知的。这种明知的推定较为简单，只需参照明文规定的互联网法规就能推定行为人对技术行为不法性的认知。第二，对技术行为风险的认知，若某一技术行为存在侵犯法益的明显或潜在的风险，即便该技术行为曾经被公认为合法甚至受到鼓励，行为人对于该种技术行为的运用也不可随心所欲，而应当尽到一定的注意义务。若满足特定的条件，可推定行为人对技术的风险具有明知。网络爬虫可谓是技术风险的典型代表，为了提高数据搜索效率，网络爬虫被不同主题需求的用户所运用，随着网络爬虫应用的领域越来越广泛，其技术中立的面纱也逐渐消退，刑事风险越来越高，若爬取公民个人信息、商业秘密和企业数据就很可能触犯刑法。在这种背景下，互联网从业人员对网络爬虫技术应有起码的风险认知，不可以网络爬虫技术的中立属性进行抗辩。

具体而言，我们可通过以下方面推定行为人对技术风险具有明知：

第一，考察行为人所处的行业。身处某一行业，行为人应具备超出普通人的规避法律风险的基本认知与意识。如食品行业从业者，尽管未必清楚"有毒有害的非食品原料"的内涵与外延，但对食品制作的规范流程与工序必须了解，相较于只对"地沟油""瘦肉精"等熟悉的公众，应当被视为具有更高专业水准，将特定的性激素药物添加进动物饲料中便被认为是不可容忍的。作为互联网行业从业人员，应当被默认为具有高于普通公众的规范与风险意识，主动远离利用网络实施的不利于国家、社会与他人的行为。当然，对于新晋员工或受到蒙蔽的员工，除有证据证明外，其违法性认识须慎重考虑。若非互联网行业从业人员，只是掌握了特定的网络技术，不能以互联网行业的标准衡量其认知程度。

第二，考察关涉某一行业的判例或先例。若某一行业已存在判例或先例，同样或类似行为应被及时禁止，可默认该行业从业者对这些判例或先例存在基本认知。互联网技术发展一日千里，相关的立法也在迅速推进，全国人大及常委会、国务院及各部门均颁布了大量规范性文件，其中不乏纯技术类的规范性文件，这也使互联网从业者面临不断学习的巨大挑战。但繁如牛毛的规范性文件最终要浓缩进具体的判例中，借助无处不在的传媒力量发挥其预防与警示作用，对于与所处领域相关的案件，从业者应当有所认识。如"刷单炒信第一案"将使网络平台交易从业者认识到，与现实空间一样，网络空间并非无法之地，不能在网络交易平台通过虚构交易、编造用户评价等方式实施虚假或引人误解的宣传、欺骗等误导消费者的行为。尽管网络爬虫技术运用非常广泛，并不意味着其不会触碰法律的底线，从业者应当从"网络爬虫第一案"中认识到，不能出于非法竞争目的，强制性爬取他人计算机信息系统中的网络数据，并给他人造成实际损失。

第三，根据客观行为展开推导。实践中，对行为客观构成要件的判断一般先于对主观构成要件的判断，且为后者的依据，违法性认识的判断也应以客观行为为主要参考。在行为手段层面，考察行为人采取隐蔽、秘密的方式还是公开的方式爬取他人数据，若行为人采取不为人知的方式爬取他人网络数据，则基本可以认定其具有明知。在组织层面，考察网络数据抓取的行为是否具有组织性、分工性，若集团内部人员有组织地对他人网络数据展开抓取，认定其具有明知的可能性较大。在技术层面，考察爬取行为的技术高低程度，若由专业人士利用爬虫实施抓取，甚至强制性破解他人的防抓取措施，则具有明知的可能性较大。

（2）在主体方面，在撕去技术中立面纱的同时，也要对技术中立行为人的注意义务进行考察，即有没有肩负一定的审查与监控义务，以及是否具有审查与监控的能力。审查与监控的义务和能力必须同时满足，才能对技术中立行为人进行非难，否则将不当扩大刑法打击面。根据《互联网信息服务管理办法》等规定，网络服务商不得制造、复制、传播非法信息，若发现其网络平台所传输的信息属于非法信息，应马上停止技术支持并向国家机关报告，否则将会被追究刑事责任。应当说，得益于法律法规的明确规定，对于技术中立行为人的审查与监控义务较易把握，但对于其审查与监控的能力，则应谨慎认定。如在网络爬虫情境中，若行为人不仅实施了爬取网络数据的行为，也实施了对网络数据的整理、编辑与加工的行为，则应认为其具有审查与监控的能力。若行为人仅仅通过网络爬虫工具爬取网络数据，并没有与网络数据进行实质性接触，就不能要求行为人承担相应的注意义务。又如提供网络接入与传输服务的行为，该行为为网络的正常运行提供通信设备和日常上网服务，技术中立行为人仅仅是为网络信息传输提供了一条通道，无法对所传输的信息进行有效分辨与筛选，不具有审查与监控的能力。

（3）客观上的追责根据在于技术本身在正犯行为实施的过程中发挥了基础性与前提性作用，离开了技术支持，正犯行为根本无法实施。与传统的中立帮助行为相比，技术中立帮助行为对正犯行为的顺利实施乃至犯罪结果的发生产生了更大的推动作用。这也就要求我们在犯罪认定过程中，不得将仅发挥辅助作用，处于次要地位的技术中立帮助行为纳入犯罪圈。如正犯在多个网络平台上编造、传播谣言，其中既包括新浪微博、百度贴吧、粉丝众多的公众号等具有较高影响力的网络平台，也包括个人朋友圈、小众论坛等影响力较小的网络平台，二者在访问量、点击量、分享量、下载量等方面差异巨大。事后亦存在证据证明该谣言主要是通过具有较高影响力的网络平台传播，进而导致巨大的社会危害。对于这类情形，我们不能将每个网络平台运营商都一视同仁，而应主要追究具有较高影响力的网络平台运营商的刑事责任。

三、技术缺陷情境中的期待可能性

一直以来，期待可能性被普遍视为超法规的责任阻却事由，存在滥用刑法与司法不公的风险，引起了不少学者的警惕，进而主张力图限制其适用；另一方面，由于刑法规定较为抽象概括，需要我们通过刑法解释使其规定趋于合理，而期待可能性则是灵活解释与适用法律的工具。从这个意义上讲，期待可能性又不是超法规的，而是蕴含在刑法规定之中。[1]在网络时代背景下，探讨重大技术缺陷情形下的期待可能性问题具有较强的实际意义，期待可能性所具有的解释功能与谦抑天性，可以有效对冲网络时代刑法扩张适用产生的弊端，弥补刑事司法在人性关怀和谦抑精神上的不足。前网络时代的"许霆案"不失为期待可能性的范本，与此同理，行为人利用重大技术缺陷实施网络不法行为，期待可能性与有责性均欠缺，这不可避免地会影响法官对构成要件要素的解释。

可见，技术虽具有一定的独立性，但对司法过程产生了不可忽视的影响，这种影响既体现为网络技术已经成为诸多违法犯罪实施的关键要素与得力工具，也体现在网络技术对行为违法性或有责性的阻却上。以网络黑灰产的典型"薅羊毛"为例，职业"羊毛党"在掌握大量虚假账号的基础上，利用各种网络平台的促销或优惠政策获取大量财产性利益。林维教授认为此种行为可能构成非法获取计算机信息系统数据罪、破坏生产经营罪或盗窃罪。[2]该种行为固然技术性较强，危害性较大，但"信息安全并不是一个纯粹的科学问题，还需要借助法学的利益衡量和价值判断"[3]，我们仍须考虑网络平台的动机、网络技术有无重大缺陷以及行为人有无期待可能性。一些网络平台为了赚取流量与活跃用户，频频推出注册返现、充值返现等优惠活动吸引顾客。与此同时，技术性缺陷也经常发生，导致网络平台蒙受巨大损失，如

---

〔1〕 参见郑丽萍、丁善超："'拿来'之后——期待可能性本土化之思考"，载《北京航空航天大学学报（社会科学版）》2011年第5期。

〔2〕 详见林维："穿透技术复杂性迷雾，薅羊毛可能触犯三个罪名"，载 http://www.legaldaily.com.cn/IT/content/2019-03/07/content_ 7791344. htm，访问时间：2019年5月22日。

〔3〕 李佳："论信息安全的法律规范与技术规范协同保障机制的构建"，载《学术交流》2014年第11期。

"拼多多事件"[1]和"OTA 外航机票 bug 事件"[2]。在这些事件中，行为人利用网络平台的漏洞，单个或者有组织地"薅羊毛"，获取大量不法利益。其中既有通过高度产业化链条，分工配合而实施的"薅羊毛"，也有门槛较低，通过各种"攻略""论坛"零散"薅羊毛"的底层用户。"薅羊毛"的不法性主要在于违背了网络商家的意愿，网络商家通过推出各种优惠活动，其目的在于吸引更多客户购买商品，而羊毛党则是冲着优惠红包而来，网络商家没有吸引到客户，反而损失巨大。应当说，"薅羊毛"具有一定的社会危害性，阻碍了电子商务的正常发展，但其刑事责任仍须主动置于网络语境下谨慎认定。司法人员在追究刑事责任时，除考虑法律规范与案件事实，还应主动考察影响解释结论的种种外在因素，尤其是全面准确评估外部因素对行为人意志的影响程度，评价其作出合法行为的可能性。[3]笔者认为，若网络平台罔顾自身重大技术缺陷赚取流量，单个行为人期待可能性较小或不存在，法官应倾向于作出减轻处罚甚至不构罪的解释。理由在于：

（1）期待可能性理论承认人性的弱点与人类意志的相对自由，为面对强大国家机器的个人提供了喘息的空间。该理论较好地体现了刑法谦抑，凸显了人性关怀，有助于缓冲风险社会背景下刑法解释"去中心化"所带来的刑法适用扩张，不应在网络时代缺席。在"许霆案"中，ATM 机的出错激发了许霆的人性弱点，使其丧失了应有的判断力和自由意志，许霆的行为固然可罚，但由于期待可能性减弱的缘故，法院最终作出减轻处罚的判决。人的意志自由是有限度的，也常常受到个人先天素质和所在环境的制约[4]，刑法并

---

[1] 在该事件中，黑产团伙利用一个过期的优惠券漏洞获取了数千万元的平台优惠券并进行不当牟利，给拼多多造成巨大损失。详见"拼多多是如何被'薅羊毛'的？"，载 https://tech.sina.com.cn/i/2019-01-21/doc-ihrfqziz9651666.shtml，访问时间：2019 年 5 月 22 日。

[2] 2018 年 11 月，多家 OTA 出现大量外航 bug 机票，如中日往返含税不到出租车起步价，洲际往返含税还没你从机场叫车回家贵，一家代理商表示当晚产生了逾 200 单 bug 机票订单，损失差额预计超过 500 万元，由于自身无力承担巨额损失，因此联系购票人取消订单。事后查明，此 bug 机票事件是由于银行外汇牌价系统错误引发，导致前一天晚上的美元一度贬成了日元。详见"拼多多的大bug 并非个案，但薅羊毛也需谨慎"，载 https://www.yicai.com/news/100103751.html，访问时间 2019年 5 月 22 日。

[3] 参见唐稷尧、詹坚强："本源、价值与借鉴——评期待可能性理论"，载《四川师范大学学报（社会科学版）》2004 年第 6 期。

[4] 参见刘宪权：《刑法学专题理论研究》（第 2 版），上海人民出版社 2012 年版，第 82 页。

不要求每一个公民都是正人君子，而仅仅在于维护最低限度的道德。在"薅羊毛"流行于网络空间的背景下，由于网络平台自身缺陷而导致的"商家优惠"，这些足以使相当多的人果断伸出"薅羊毛"之手而并不感觉到丝毫愧疚。因此，当单一的个体利用网络平台的重大技术缺陷与空闲时间注册多种网络平台账号，接受验证码，并"薅取"少量红包时，刑法应慎重介入。当然，对于大批量注册虚假账号并参与"薅羊毛"的职业"羊毛党"而言，其行为具有预谋性、蓄意性，应对其心理事实加以非难，具有期待可能性与有责性。

（2）网络空间中的价值观与认知不能完全立足于现实社会衡量，网络伦理仍具有一定的独立性。网络社会由现实空间中的人群组成，网络空间中的观念与行为也是出自现实空间中的人群，在通常情况下，网络空间与现实空间中的观念与行为能够保持一致。但网络空间毕竟是独立的空间，具有不同于现实空间的生态系统、运作方式与思维路径，这决定了网络伦理也具有一定的独特性与独立性，并不完全与现实伦理保持一致，对网络行为的评判自然不能一概按照现实行为的标准进行。在充斥着各种商家优惠与"羊毛党"的网络空间中，"薅羊毛"与获取商家优惠往往混为一谈，而被认为是正当行为。一些网络商家在运营推广时，为了增加客户黏性，采取了种种优惠措施，使消费者养成一种"薅羊毛"的消费习惯，这种消费习惯在逐渐扩散、固化，与现实社会中的消费习惯区别加大。与此同时，网络空间中也充斥着大量的薅羊毛攻略与技巧，不断传递着"羊毛"讯息。以"薅羊毛网"为例，该网站包含了"薅羊毛必备工具""薅羊毛普及百科""最新优质线报""薅羊毛论坛""薅羊毛 QQ 微信群""天猫优惠券""京东优惠券""免费 VIP 会员"等版块，这些足以使一个"零基础"的新人加入"薅羊毛"的行列。更为重要的是，与网络爬虫一样，"薅羊毛"技术与信息的传播不受任何限制，甚至受到默许或鼓励，这难免使人以为"薅羊毛"是一种国家承认的正当行为，也使得罪与非罪的界限更加模糊。因此，我们有必要立足于网络视角审视"薅羊毛"问题，这不可避免地影响到了违法性认识与责任的判定，应慎重解释。

（3）网络平台具有及时止损的可能性。与传统犯罪不同的是，行为人所"薅"的"羊毛"通常具有期货性质，并不会立刻使网络平台遭受实际的损失。在意识到被"薅羊毛"后，网络平台可以用来挽回损失的手段很多，刑法并非有效的手段。网络平台可以通过技术手段实现止损，如在"OTA 外航机票 bug 事件"中，不少网友利用系统错误"大开杀戒"，在短短的时间内恶意囤购价值巨大的 bug 机票，并有偿出售给他人。但是，这种行为第一时间触发了 OTA 的报警机制，导致订单被冻结，不少行为人更是被列入了黑名单。除了技术手段，民事手段也不失为一种追责措施，对于利用重大技术缺陷获取商家优惠，造成商家损失的，属于民事法律中的不当得利，不当得利行为人应当依法返还所获利益。另外，诚实信用与公平公正是民法的基本原则，真实的意思表示是契约的核心精神，在重大误解或非真实意思表示背景下达成的契约，违背了民法的基本原则与契约核心精神，故民法赋予了契约双方撤销的权利。因此，在重大技术缺陷之下达成的所谓"契约"是可以被撤销的，网络平台的利益完全可以通过民法得到维护。总体而言，利用网络平台重大技术缺陷而实施的个体性"薅羊毛"行为，应立足于网络伦理看待，该行为一般情况下主观恶性较小，犯罪动机难以确定，且网络平台可通过多种渠道维护自身权益。基于刑法的谦抑性与期待可能性在网络犯罪中的巨大价值，可尝试通过期待可能性为此类轻微不法行为寻求出罪或减轻处罚的路径。

第四节　指导性案例

在古代时，我国就以成文法为主，判例为辅，这种传统一直继承了下来，当前我国法治建设仍以国家主义和规则中心主义为主。但是，公平公正是司法永远追求的价值，如今的成文法已无法满足社会快速发展的需求，刻板的公平公正逐渐受到质疑，甚至频频出现对于相似案件的处理差异巨大而又不存在合理根据的情况，典型案例的指导作用亟待发挥。我国并非判例法国家，但依然需要典型案例发挥指导作用，当前也存在相应的判例制度，即指导性案例制度。应当说，指导性案例的作用并非取代立法，而是影响司法，即通过实际的案例更加生动地诠释成文法，实现对成文法的有效补充，进而为司法活动提供更加立体饱满的规则性路径，甚至为将来的立法完善打好基础。最高人民法院和最高人民检察院自 2005 年开始相继发布一系列文件，并以此为基础建立了我国的案例指导制度。胡云腾大法官认为，指导性案例本质上是法律解释的一种形式，能够起到解释、细化法律的效果。通过指导性案例，各级司法机关可以体会到其中蕴含的裁判逻辑与方法，进而在司法实践中创造性地适用法律，更加灵活公正地处理案件。在网络时代，各种新型网络犯罪层出不穷，需要法官依据刑法规范作出创造性的判决，这不仅是为了得出切合时宜、公平公正判决，更是为新型网络犯罪的处理提供思路，进而形成网络犯罪处理的裁判方法与思维，缓解现行刑法与新型网络犯罪之间的紧张关系。因此，网络时代的刑事司法更加需要发挥指导性案例的作用，使之引导网络异化型犯罪案件的办理，促进该类犯罪解释共识的形成，鼓励创新性解释结论的产生，最终实现指导性案例制度"统一法律适用标准"的初衷。

据笔者统计，最高人民法院自 2011 年以来，共发布刑事指导性案例 20 件，其中包括网络异化型犯罪的指导性案例 3 件，分别为臧某泉等盗窃、诈骗案；洪某强、洪某沃、洪某泉、李某荣开设赌场案；谢某军、高某、高某樵、杨某彬开设赌场案。最高人民检察院自 2016 年以来，发布 15 批共 59 件指导性案例，其中包括网络异化型犯罪的指导性案例 3 件，分别是张某毛盗窃案；董某等四人诈骗案；骆某猥亵儿童案。[1]这些案件主要涉及犯罪对象的网络异化、犯罪手段的网络异化与犯罪空间的网络异化，实际上是最高司法机关对下级司法机关扩大解释的方式所作出的肯定。例如，指导性案例肯定了在网络环境中，盗窃手段所发生的变异，对"秘密窃取"作出了全新的解读；将赌博犯罪中"赌场"的范围扩展到网络空间；承认网络域名等虚拟财产可以成为财产犯罪的对象；看到了网络诈骗的新动向，将网络系统纳入诈骗对象之列，在一定程度上否定了"机器不能被诈骗"的断言；重新审视了看似与网络无涉的人身犯罪，主动运用网络视角评估网络猥亵的社会危害性并将其纳入猥亵儿童罪的规制范围。

应当说，上述指导性案例具有开创性的影响，鼓励法官积极适应网络时代潮流，在处理新案件时主动参照指导性案例，适度扩大解释法条。但我们也应认识到，相对海量的网络异化型犯罪，当前所发布的相关指导性案例的数量极为不足，在类型上也较为狭窄，无法满足网络异化型犯罪处理的需求。其实，指导性案例除了为法官判案提供可参照的思路之外，还具有启迪思维、

---

〔1〕 详见 https://www.chinacourt.org/article/subjectdetail/type/more/id/MzAwNEiqNA CSIGQAAA/page/1.shtml；https://www.spp.gov.cn/spp/jczdal/index.shtml，访问时间：2020 年 2 月 1 日。

拓宽思路，"孵化"出更多具有影响力的指导性案例的功能。只有广大司法工作者积极应用并生成更多富有创造性的指导性案例，才能真正发挥指导性案例制度的功用。因此，我们要做到一方面，在今后的司法实践中多发掘、发布具有典型意义的案例，赋予其准司法解释地位及强制性参照的效力；另一方面，采取各种配套措施打消法官应用指导性案例的顾虑，降低其应用成本，提高其应用收益，鼓励法官通过判决书释法说理等方式将指导性案例的思路与精神糅入审判实践，使其真正发挥应有的功能。

根据《〈最高人民法院关于案例指导工作的规定〉实施细则》（以下简称《实施细则》），统一法律适用标准抑或是"同案同判"是指导性案例制度的主要使命。笔者认为，这里的"同案"其实指的是相似的案件，因为世界上不存在完全相同的两个案件，"同案同判"的使命虽然在于维护法治的统一性，但并非机械地照搬照抄，而是从典型案例中抽象出裁判逻辑与规则并将其运用到相似的待决案件中。"同案同判"具体包含两个过程："同案"的认定过程与"同案"的参照适用过程，对这两个过程的理解关系到指导性案例制度的初衷能否实现。与制定法传统下"三段论"或涵摄性的司法过程不同，指导性案例的应用吸收了英美法系判例法的风格但又不同于英美法系的判例法，如果说以往的司法过程是"法律规范—裁判结论"模式，那么指导性案例影响下的司法过程则呈现出"法律规范+指导性案例—裁判结论"样态。与作为静态性法律渊源的法律规范不同，指导性案例是更为丰满立体的动态性法律渊源，指导性案例因素的加入使裁判结论的作出更富挑战性。为了确保指导性案例的应用不至于偏离预定方向，使指导性案例制度"融入成文法国家的法条血液中去"[1]，推动司法实践不断适应社会生活，我们有必要对指导性案例的应用过程展开探讨。指导性案例的应用主要包括以下内容：

一、相似性判断

相似性判断也叫类比推理，是从个别到个别的推理方法，类比推理认为，如果相比较的两个对象存在部分交叉或相同，那么可以推断出二者的其他部分亦相同，进而为某一规则同等适用于二者提供逻辑基础。在指导性案例应

---

[1] 彭中礼："司法判决中的指导性案例"，载《中国法学》2017年第6期。

用的语境下，类比推理可以理解为，如果指导性案例因为适用某一法律规范取得了较好的处理效果，而待决案件与指导性案例在关键事实与争议点方面具有相似性，那么待决案件也能够遵循指导性案例的处理思路。

关于类比推理，有著名的孙斯坦路径，包括：①先例包括 X、Y、Z 等特征；②待决案件包括 X、Y、N 等特征，或 X、Y、Z、N 等特征；③先例是在法律上是以某种方式处理的；④通过发掘先例与待决案件之间的关系，能够解释出为什么先例应当以某种方式处理的原因；⑤由于先例与待决案件具有相似性，推断出待决案件也应当同样处理。[1]

拉兹教授更进一步，提出了另一条类比推理路径：①若指导性案例包含 a、b、c、d、e、g 等事实（具体事实），其中的关键性事实是 A、B、C（抽象事实或具体事实的一般性质），其解决方案为 X；②待决案件中包含 a1、b1、c1、d1、e1、f1 等事实（具体事实），同样包括关键性事实 A、B、C（抽象事实或具体事实的一般性质），那么我们同样可以将 X 作为其解决方案。[2]与拉兹路径的类比推理路径相比较，孙斯坦路径并没有很好地给出先例与待决案件为什么相似的理由，拉兹路径则根据关键性事实证成了二者的相似性。

笔者赞同关键性事实应当作为相似性判断的标准，在不存在两个完全相同案件的情况下，在案件之间建立关联并判断是否相似的主要标准就是关键性事实。关键性事实是指支撑判决理由，且与案件争议点相关联的事实。案件争议点是控辩双方的争论点，不仅包括案件事实方面的争议，也包括法律适用方面的争议。通过找到案件争议点，我们就可以描绘出关键性事实的具体轮廓，进而为判决理由提供依据。以张某毛盗窃案为例，该案的争议点是网络域名到底属不属于刑法意义上的财产，通过对网络域名本身性质的考察以及对全案的把握，司法机关认为网络域名具有专属性、唯一性和价值性，所有人可以对网络域名行使财产的一切权利，如使用、出售、变更、抛弃等。因此，网络域名可以被认为是财产。

---

〔1〕　参见［美］凯斯·R. 孙斯坦：《法律推理与政治冲突》，金朝武等译，法律出版社 2004 年版，第 77～78 页。转引自赵瑞罡、耿协阳："指导性案例'适用难'的实证研究——以 261 份裁判文书为分析样本"，载《法学杂志》2016 年第 3 期。

〔2〕　参见［英］约瑟夫·拉兹：《法律的权威》，朱峰译，法律出版社 2005 年版，第 176 页，转引自张骐："再论类似案件的判断与指导性案例的使用——以当代中国法官对指导性案例的使用经验为契口"，载《法制与社会发展》2015 年第 5 期。

在找出并厘清案件争议点之后，张某毛盗窃案的关键性事实也浮出水面，即以非法占有为目的，通过技术手段实现对网络域名的非法占有且使所有权人丧失对网络域名的控制，这种行为的性质与盗窃普通财物无异，属于盗窃行为。基于关键性事实，法院以盗窃罪惩治了盗窃网络域名的行为。可见，对于案件争议点及关键性事实的把握，决定着指导性案例与待决案件相似性判断的可靠性。简而言之，相似性判断应遵循"寻找案件争议点—厘清关键性事实"的路径，任何一个环节出现问题，就会导致相似性判断的失败。以对"蹭网"行为的惩治为例，此类案件之所以充满争议，其争议点并不在于以流量为代表的网络资源是否属于财产犯罪中的财产，而在于通过"蹭"的方式挤占他人网络资源的行为方式能否被视为盗窃的一种，即是否承认"使用盗窃"的存在。因此，"蹭网"案件与张某毛盗窃案在争议点上存在着根本性区别，以争议点为核心的关键性事实亦不同，所以不可参照张某毛盗窃案处理此类案件。又如于某斌盗窃案，于某斌通过诱骗的方式取得被害人的真实身份资料后，冒充被害人将伪造的身份资料发送至网易公司并修改网游账号安全码，随后取得被害人的网游账号及网游账号内的"召唤兽""宝石"等虚拟财产。此案的争议点并不在于虚拟财产是否具有经济价值以及能否作为财物，而是行为人的手段应视为盗窃还是诈骗。所以，该案亦不能参照张某毛盗窃案进行处理。

二、结合全案背景提炼裁判逻辑与规则

在确认了待决案件与指导性案件具有相似性之后，我们才能走到下一步：在指导性案例全案的基础上，提炼裁判逻辑与规则，并将其应用于待决案件的处理中。在判例法制度中，法律表现为判例的形式，不同于大陆法系法官"三段论"式的演绎推理，判例法制度下的法官在确定待决案件与指导性案例相似之后，往往需要先从判例中归纳出具有普遍适用性的法律规范，以此作为评价行为人及其行为并作出判决的根据。习惯于"三段论"式演绎推理的大陆法系法官，显然不能迅速适应先归纳后演绎的判案逻辑，故需要上级司法机关甚至最高司法机关利用理论优势与制度权威提炼出裁判逻辑与规则，以更好地实现司法统一。在指导性案例中，最高人民法院和最高人民检察院在发布指导性案例的同时也附带了裁判要点或裁判要旨，这是对裁判逻辑与

规则的精炼与概括，避免了因司法人员自行归纳而导致的司法不统一，也便于司法人员理解与适用。值得注意的是，对于裁判要点或要旨的理解要避免两个极端：

（1）对于裁判要点或要旨的理解不可过于抽象与概括，而应相对的具体，否则将逾越限制法官自由裁量权的初衷，甚至成为变相的司法解释。出于普遍性适用的考虑，裁判要点或裁判要旨作为指导性案例的核心表达，已经较为凝练、抽象，这在起到一定的开创性与引领性作用的同时，也暗藏着随意解释的风险，值得我们警惕。根据《实施细则》第 11 条第 2 款的规定，案件参加人将指导性案例作为控辩理由的，法官应当在裁判理由中回应是否参照该指导性案例及其理由。根据此条款，我们可以看出，指导性案例制度的设立绝非为了扩充自由裁量权，而是为了限制法官的自由裁量权，使法官不得不考虑公诉人、被告人及律师的意见。有学者认为，若将指导性案例制度理解为传达司法政策、审判规则与要点的制度，该制度便与司法解释无异，法官依然是消极被动的，只有等规则确立之后才能参照并作出判决，无法发挥主动性生成更为具体、合适的规则。因此，指导性案例制度的设立目标应更为宏观，应以提升司法治理能力作为其目标。[1]

笔者认为，这种观点有过度扩张指导性案例制度功能的危险。在应用指导性案例判案的过程中，若法官过于引申，根据指导性案例归纳出较为抽象或概括的裁判逻辑与规则，只能是为滥用审判权提供机会。此时，指导性案例制度非但不能起到统一司法、限制司法权的作用，反而成为法官随意解释法律的帮凶。当前由于存在不同程度的破坏法治统一现象，部分法官的素质难以适应专业化的审判工作，故迫切需要最高司法机关发挥监督职能来规范自由裁量权的运用，这就表现为以案例指导制度统一法律适用尺度，以同案同判维护司法权威。[2]指导性案例制度尽管对司法实践具有一定的开创性作用，但其开创性功能的发挥仍应以司法权力受到约束为前提，即有限创新。最高人民法院和最高人民检察院通过发布裁判要点或要旨，也从侧面表达了通过指导性案例制度限制司法权的初衷，即法官只能以裁判要点或要旨为出

---

〔1〕　参见李红海："案例指导制度的未来与司法治理能力"，载《中外法学》2018 年第 2 期。

〔2〕　参见朱顺："案例指导制度的中国特色问题"，载《安徽师范大学学报（人文社会科学版）》2015 年第 6 期。

发点解释案件，而不能从根本上与之相悖。若放任法官自由理解并提炼裁判要点或要旨，指导性案例则可能成为正式的法律渊源，与司法解释毫无二致，这样就触及了我国政治制度的底线。根据《立法法》第 104 条规定，最高人民法院和最高人民检察院之外的审判机关和检察机关，无权作出具体应用法律的解释。因此，司法人员从指导性案例中提炼和归纳的只能是相对具体的裁判逻辑与规则，即对于裁判要点或要旨的理解应局限于一定的范围内，不可逾越该指导性案例的发布初衷。从另一方面，这也必然导致指导性案例的供给不足，特别是在网络新型犯罪层出不穷的当前。为了解决指导性案例无法满足当前司法实践需要的问题，应尽量促进指导性案例本身及发布主体的多元化，即在保留最高司法机关备案审查权的基础上，适当下放指导性案例发布权，鼓励下级司法机关积极提供多元化的典型案例。

（2）对于裁判要点或要旨的理解不可过于刻板，仍应保持一定的灵活性与概括性，以充分发挥指导性案例制度解释法律的功能。指导性案例的解释功能主要是为了弥补刑法规范表达的不足，意图在刑法规范文义的范围内，发掘其边缘性含义。有学者通过梳理最高人民法院所发布的 92 个指导性案例，发现这些案件虽然比较简单，所适用的法律规范也相对明确，但却产生了与案情明显不对等的示范性意义。由此可以看出，指导性案例并不仅仅是为法官裁判提供具体的个案参考，而是有意强调隐藏在裁判思路中的普适性解释方法或思维规范，通过指导性案例突破"一案一释"，实现解释方法与思维规范的普适性正是指导性案例制度的价值所在。[1]通过研究已发布的指导性案例，我们可以领会到，包括网络域名在内的诸多虚拟财产也可以成为法律意义上的财产，对虚拟财产的侵犯也可构成盗窃、诈骗、抢劫等犯罪；既然将利用微信群组织赌博活动的行为认定为"开设赌场"，那么利用 QQ 聊天室或网站组织赌博活动的行为也应被认定为"开设赌场"；既然以强迫方式要求儿童拍摄并发送淫秽照片的行为可被认定为"猥亵"，那么在网络空间以同样的方式侵犯妇女性心理和人格尊严的行为，也应当被认定为"猥亵"等。当前，法院对于网络异化型指导性案例的应用不仅数量偏少，比例较低，还较为保守，偏重在待决案件与指导性案例高度相似的基础上进行参照。如在

---

〔1〕 参见宋菲："指导性案例运用的理据与要求——以指导性案例的功能为分析视角"，载《中南大学学报（社会科学版）》2018 年第 3 期。

余某成盗窃案[1]中，被告人余某成通过网络秘密窃取他人存放在易名中国域名交易平台中的域名，并将盗取的域名通过抵押的方式非法获利且数额巨大，湖北省孝感市中院在判决书中引用了张某毛盗窃案的指导意义作为论证依据。通过对照张某毛盗窃案与余某成盗窃案，我们可以发现，二者的犯罪对象、犯罪手段、犯罪结果、案由等高度相似，进而使得案件争议点与关键性事实也极为相似，张某毛盗窃案在该案的应用当无异议。但这也反映出，能够明确显示于判决书中的指导性案例，一般都与待决案件存在高度相似。对于案件争议点与关键性事实相似，但并非高度相似的待决案件，法官往往不敢冒险应用，这也就导致指导性案例制度没有充分发挥出开创与引领作用，束缚了网络异化型犯罪治理的发展空间。另外，出于省时省力、避免不必要的错误等考虑，法官在判案过程中往往更倾向于寻找更为权威正式的法律依据，如刑法规范与司法解释。即便一些法官实际上参照指导性案例作出了裁判，但根本不会提及该指导性案例。其原因是多样的，最主要的原因在于指导性案例会导致"法官办案成本增加，但又无法带来确定的收益，甚至会提高司法风险，使指导性案例的应用成了出力不讨好的行为"[2]。在指导性案例应用比例过低且隐性应用居多的情况下，为了保证指导性案例制度解释法律功能的发挥，避免陷入"一案一释"的误区，除增加指导性案例供应，降低指导性案例应用成本，提升指导性案例应用效益之外，还应细化释法说理过程，使指导性案例的引述公开化、透明化。通过详细的推理与论证，指导性案例以一种明示的方式被应用，可有效阻止裁判要点或要旨相对抽象所带来的目的解释的滥用，也有助于及时发现问题并解决问题。在约束法官的自由裁量权的同时，明示应用的方式反而为法官应用指导性案例提供了保障，便于各级法官充分发挥司法能动性，作出具有示范意义的司法判决，开创网络异化型犯罪刑法解释的新思路。

---

[1] 详见湖北省孝感市中级人民法院刑事判决书［2017］鄂 09 刑终 286 号，载 http://wenshu. court. gov. cn/website/wenshu/181107ANFZ0BXSK4/index. html？docId = 9fdbde7d552f4c6fbf1fa87801362863，访问时间，2020 年 2 月 4 日。

[2] 孙跃："案例指导制度的法律经济学分析：现实困境、成因及出路"，载《理论月刊》2018年第 9 期。

参考文献

一、著作

[1] 喻海松：《网络犯罪二十讲》，法律出版社 2018 年版。

[2] 徐然等：《网络犯罪刑事政策的取舍与重构》，中国检察出版社 2017 年版。

[4] 蒋惠岭：《网络刑事司法热点问题研究》，人民法院出版社 2016 年版。

[6] 李永刚：《我们的防火墙：网络时代的表达与监管》，广西师范大学出版社 2009 年版。

[7] 张明楷：《刑法学》，法律出版社 2007 年版。

[8] 刘守芬：《技术制衡下的网络刑事法研究》，北京大学出版社 2006 年版。

[9] 张巍：《涉网络犯罪相关行为刑法规制研究》，法律出版社 2015 年版。

[10] 黄泽林：《网络犯罪的刑法适用》，重庆出版社 2005 年版。

[11] 谢望原：《网络犯罪与安全》，法律出版社 2017 年版。

[12] 杨正鸣：《网络犯罪研究》，上海交通大学出版社 2004 年版。

[13] 孙春雨、贾学胜：《计算机与网络犯罪专题整理》，中国人民公安大学出版社 2007 年版。

[14] 李双其：《网络犯罪防范对策》，群众出版社 2001 年版。

[15] 殷俊：《从舆论喧嚣到理性回归——对网络人肉搜索的多维研究》，四川大学出版社 2009 年版。

[16] 林旭霞：《虚拟财产权研究》，法律出版社 2010 年版。

[17] 刘惠荣：《虚拟财产法律保护体系的构建》，法律出版社 2008 年版。

[18] 李翔：《刑法解释的利益平衡问题研究》，北京大学出版社 2015 年版。

[19] 龚振军：《刑法解释限度理论的反思性解读与认定模式探究》，法律出版社 2016 年版。

[20] 魏东：《中国当下刑法解释论问题研究》，法律出版社 2014 年版。

[21] 刘浩：《刑法解释方法论》，中国政法大学出版社 2014 年版。

［22］赵运锋：《刑法解释前沿问题研究》，中国法制出版社 2014 年版。

［23］杨艳霞：《刑法解释的理论与方法：以哈贝马斯的沟通行动理论为视角》，法律出版社 2007 年版。

［24］赵宁：《罪状解释论》，上海人民出版社 2014 年版。

［25］苏彩霞：《刑法解释的立场与方法》，法律出版社 2016 年版。

［26］邓子滨：《中国实质刑法观批判》，法律出版社 2017 年版。

［27］张明楷：《罪刑法定与刑法解释》，北京大学出版社 2009 年版。

［28］刘延和：《刑法解释与适用研究》，法律出版社 2016 年版。

［29］熊秉元：《法的经济解释：法律人的倚天屠龙》，东方出版社 2017 年版。

［30］王政勋：《刑法解释的语言论研究》，商务印书馆 2016 年版。

［31］邓子滨：《中国实质刑法观批判》，法律出版社 2017 年版。

［32］刘延和：《刑法解释与适用研究》，法律出版社 2016 年版。

［33］许恒达：《法益保护与行为刑法》，元照出版有限公司 2016 年版。

［34］张严：《"异化"着的"异化"——现代性视阈中黑格尔与马克思的异化理论研究》，山东人民出版社 2013 年版。

［35］中国大百科全书出版社《不列颠百科全书》国际中文版编辑部编译：《不列颠百科全书》（国际中文版）（第 1 册），中国大百科全书出版社 1999 年版。

［36］员俊雅：《马克思异化理论新探》，中央编译出版社 2013 年版。

［37］王思鸿：《马克思异化理论的历史生成与当代价值》，中国社会科学出版社 2016 年版。

［38］于志强：《网络知识产权犯罪制裁体系研究》，法律出版社 2017 年版。

［39］姜涛：《刑法解释的基本原理》，法律出版社 2019 年版。

［40］周维明：《刑法解释学中的前理解与方法选择——刑事裁判的实践理性保障》，知识产权出版社 2018 年版。

［41］姜敏：《刑法修正案犯罪化及限制》，中国法制出版社 2015 年版。

［42］梁根林主编：《刑法教义与价值判断》（第 2 卷），北京大学出版社 2016 年版。

［43］陈辉：《解释作为法律的结构及其对法治的影响》，中国政法大学出版社 2018 年版。

［44］陈兴良主编：《刑法方法论研究》，清华大学出版社 2006 年版。

［45］林忠义：《刑事法实务热点问题剖析》，元照出版有限公司 2019 年版。

［46］孔祥俊：《法律解释方法与判解研究》，人民法院出版社 2004 年版。

［47］王泽鉴：《法律思维与民法实例》，中国政法大学出版社 2001 年版。

［48］黄茂荣：《法学方法与现代民法》，中国政法大学出版社 2001 年版。

［49］张志铭：《法律解释操作分析》，中国政法大学出版社 1999 年版。

［50］ 舒国滢：《法哲学沉思录》，北京大学出版社 2010 年版。

［51］ 付池斌：《现实主义法学》，法律出版社 2005 年版。

［52］ 孙笑侠：《司法的特性》，法律出版社 2016 年版。

［53］ 马聪：《霍姆斯现实主义法学思想研究》，人民出版社 2009 年版。

［54］ 黄少华、翟本瑞：《网络社会学：学科定位与议题》，中国社会科学出版社 2006 年版。

［55］ 黄少华：《网络社会学的基本议题》，浙江大学出版社 2013 年版。

［56］ 刘平：《法律解释：良法善治的新机制》，上海人民出版社 2015 年版。

［57］ 马民虎主编：《网络法典型案例评析》，中国民主法制出版社 2019 年版。

［58］ 高中：《后现代法学思潮》，法律出版社 2005 年版。

［59］ 姜福东：《法律解释的范式批判》，山东人民出版社 2010 年版。

［60］ 张辉、卢卫中：《认知转喻》，上海外语教育出版社 2010 年版。

［61］ 吉益民：《网络变异语言现象的认知研究》，南京师范大学出版社 2012 年版。

［62］ 周少华：《刑法之适应性：刑事法治的实践逻辑》，法律出版社 2012 年版。

［63］ 刘风景：《法律隐喻学》，中国人民大学出版社 2016 年版。

［64］ 雷磊：《类比法律论证——以德国学说为出发点》，中国政法大学出版社 2011 年版。

［65］ 孙万怀：《重申罪刑法定主义》，法律出版社 2017 年版。

［66］ 余振华：《刑法违法性理论》（第 2 版），瑞兴图书股份有限公司 2010 年版。

［67］ 劳东燕：《风险社会中的刑法：刑法转型与刑法理论的变迁》，北京大学出版社 2015 年版。

［68］ 孙万怀：《刑事政策合法性的历史》，法律出版社 2016 年版。

［69］ 张真继等：《网络社会生态学》，电子工业出版社 2008 年版。

［70］ 陈兴良：《刑法的格物》，北京大学出版社 2019 年版。

［71］ 邓国良、邓定远主编：《网络安全与网络犯罪》，法律出版社 2015 年版。

［72］ 刘军：《网络犯罪治理刑事政策研究》，知识产权出版社 2017 年版。

［73］ 朱巍：《论互联网的精神——创新、法治与反思》，中国政法大学出版社 2018 年版。

［74］ ［美］ E. 博登海默：《法理学：法律哲学与法律方法》，邓正来译，中国政法大学出版社 1999 年版。

［75］ ［美］ 罗斯科·庞德：《法律史解释》，邓正来译，商务印书馆 2013 年版。

［76］ ［美］ 德沃金：《法律帝国》，李常青译，中国大百科全书出版 1996 年版。

［77］ ［美］ 罗斯科·庞德：《通过法律的社会控制》，沈宗灵译，商务印书馆 2010 年版。

［78］ ［美］ 劳伦斯·莱斯格：《代码 2.0：网络空间中的法律》，李旭、沈伟伟译，清华大学出版社 2018 年版。

［79］ ［美］ 阿德里安·沃缪勒：《不确定状态下的裁判——法律解释的制度理论》，梁迎

修、孟庆友译，北京大学出版社 2011 年版。

［80］［美］理查德·A. 波斯纳：《法理学问题》，苏力译，中国政法大学出版社 2002 年版。

［81］［美］本杰明·卡多佐：《司法过程的性质》，苏力译，商务印书馆 1997 年版。

［82］［美］劳伦斯·莱斯格：《代码》，李旭、姜丽楼、王文英译，中信出版社 2004 年版。

［83］［美］昂格尔：《现代社会中的法律》，吴玉章、周汉华译，中国政法大学出版社 1994 年版。

［84］［德］卡尔·拉伦茨：《法学方法论》，陈爱娥译，商务印书馆 2003 年版。

［85］［德］克劳斯·罗克辛：《德国刑法学总论》（第 1 卷、第 2 卷），王世洲译，法律出版社 2005 年版。

［86］［德］尼克拉斯·卢曼：《法社会学》，宾凯、赵春燕译，上海人民出版社 2013 年版。

［87］［德］魏德士：《法理学》，丁晓春、吴越译，法律出版社 2003 年版。

［88］［德］米歇尔·施托莱斯：《法律的眼睛———一个隐喻的历史》，杨贝译，中国政法大学出版社 2012 年版。

［89］［德］亚图·考夫曼：《类推与“事物本质”——兼论类型理论》，吴从周译，学林文化事业有限公司 2003 年版。

［90］［德］恩施特·贝林：《构成要件理论》，王安异译，中国人民公安大学出版社 2006 年版。

［91］［德］卡尔·恩吉施：《法律思维导论》，郑永流译，法律出版社，2004 年版。

［92］［德］菲利普·黑克：《利益法学》，傅广宇译，商务印书馆 2016 年版。

［93］［德］埃里克·希尔根多夫：《德国刑法学：从传统到现代》，江溯等译，北京大学出版社 2015 年版。

［94］［德］乌尔斯·金德霍伊泽尔：《刑法总论教科书》，蔡桂生译，北京大学出版社 2015 年版。

［95］［德］尤尔根·哈贝马斯：《交往行为理论》（第 1 卷），曹卫东译，上海人民出版社 2005 年版。

［96］［德］汉斯·海因里希·耶塞克、托马斯·魏根特：《德国刑法教科书（总论）》，徐久生译，中国法制出版社 2001 年版。

［97］［德］汉斯-格奥尔格·伽达默尔：《真理与方法——哲学诠释学的基本特征》，洪汉鼎译，商务印书馆 2010 年版。

［98］［英］梅因：《古代法》，沈景一译，商务印书馆 1959 年版。

［99］［英］戴维·克里斯特尔：《语言与因特网》，郭贵春、刘全明译，上海科技教育出版社 2006 年版。

［100］［英］H. L. A. 哈特：《法律的概念》，许家馨、李冠宜译，法律出版社 2006 年版。

[101] [法] 勒内·达维德：《当代主要法律体系》，漆竹生译，上海译文出版社 1984 年版。

[102] [日] 大谷实：《刑法讲义总论》（新版第 2 版），黎宏译，中国人民大学出版社 2008 年版。

[103] [比] 马克·范·胡克：《法律的沟通之维》，孙国东译，法律出版社 2008 年版。

[104] [古希腊] 亚里士多德：《诗学》，陈中梅译．北京：商务印书馆 1996 年版。

[105] [波兰] 克日什托夫·克里登斯、斯坦尼斯洛·哥兹–罗什科夫斯基主编：《语言与法律——国际视角》，黄凤龙、刘远萍译，中国政法大学出版社 2017 年版。

二、期刊

[1] 欧阳本祺："论网络时代刑法解释的限度"，载《中国法学》2017 年第 3 期。

[2] 李立丰、高娜："'网络表达权'刑法规制之应然进路——以刑法第二百九十一条第二款之立法范式为批判视角"，载《苏州大学学报（哲学社会科学版）》2016 年第 6 期。

[3] 姜瀛："'网络黑社会'的样态重述与刑法治理的进路整合"，载《法治社会》2017 年第 4 期。

[4] 何勤华、王静："保护网络权优位于网络安全——以网络权利的构建为核心"，载《政治与法律》2018 年第 7 期。

[5] 梁根林："传统犯罪网络化：归责障碍、刑法应对与教义限缩"，载《法学》2017 年第 2 期。

[6] 王肃之："从回应式到前瞻式：网络犯罪刑法立法思路的应然转向——兼评《刑法修正案（九）》相关立法规定"，载《河北法学》2016 年第 8 期。

[7] 卢建平、姜瀛："犯罪'网络异化'与刑法应对模式"，载《人民检察》2014 年第 3 期。

[8] 阎二鹏："犯罪的网络异化现象评析及其刑法应对路径"，载《法治研究》2015 年第 3 期。

[9] 张建军："互动解释：一种新的刑法适用解释观"，载《法商研究》2016 年第 6 期。

[10] 徐剑锋："互联网时代刑法参与观的基本思考"，载《法律科学（西北政法大学学报）》2017 年第 3 期。

[11] 叶良芳："科技发展、治理挑战与刑法变革"，载《法律科学（西北政法大学学报）》2018 年第 1 期。

[12] 陈伟、熊波："利用信息网络犯罪行为二元形态的教义解读"，载《上海财经大学学报》2018 年第 2 期。

[13] 张阳："论犯罪集团的网络化与制裁路径"，载《郑州大学学报（哲学社会科学版）》2018 年第 4 期。

[14] 敬力嘉："论拒不履行网络安全管理义务罪——以网络中介服务者的刑事责任为中心展开"，载《政治与法律》2017 年第 1 期。

[15] 欧阳本祺："论网络环境下著作权侵权的刑事归责——以网络服务提供者的刑事责任为中心"，载《法学家》2018 年第 3 期。

[16] 侯艳芳："论我国网络恐怖活动犯罪的刑法规制"，载《山东社会科学》2016 年第 3 期。

[17] 郭泽强、刘静："窃取网络虚拟财产的入罪化思考——以刑法谦抑观为视角"，载《云南社会科学》2017 年第 2 期。

[18] 刘军、王志鹏："热点与展望：我国网络犯罪问题研究的动态分析——基于近二十年间 CNKI 数据库的文献计量分析"，载《新疆大学学报（哲学·人文社会科学版）》2015 年第 3 期。

[19] 曹雅闻："日本治理网络犯罪的法律对策及借鉴"，载《中国人民公安大学学报（社会科学版）》2018 年第 2 期。

[20] 李怀胜："三代网络环境下网络犯罪的时代演变及其立法展望"，载《法学论坛》2015 年第 4 期。

[21] 张智辉："试论网络犯罪的立法完善"，载《北京联合大学学报（人文社会科学版）》2015 年第 2 期。

[22] 李健、郭晶："司法实践视野下网络犯罪若干问题探讨"，载《犯罪研究》2018 年第 2 期。

[23] 阴建峰、张勇："挑战与应对：网络知识产权犯罪对传统刑法的影响"，载《法学杂志》2009 年第 7 期。

[24] 郭旨龙："网络安全的内容体系与法律资源的投放方向"，载《法学论坛》2014 年第 6 期。

[25] 罗世龙："网络帮助行为的刑事归责路径选择"，载《甘肃政法学院学报》2018 年第 4 期。

[26] 敬力嘉："网络参与行为刑事归责的'风险犯'模式及其反思"，载《政治与法律》2018 年第 6 期。

[27] 张智辉："网络犯罪：传统刑法面临的挑战"，载《法学杂志》2014 年第 12 期。

[28] 郭旨龙："网络犯罪的定量评价机制"，载《法律和社会科学》2016 年第 15 期。

[29] 喻海松："网络犯罪的立法扩张与司法适用"，载《法律适用》2016 年第 9 期。

[30] 喻海松："网络犯罪的态势与刑事对策的调整"，载《法治现代化研究》2018 年第

1 期。

[31] 符永卫、李钢："网络犯罪的伦理思考"，载《北京邮电大学学报（社会科学版）》
2005 年第 2 期。

[32] 杜磊："网络犯罪的特征与刑法规制路径"，载《河北法学》2017 年第 7 期。

[33] 童春荣、赵宇："网络犯罪的刑罚边界——以刑法不得已原则为视角"，载《四川师
范大学学报（社会科学版）》2016 年第 1 期。

[34] 刘宪权："网络犯罪的刑法应对新理念"，载《政治与法律》2016 年第 9 期。

[35] 米铁男："网络犯罪的形式评价问题研究"，载《东方法学》2017 年第 5 期。

[36] 陈兴良："网络犯罪立法问题思考"，载《公安学刊》2016 年第 6 期。

[37] 魏东、金燊："网络犯罪魔变中的刑法理性探讨——网络刑法理论研究的现状观察与
观点综述"，载《刑法论丛》2017 年第 2 期。

[38] 游涛、杨茜："网络犯罪实证分析——基于北京市海淀区人民法院 2007-2016 年审结
网络犯罪案件情况的调研"，载《法律适用》2017 年第 17 期。

[39] 王玉薇："网络犯罪治理：从层级模式到功能分化"，载《河北法学》2018 年第
4 期。

[40] 于冲："网络犯罪罪名体系的扩张思路与犯罪化根据——以《刑法修正案（九）》
的罪名修正为视角"，载《重庆邮电大学学报（社会科学版）》2015 年第 6 期。

[41] 赵杨："网络规则生成和演进的内在机制"，载《南京邮电大学学报（社会科学
版）》2016 年第 4 期。

[42] 时延安："网络规制与犯罪治理"，载《中国刑事法杂志》2017 年第 6 期。

[43] 葛立刚："网络交易中若干刑法问题探析"，载《天津法学》2016 年第 4 期。

[44] 皮勇："网络恐怖活动犯罪及其整体法律对策"，载《环球法律评论》2013 年第
1 期。

[45] 王志祥、刘婷："网络恐怖主义犯罪及其法律规制"，载《国家检察官学院学报》
2016 年第 5 期。

[46] 舒洪水、党家玉："网络恐怖主义犯罪现状及防控对策研究"，载《刑法论丛》2017
年第 3 期。

[47] 黎慈："网络社会治理中的刑罚泛化及其法律规制"，载《湖北社会科学》2017 年第
12 期。

[48] 蒋丽："网络涉法行为的刑法谦抑性分析——以淘宝网恶意刷单为例"，载《东南大
学学报（哲学社会科学版）》2016 年第 18 期。

[49] 张明楷："网络时代的刑法理念——以刑法的谦抑性为中心"，载《人民检察》2014
年第 9 期。

［50］皮勇、杨淼鑫：“网络时代微恐怖主义及其立法治理”，载《武汉大学学报（哲学社会科学版）》2017年第2期。

［51］刘艳红：“网络时代刑法客观解释新塑造：'主观的客观解释论'”，载《法律科学（西北政法大学学报）》2017年第3期。

［52］刘艳红：“网络时代言论自由的刑法边界”，载《中国社会科学》2016年第10期。

［53］孙道萃：“网络刑法知识转型与立法回应”，载《现代法学》2017年第1期。

［54］于阳、魏俊斌：“网络言论自由犯罪：行为失范与刑法规制”，载《山东警察学院学报》2018年第1期。

［55］刘宪权：“网络造谣、传谣行为刑法规制体系的构建与完善”，载《法学家》2016年第6期。

［56］孙道萃：“网络直播刑事风险的制裁逻辑”，载《暨南学报（哲学社会科学版）》2017年第11期。

［57］段文博：“我国网络犯罪的新情况及应对之策”，载《山东警察学院学报》2015年第4期。

［58］皮勇：“我国新网络犯罪立法若干问题”，载《中国刑事法杂志》2012年第12期。

［59］黄京平：“新型网络犯罪认定中的规则判断”，载《中国刑事法杂志》2017年第6期。

［60］刘建华：“刑事司法研究领域的互联网思维——评《网络时代刑事司法理念与制度的创新》”，载《暨南学报（哲学社会科学版）》2015年第6期。

［61］郭旨龙：“信息时代犯罪定量标准的体系化实践”，载《上海政法学院学报（法治论丛）》2015年第1期。

［62］郭旨龙：“信息时代犯罪定量评价的体系化转变”，载《东方法学》2015年第6期。

［63］龚振军：“刑法解释限度新论——以日本刑法学说为主要切入点”，载《当代法学》2010年第2期。

［64］刘军、管亚盟：“刑法扩张的法教义学反思——兼论网络犯罪刑法解释的边界”，载《法律方法》2016年第19期。

［65］翟辉：“区分扩大解释与类推解释的另一种路径——实质要素说的提倡”，载《研究生法学》2018年第1期。

［66］冯军、王成：“论我国刑法解释的目标与限度”，载《河北大学学报（哲学社会科学版）》2009年第6期。

［67］郭利纱：“论刑法解释结论的检验标准——以我国的刑事争议判决为例”，载《法律适用》2018年第3期。

［68］龚振军：“刑法解释限度：约制与理性化——基于内在视角和外在视角的思考”，载

《浙江师范大学学报（社会科学版）》2011 年第 6 期。

[69] 左坚卫、王帅：“论刑法解释的人权压制风险及其纾解”，载《法学杂志》2016 年第 3 期。

[70] 薛静丽：“刑法解释的标准与限度”，载《东岳论丛》2015 年第 12 期。

[71] 杜宇：“基于类型思维的刑法解释的实践功能”，载《中外法学》2016 年第 5 期。

[72] 苏永生：“刑法解释的限度到底是什么——由一个司法解释引发的思考”，载《河南大学学报（社会科学版）》2014 年第 1 期。

[73] 龚振军：“刑法解释：如何达致‘限度’——一个中国化的思考”，载《西部法学评论》2011 年第 6 期。

[74] 龚振军：“刑法解释限度理论‘关联概念’新辨析”，载《浙江社会科学》2011 年第 9 期。

[75] 龚振军：“刑法解释限度理论之关系论纲”，载《法制与社会发展》2011 年第 4 期。

[76] 王文娟、徐西振：“司法中心立场下刑法解释的限度”，载《山东警察学院学报》2009 年第 3 期。

[77] 许浩：“刑法解释的基本立场——对实用主义法律解释观的论证”，载《东方法学》2008 年第 6 期。

[78] 蒋熙辉：“刑法解释限度论”，载《法学研究》2005 年第 4 期。

[79] 闫显明：“刑法解释的创造性限度”，载《浙江万里学院学报》2003 年第 3 期。

[80] 魏东：“刑法解释学基石范畴的法理阐释——关于‘刑法解释’的若干重要命题”，载《法治现代化研究》2018 年第 3 期。

[81] 刘志远：“刑法解释的限度——合理的扩大解释与类推解释的区分”，载《国家检察官学院学报》2002 年第 5 期。

[82] 陈洪兵：“双层社会背景下的刑法解释”，载《法学论坛》2019 年第 2 期。

[83] 陈洪兵：“网络服务商的刑事责任边界——以‘快播案’判决为切入点”，载《武汉大学学报（哲学社会科学版）》2019 年第 2 期。

[84] 王华伟：“网络时代的刑法解释论立场”，载《中国法律评论》2020 年第 1 期。

[85] 应家赟、叶良芳：“侵犯域名行为的保护法益及其刑法规制”，载《浙江学刊》2020 年第 1 期。

[86] 庞云霞、张有林：“大数据时代网络犯罪的刑法应对——兼论人工智能犯罪的规制”，载《重庆大学学报（社会科学版）》2020 年第 2 期。

[87] 李梁：“我国恐怖主义犯罪立法的特点及其司法展开”，载《法学杂志》2019 年第 12 期。

[88] 欧阳本祺：“论虚拟财产的刑法保护”，载《政治与法律》2019 年第 9 期。

［89］ 陈家林："法益理论的问题与出路"，载《法学》2019 年第 11 期。

［90］ 何萍："刑法目的解释的教义学展开"，载《法学论坛》2019 年第 1 期。

［91］ 马松建、徐楠："对共享经济背景下使用窃盗问题的反思——以英美法财产犯罪为视角"，载《河南大学学报（社会科学版）》2019 年第 1 期。

［92］ 孙国祥："新时代刑法发展的基本立场"，载《法学家》2019 年第 6 期。

［93］ 王志祥："论黑社会性质组织非法控制特征中'区域'和'行业'的范围"，载《法治研究》2019 年第 5 期。

［94］ 杜辉："平台异化还是因债致罪？——P2P 网贷涉非法吸收公众存款罪裁判文本实证研究"，载《浙江工商大学学报》2019 年第 3 期。

［95］ 彭中礼："司法判决中的指导性案例"，载《中国法学》2017 年第 6 期。

［96］ 李红海："案例指导制度的未来与司法治理能力"，载《中外法学》2018 年第 2 期。

［97］ 孙跃："案例指导制度的法律经济学分析：现实困境、成因及出路"，载《理论月刊》2018 年第 9 期。

［98］ 皮勇："论新型网络犯罪立法及其适用"，载《中国社会科学》2018 年第 10 期。

［99］ 段威、林毓敏："贿赂物的解构及重塑——从概念思维到类型思维的嬗变"，载《天津法学》2018 年第 4 期。

［100］ 童德华、赵阳："类型化思维在刑事司法中的适用"，载《法律适用》2018 年第 10 期。

［101］ 周详、覃业坤："快播案一审判决的刑法教义学分析——与几位方家的商榷"，载《北京理工大学学报（社会科学版）》2018 年第 3 期。

［102］ 张明楷："网络时代的刑事立法"，载《法律科学（西北政法大学学报）》2017 年第 3 期。

［103］ 劳东燕："能动司法与功能主义的刑法解释论"，载《法学家》2016 年第 6 期。

三、网络类文献

［1］ 江苏省徐州市中级人民法院［2017］苏 03 刑初 70 号判决书，载 http：//wenshu. court. gov. cn/content/content？DocID＝49065f9d－4449－4ba4－a626－a8b000ad66bc&Key Word＝%E7%BD%91%E7%BB%9C，2018－11－26.

［2］ 湖北省孝感市中级人民法院刑事判决书［2017］鄂 09 刑终 286 号，载 http：//wenshu. court. gov. cn/website/wenshu/181107ANFZ0BXSK4/index. html？docId＝9fdbde7d 552f4c6fbf1fa87801362863，2020－02－04.

［3］ 胡某明、曾某滨诈骗二审刑事裁定书，载 http：//wenshu. court. gov. cn/website/wenshu/181107ANFZ0BXSK4/index. html？docId＝db3a4aea2b5e4762a3d9a79a0101af49，2020－02－

10.

［4］秦某晖诽谤、寻衅滋事案，载 11https://www.pkulaw.com/pfnl/a25051f3312b07f
390201160674c907e0a7a2f21b644a7d9bdfb.html? keyword =% E7% BD% 91% E7% BB%
9C%20%E5%AF%BB%E8%A1%85%E6%BB%8B%E4%BA%8B，2018-04-29.

［5］李某1编造、故意传播虚假信息案，载 https://www.pkulaw.com/pfnl/a25051f3312b07
f32b76ffaa1ec48d8d764f19d563f543ddbdfb.html? keyword =% E7% BD% 91% E7% BB%
9C%20，2018-04-29.

［6］韦某等诽谤案，载 http://www.pkulaw.cn/case/pfnl_ a25051f3312b07f354b10086778dbc
6890c1771a8a5c0740bdfb.html? keywords =%E7%BD%91%E7%BB%9C&match = Exact&
tiao=1，2018-11-29.

［7］王某南、王某方等犯诈骗罪二审刑事裁定书，载 https://www.pkulaw.com/pfnl/a6
bdb3332ec0adc49338dabae24802dd8dc6b2d86a520860bdfb.html? keyword =% E8% B1%
AA%E6%B8%B8%E7%BD%91%E7%BB%9C%E7%A7%91%E6%8A%80%E6%9C%
89%E9%99%90%E5%85%AC%E5%8F%B8，2020-02-10.

［8］岳某伟等人非法获取计算机信息系统数据案，载 https://www.pkulaw.com/pfnl/a2505
1f3312b07f36d8ea4779f989976d59872d826f4b0dbbdfb.html? keyword =% E5% B2% B3%
E6%9B%BE%E4%BC%9F，2020-02-10.

［9］中国法院案例报道：刑事指导案例，载 https://www.chinacourt.org/article/subjectdetail/
type/more/id/MzAwNEiqNACSIGQAAA/page/1.shtml，2020-02-01.

［10］指导性案例，载 https://www.spp.gov.cn/spp/jczdal/index.shtml，2020-02-01.

［11］"猴戏案折射非遗保护之痛"，载 http://www.chinanews.com/cul/2015/01-23/700041
9.shtml，2020-02-10.

［12］"非遗传承人杨风申制造烟花案二审宣判，免于刑事处罚"，载 http://www.chinanews.
com/sh/2017/12-29/8412278.shtml，2020-02-10.

［13］"人民网梳理昆山反杀案舆情脉络：争议正当防卫，更需依法办案"，载 https://
www.thepaper.cn/newsDetail_ forward_ 2397346，2019-03-19.

［14］"拼多多是如何被'薅羊毛'的?"，载 https://tech.sina.com.cn/i/2019-01-21/doc-
ihrfqziz9651666.shtml，2019-11-22.

［15］"习近平在网络安全和信息化工作座谈会上的讲话"，载 http://www.xinhuanet.com/
politics/2016-04/25/c_ 1118731175.htm，2020-01-10.

［16］"穿透技术复杂性迷雾，薅羊毛可能触犯三个罪名"，载 http://www.legaldaily.com.
cn/IT/content/2019-03/07/content_ 7791344.htm，2019-05-22.

［17］"拼多多的大 bug 并非个案，但薅羊毛也需谨慎"，载 https://www.yicai.com/news/

100103751. html，2019-05-22.

[18] "瑞典大叔因为网络强奸获刑 10 年，变态癖好令人发指"，载 http://v. ifeng. com/ video_ 9815947. shtml，2018-11-26.

[19] "2018 年中国网络游戏行业发展现状及发展趋势分析"，载 http://www. chyxx. com/ industry/201804/631654. html，2018-11-27.

[20] "农民工微信群发涉恐言论被判刑，律师提醒引以为戒，载 https://www. sohu. com/ a/193690676_ 176782，2020-02-10.

四、外文文献

[1] Michael Edmund O'Neill，"OLD CRIMES IN NEW BOTTLES：SANCTIONING CYBER-CRIME"，*George Mason Law review*，2000，237.

[2] JUSTIN CASTILLO，BILL DOYLE，SUSMITA DUBEY，"Computer Crime"，*American Criminal Law Review*，Vol 29，1992.

[3] Mordechai Kremnitzer，"Interpretation in criminal law"，*israel law review*，vol21，1986.

[4] Dunstan Brown，*Marina Chumakina*，*Greville G. Corbett*：*Canonical Morphology and Syntax*，Oxford University Press，2013，1-47.

[5] Wolfgang Naucke，"Interpretation and analogy in Criminal law"，*BRIGHAM YOUNG UNI-VERSITY LAW REVIEW*，REV. 535，1986.